广东省哲学社会科学"十三五"规划 2017 年度学科共建项目阶段性成果：
广东中小学教师心理生活质量现状、影响因素及对策研究（GD17XXL06）

积极心理学与教师
心理生活调适

张旭东　　张世晶　**编著**

Wuhan University Press
武汉大学出版社

图书在版编目（CIP）数据

积极心理学与教师心理生活调适／张旭东，张世晶编著. — 武汉：武汉大学
出版社，2019.5（2022.5 重印）
ISBN 978 - 7 - 307 - 20923 - 7

Ⅰ. 积…　Ⅱ. ①张…　②张…　Ⅲ. 教师心理学　Ⅳ. G443

中国版本图书馆 CIP 数据核字（2019）第 090218 号

责任编辑：黄朝昉　牟　丹　　责任校对：王婷芳　　版式设计：天　韵

出版发行：**武汉大学出版社**（430072 武昌 珞珈山）
　　　　　（电子邮箱：cbs22@ whu. edu. cn　网址：www. wdp. com. cn）
印　　刷：北京一鑫印务有限责任公司
开　　本：710×1000　1/16　　印　张：15.5　　字　数：250 千字
版　　次：2019 年 5 月第 1 版　　2022 年 5 月第 2 次印刷
ISBN 978 - 7 - 307 - 20923 - 7　　定　价：55.00 元

前　言

　　心理生活是人类社会生活的核心内容与心理层面的表现，人们通过心理觉知、心理体验和心理感悟去反映生活的基本内容和基本方式，是人们不断探索生活的更高层次的产物。对心理生活质量的研究，关注的是人类社会生活的全部心理活动的体验。从这个意义上说，心理生活质量主要包括生命质量、幸福体验、心理健康、价值判断和心理成长等多方面因素。

　　在当今中国，人们生活中的一个重要矛盾是相对贫乏的精神状态与相对富裕的物质环境之间的不平衡、心理需要的不满足和物质需要相对满足之间的不平衡。如何从心理学角度来理解和化解这种不平衡，进而提高人们的心理生活质量呢？积极心理学为人们学会积极的心理调节、形成乐观向上的积极心态提供了有益的知识和策略，掌握这些知识和策略对于从事教书育人工作的中小学教师有着极其重要的意义。

　　本书针对中小学教师的实际选取了部分有助于教师心理生活调适的积极心理学内容，因此命名为"积极心理学与教师心理生活调适"。这是一本比较全面而系统地描述积极心理学与教师心理生活调适的著作，适应个人发展和社会发展的需要，具有较大的实践价值。

　　本书是围绕着以下的主题来设计的。第一章是引论。本章回答了什么是积极心理学，积极心理学研究的内容，积极心理品质的研究过程与结构，教师心理健康的要点与维护，积极心理学的作用。第二章是积极的自我。本章回答了什么是自尊与自信及其影响因素，良好的自我认知有利于教师心理生活调节；阐释了影响教师自我效能感的因素及提高策略。第三章是积极的认知。认知理论强调观察者对他人的行为过程或自己的行为过程所进行的因果解释和推论；归因风格与对事件的解释不同会产生如乐观与悲观的不同结果。本章阐释了积极认知对教师心理生活调适的作用。第四章是积极的情绪。传统心理学只重视消极情绪的研究，而积极心理学首次发现了积极情绪的扩展——建构作用，积极情绪使人产生创造性和利他行为，使人的认知更加灵活，并使人勇于追求梦想。第五章是职业幸福感。回答了什么是幸福感、职业幸福感及教师职业幸福感；针对影响职业幸福感的因素提出了提升教师的职业幸福感的策略。第六章是积极的意志。逆境中的积极心理包括心理弹性和抗挫折心理能力，即从积极的角度分析问题、解决问题；本章阐释了提升教师心理弹性、抗挫折心理能力的内容与策略。第七章是积极的人格。相比于强调病态和缺陷的传统心理学，积极心理学更加重视人类的优势与美德，主要研究积极的人格特点和性格优势，强调开发人的潜能和价值。第八章是积极的关系。本章阐释了积极的人际关系对教师心理生活调适的作用，从建立积极的社区环境和校园氛围三个方面阐释建设积极的社会环境的策略。

本书是广东省哲学社会科学"十三五"规划 2017 年度学科共建项目"广东中小学教师心理生活质量现状、影响因素及对策研究（GD17XXL06）"的阶段性成果，以及省市共建项目"高水平人才素养培养与积极心理学课程建设"的部分成果。本书的出版还获得了广东省"创新强校"基金的资助。

在本书写作过程中，作者参阅了国内外同行们的大量研究成果，在此本人诚挚地表示谢意。尽管本人已经竭尽全力，但还是难免有疏漏和不足之处，恳请各位专家和广大读者批评指正。

本书适合于中小学、幼儿园教师，教师教育工作者及研究者阅读。

张旭东

2018 年 9 月 10 日

目　　录

第一章 引 论

积极心理学（positive psychology）是 20 世纪末在马丁·塞利格曼（Martin E. P. Seligman，1942—）等人的倡导下兴起的一门关于幸福的科学，它不仅仅是关于疾病或健康的科学，更是关于人的幸福、发展、快乐、满意的科学。积极心理学倡导心理学研究积极取向，关注人类积极的心理品质，强调人的价值与人文关怀，致力于探求人们获得美好生活的方法，以一种全新的姿态诠释心理学。

第一节　积极心理学概述

积极心理学这个词最早于 1954 年出现在 A. H. Maslow 的著作《动机与人格》（*Motivation and Personality*）中，当时该书最后一章的标题为"走向积极心理学"（Toward Positive Psychology）。但在此后的几十年里，这个词并没有引起心理学者的注意，直到 APA（美国心理协会）前主席塞利格曼在 1998 年的 APA 年度大会上明确提出把建立积极心理学作为自己任职 APA 主席的一大任务时，积极心理学才开始正式受到世人的关注。从目前积极心理学的发展态势来看，积极心理学的第一个阶段即通过发起一场运动而求得自己的独立已经完成。一般认为塞利格曼在 1998 年的 APA 大会上的发言是吹响积极心理学行动的号角，而 2002 年史奈德（Snyder）和洛佩斯（Lopez）主编的《积极心理学手册》的出版则正式宣告了积极心理学运动的独立[1]。

一、积极心理学的概念

（一）什么是积极心理学

积极心理学（positive psychology）是利用心理学目前已比较完善和有效的

实验方法与测量手段，研究人的优势（在某些方面超过同类的优势）与幸福的一门心理学学科。

积极心理学是心理学在 20 世纪末出现的新的研究取向，人们把它简洁地定义为研究人类发展潜力和美德的积极心理品质的科学。西方学者在所著《积极心理学》著作的副标题上则直接标注积极心理学是"关于人类幸福和力量的科学"。

积极心理学这门课最早是宾夕法尼亚州立大学开设的。近年来，这门课程迅速成为世界性潮流，是哈佛大学最受欢迎的课程。令人意想不到的是，这一正在改变人类生活的重大心理学潮流竟起源于塞利格曼和他 5 岁女儿的一次交谈。

一天，塞利格曼在他房子前面的花园里专心修剪草坪。他的小女儿妮基（Niki）一边唱歌一边跳舞，不时地把父亲剪掉的草抛在一边。父亲对女儿的行为很不耐烦，所以他大声斥责她。妮基一言不发地走了，但很快她回到花园，认真地对父亲说："爸爸，我想和你谈谈。你还记得我 5 岁生日前的样子吗，爸爸？你经常说我是一个在 3 岁到 5 岁之间经常抱怨和哭泣的人，我经常为很多事情抱怨和哭，不管是重要的还是无关紧要的。但是，当我过了 5 岁生日的时候，我决心不抱怨，不再哭。这是我做过的最艰难的事情。但我发现，当我停止抱怨和哭泣时，你停止喊叫、责骂我。"

女儿妮基的这番话让塞利格曼非常吃惊，他没想到自己小小的女儿居然明白如此深奥的道理——停止抱怨，积极生活。他开始自我反省——反省自己对女儿、对生活、对待事业的态度和行为，并得出以下结论：养育子女不应不断责骂和纠正他们的不端行为，而应了解自己的内心，并与子女沟通自己的积极力量，并对这种积极力量进行培养和鼓励，唯有如此，孩子才能真正克服自己的缺点，并取得进步。

女儿的话使塞利格曼对自己的所作所为有了新的了解。在那之前，与大多数心理学家一样，塞利格曼关注的是人类消极的心理——心理疾病的原因和治疗方案等，从这次谈话后，他开始转变自己研究的方向，尝试着研究人类心理中积极的方面，从而开始了现代心理学的转向。

积极心理学改变了心理学研究以抑郁和疾病为主的倾向，提倡对人性光明和积极方面的关注。它致力于解决人类 20 世纪最大的困惑，将心理学从"二战"后人类医治自身心灵创伤的需要，导向其本来的主题——探寻活着的价值和意义。

积极心理学认为心理学不仅要研究损伤、缺陷和伤害，还要学习力量和良好的素质。治疗不仅是修复缺陷，不仅是关于疾病或健康的科学，而且是关于工作、教育、爱情、成长和娱乐的科学。积极心理学的魅力在于它以更开放和欣赏的方式看待人的潜能、动机和能力，并以积极的态度提倡心理现象的新解决方案。塞利格曼认为，人的幸福主要在五个方面：积极的情感、奉献、良好的人际关系、有意义的事情和目标以及成就感。

（二）积极心理学研究的内容

积极心理学运动针对心理学研究中的偏差，主张心理学应以人的潜能、建设力和德性为基础。其出发点是倡导积极心态，包括心理问题在内的许多心理现象。是一种新的诠释，激发了人们的内在积极力量和优良品质，并利用了它们的力量和优秀的品质，以最大限度地帮助有问题的人、普通人或有一定才能的人，使他们挖掘出自己的潜力并获得良好生活。塞利格曼等人提出，积极心理学要研究人类和人类社会的积极力量，主要研究内容有以下三个方面。

1. 积极的情绪体验

积极心理学主张心理学应研究个人对过去、现在和未来的积极态度体验，如满意和成就。当前，关于积极情绪的研究很多，如主观幸福感（subjective well – being）、快乐（happiness）、爱等都成了心理学研究新的热点。当然，积极情绪并不是完全分离的，众多积极情绪之间具有很强的相关性和一致性。为了研究的方便和主题的明确，许多研究仍然针对不同的单个方面，而其中被研究最多的积极情绪是主观幸福感。主观幸福感是指人们对其生活的看法和感受，即评价自身生存所作出的认知和情感的结论。对于主观幸福感的研究始于20世纪60年代。跨文化研究表明，人格对于主观幸福感的情绪成分的影响是泛文化的，而对于主观幸福感的认知成分的影响则是受文化影响的。

2. 积极的人格特质

积极心理学主张心理学要研究积极人格，强调心理学在人格研究中的重要性。其研究积极因素和积极特质，特别是积极力量和美德的人格特征。在这里积极心理学研究智慧、勇气、仁爱、正义、节制、卓越六个方面，具有普遍性的人格特质[1]。

对于个人成长，积极心理学关心积极的心理品质，自我决定是这个层面中的一个重要研究领域。积极人格特质的存在是积极心理学得以建立的基础。这方面研究的共同点是将人类看作自我管理、自我导向，并具有适应性的整体，Ryan（瑞安）和 Deci（从人的本质出发研究了自我决定理论，这一理论以个体的内在动机为出发点，认为三种先天需要：自主、能力、关系的需要得到满足时，内在动机最有可能发生，人们会得到幸福感，发挥潜能，并促进社会的发展[2]。

积极心理学具体研究了 24 种积极人格特质，包括乐观、爱、交往技巧、美德、工作能力、感受力、创造力、天赋、灵性、宽容、毅力、勇气、防御机制、智慧、关注未来、自决等，这些特质许多都被研究过，随着积极心理学的兴起，有关研究又蓬勃发展起来。积极心理学家认为，培养这些积极特质的最佳方法之一就是增强个体的积极情绪体验。

积极心理学对积极人格的研究还处于初级阶段，其理论的系统性和深度都有待加强，但它对人格的解读却为当代人格心理学的研究提供了一种新方向[3]。

3. 积极的社会组织系统

积极心理学研究了家庭、学校和社会的组织体系，并提出了相应的建设性建议。它有助于培养和发展人的积极的品质，使人们有责任感、利他主义和风俗习惯。爱情、文明、宽容、职业道德等制度的建立，应以人的主观幸福感为基础和归宿[1]。

积极的社会组织系统主要包括：宏观的组织系统（如民主的国家制度与舆论自由等）、中观的组织系统（如人性化的单位管理规章等）、微观的组织系统（如牢固的家庭关系等）三个方面[4]。

在积极心理学的理论中，人的经验、潜力是在社会、组织、家庭、学校等系统中体现的，同时也受其影响。这个层面主要研究造就人类幸福的环境条件及影响天才发展、创造力得以体现、培养、发挥的环境因素。

积极心理学的三个领域是相互联系的，积极情绪体验的不断获得有助于积极人格的形成，如果个体形成了积极的人格，则增加了获得积极情绪体验的可能性，而积极的社会组织系统则为前两者的获得和形成提供了社会支持。

积极的社会系统涉及多个学科的多个领域，是一个十分复杂的系统，相对于积极情绪和积极人格，积极心理学在积极的社会组织系统方面的研究比较薄弱。目前，积极心理学家大多把注意力集中在学校教育和家庭关系方面。塞利格曼等人经过长期的校园追踪研究，证明在学校开展幸福教育，能够有效地降低学生的抑郁，提升幸福感[5]。在家庭关系方面，塞利格曼等人通过广泛的调查，表明亲密关系对家庭成员获得幸福体验有着极其重要的作用。

4. 积极情绪与健康

积极的心理和情绪状态在保持生理健康方面也有很大的意义。积极的情绪状态（如乐观）可以增加人的心理资源，使人相信结果会更好。在面对压力事件时，通常处于积极情绪状态的人更不易生病；而对于病人来说，那些拥有积极情绪的人更愿意接受医生的建议、配合治疗并进行锻炼[2]。

研究发现，积极的情绪状态对于患病者的心身状况的改善有积极的影响，并且，良好的情绪状态容易导致积极的康复活动。Taylor（泰勒）等人（1992）发现，乐观信念能使个体免于疾病。积极的情绪为什么会有助于预防疾病和患者的康复呢？研究发现，积极和消极的情绪都与一种免疫抗体分泌的水平变化有关，积极的情绪状态可以相应地提高免疫系统的活动，而消极情绪则相反。实验研究证实了实验操纵的情绪状态对于免疫系统调节功能的影响。Salovey（沙洛维）讨论了情绪和身体健康的关系，发现了一个有趣的现象：具有高乐观主义和希望的人实际上更可能为自己提供有关自身疾病的不利的信息。因此，他们能更好地准备去面对现实，即使他们的积极的结果猜想可能不符实际。

5. 创造力与培养天才

在积极心理学的研究中，还有许多研究是关于创造力与天才的培养的[6]。创造力研究的兴起可追溯到 1950 年 Guilford（福特）的研究，Guilford 认为，发散思维和变换能力是创造性思维的核心。由于创造力的定义和研究的复杂性，这一领域的研究进展不大。随着积极心理学的兴起，关于创造力和天才培养的研究蓬勃发展起来。对于创造力是先天形成的还是后天培养的这一话题，Ericsson（埃里克森）通过研究提出了自己的观点：创造力是源于普通认知过程的一种脑力活动，更多的是培养出的而非与生俱来的才能[7]。

关于天才的研究表明，天才儿童在自己具有天赋的领域有很强的成就动机和坚持性，而天才的产生与父母和家庭环境很有关系：天才通常是在那些富裕的家庭环境，并有丰富的智力或艺术刺激的家庭中产生[8]。

如果创造力和天才是后天培养的，那么又该如何培养创造力和天才呢？有很多研究者提出了自己的培养方案。比如 Steinberg（斯坦伯格）等人依据创造力投资理论提出了发展创造性潜能的 12 种策略。关于创造性的生理激活，有人从脑机制方面进行了实验研究，首次发现在完成发散思维任务时，高创造性被试（创造性测验得分高者）两侧额叶都被激活，而低创造性被试只有单侧被激活[9]。

二、积极心理品质内涵解读

心理学家通过文献法和调查法将品格力量分为 6 种美德 24 项优势，这些美德或优势就是对个人幸福最有影响力的生活态度。一个人越多地具备了这些优势，也就越多地具备了品味深刻幸福的潜能。每一种美德都包含 2～7 种品格优势，下面具体解析这些品格优势[10]。

（一）积极心理品质的研究过程

第一阶段，Peterson（彼得逊）和 Seligman（塞利格曼）（2004）全面提出了积极人格优势理论。他们基于文献综述提出了 6 种广泛存在的美德，又为各种美德提出了相关的人格优势，从而构成完整的积极人格理论。他们依照美国心理学会编制《精神障碍诊断与统计手册》（*Diagnostic and Statistics Manual of Mental Disorder*）关于心理疾病的分类方式，对积极品质和美德进行分类和界定，并将自己的书命名为《人格优势和美德手册及分类》（*Character Strengths and Virtues：A Handbook and Classication*）。这是积极心理学反思传统人格研究过于关注消极人格因素而带来的一种新的尝试[1]。

第二阶段，Peterson 和 Seligman 首先对文献进行综述，同时考虑到了跨文化一致性，包括中国的儒家和道家文化、南亚（印度）的佛教及印度教文化、古埃及文化、基督文化和伊斯兰文化。在这些传统文化中寻找最早的、最具影响的关于美德的论述，特别关注那些进行列举的，尤其是那些明确地提出美德的数目的文献。然后，对收集到的美德词语，根据语义相似性进行归类与精简，提炼出核心美德。最后，他们将很多积极心理学家集中到一起，使用头脑风暴法提出了 6 种被各种文化共同接受的美德，分别是智慧、勇气、人性、公正、节制和超越[11]。

第三阶段，Peterson 和 Seligman 在提出 6 种美德后，他们又规定了各种美德所包含的特定的人格优势，遴选出了 24 种积极人格优势：智慧包括创造力、好奇心、洞察力、思维开阔、热爱学习；勇气包括真诚、勇敢、毅力和热情；爱和社会智力、人性包括善良；公正包括合作力、领导力和公正；节制包括持重、谦虚、宽容和谨慎；超越包括希望、幽默、感恩、审美和信仰[12]。

（二）积极心理品质：6 种美德 24 项优势

1. 智慧维度

智慧和知识的优势（strengths of wisdom and knowledge）包含获得和应用知识从而获得美好生活的积极特质，属于认知的力量。有很多人格优势具有认知成分，如社会智力、公正、希望、幽默和灵性等，这也是很多哲学家认为智慧是主要的美德、是其他美德的基础的缘由。心理学家通过研究发现，有 5 种人格优势具有显著的认知特征，他们分别是创造力、好奇心、洞察力、开放思想和热爱学习[1]。

（1）创造力。创造力是指个体不受成规的束缚而能灵活地运用知识、经验，产生新思想，或发现和创造新事物的能力。作为其重要成分的发散思维，在一定程度上反映创造能力的高低。不仅包括传统意义中的科学创造或艺术创造，更是指日常生活或职业活动中表现出的实用智慧。作为一种个体差异，创造力必须具备两个本质属性：第一个标准是原创性，一个具有创造性的人能产生原创性的思想或行为，生成新奇的、惊奇的、不寻常的思想或行为；第二个标准是可适应性，即原创性的行为或思想能够转换成对个体的生活或对其他人的生活有积极作用的行为。

（2）好奇心。好奇心是指寻求新奇、求知的心理倾向，包括活动认知、追求以及个体对于挑战机会的反应经验的控制。好奇心、兴趣、追求新奇和经验开放都表示一个人对于经验和知识的内在渴求，对所有的经验都有兴趣，具有探索和发现精神。好奇心的情绪动机状态能够激起积极情绪，如兴奋、喜爱、注意，有助于复杂决定的做出和对目标的坚持。好奇心强的人有两个特点：第一个特点是对新鲜经验持开放性的态度；第二个特点是难以容忍模糊不清或者模棱两可的信息。

（3）洞察力。洞察力指的是有远见，是人们对个人认知、情感、行为的动机与相互关系的透彻分析；是指一个人具有丰富的实践经验，并能够利用这些经验为自己或别人提供明智的指导。洞察力能够给他人提供明智的忠告，能够看清世界对于自己和他人的意义。大多数心理学家对于明智的定义不外乎以下三种：明智的过程、明智的成果、明智的人。

（4）开放的思想。开放的思想是指一个人喜欢用不同的方法解决问题，能从多角度思考、考证事物，当要做出一个决定时，会考虑每个选择的好处和坏处。愿意听取别人的意见，做决定前喜欢征求别人的意见，做最后决定前会考虑所有的可能性，经常能想到令所有人都满意的解决问题的办法。开放的思想表现在思维开阔上，指的是全面、透彻地思考问题，不急于下结论，寻找和现有的信念、计划、目标相反的证据，面对证据能够改变观点，尊重事实，有将新的证据和原有的信息一视同仁的意愿。它的反义词是固执己见。思维开阔的人有以下特征：能够根据实际情况摒弃原有观念；经常思考和自己的信念相违背的证据；在面对新的证据时，信念能够转变。

（5）热爱学习。热爱学习的人能够在没有外部诱因的条件下，出于内在动机去学习。他们在学习活动中体验到知识的满足感和智慧的愉悦感。好学与好奇心有关，但除此之外还描述了一种系统性扩充自己的知识的倾向。好学描述的是从事的活动内容无法立即得到结果或者是在学习上取得好成绩不会立即带来利益。好学指的是一种被新信息和技能吸引，并且生成能够对抗挫折和挑战等消极反馈的积极情绪的过程。一方面，这种人格优势在动机定位和学习目标上具有个体差异；另一方面，大多数个体多少会有一些这种人格优势，他们至少在某些方面有一些发展良好的兴趣。好学能够预测心理和生理幸福感，好学者更倾向于欣赏他们所学的内容。

2. 勇气维度

勇气优势（strengths of courage）是指不畏内在或外在压力，决心达成目标的积极特质，包括真诚、勇敢、毅力和热情等[1]。

（1）真诚。真诚体现在实话实说，真实地面对生活，不虚伪，为人真诚。正直、可靠、诚实都用于描述这一种人格特质，个体真实面对自己，在私人和公共场合准确表达自己内心的状态、意愿和承诺。正直的人能够坚持事实，敢于说出真相，不找借口，愿意对自己的情感和行为负责任，并因此获得利益。正直必须符合以下行为标准：具有一种稳定的行为模式，能够坚持自己的价值观，说到做到；符合公众标准的道德观，即使这种道德观不流行；耐心对待他人，帮助需要帮助的人，对别人的需求敏感。

（2）勇敢。勇敢是指在危险随时可能出现的环境里，努力去获取或坚持自己认为是好的事物或他人认为是好的但是却没能实现或获得的事物。在这个过程中个体可能惧怕，但不因此而退缩，并且这种行为是自愿的。勇敢的价值在于使人们抑制对于危险的即时反应并且评估行为的可接受性。勇敢的人是能够将恐惧的情绪与自己所应当采取的行动分离开的人，他会抗拒自己要逃跑的冲动，勇敢面对令自己恐惧的任务，不去理会心理上的主观反应或生理上的紧张不适。胆大妄为和冲动并不是真正的勇敢，虽然害怕但仍能够面对危险才是勇敢。现代意义上的勇敢已经超越了战场上的拼杀，更多的是指道德上的勇敢和心理上的勇敢。勇敢的人能够泰然地、甚至愉悦地面对危险、逆境、压力，不为此丧失尊严或丧失成长的机会。

（3）毅力。有毅力的人通常表现为有始有终，能承担困难的工作并把它完成。即使这个工作的某些部分是单调、枯燥、耗时间的，或者这个工作将充满艰难、未知的挑战，他们都能顽强地面对。有毅力并不是不顾一切地追求不切实际的目标，有毅力的人是有弹性的、务实的，而不是完美主义者。事实上，完美主义的人往往是缺乏毅力的，因为他们常常预料到事情结果不能十全十美，所以选择了半途而废。

（4）热情。热情指的是充满热情、全心全意地投入到生活和工作之中。热情而有活力的人是精力充沛的和功能完善的。热情是一种动态的现象，包含生理和心理两个方面的功能。热情而有活力指的是人们感到有生命的、热情的和有精神的。在身体层面，活力指的是身体健康，身体功能良好，远离疲劳和疾病；在心理层面，活力反映的是意志、效率和个人及人际整合经验，心理紧张、冲突和压力会减损活力经验。

3. 人性维度

人性优势（strengths of humanity）是指关心与他人的关系，乐于助人的积极特质，包括三种优势：社会智力、爱和善良[1]。

（1）社会智力。社会智力是指个体了解他人及与他人相处的能力。具体指能体察自己与他人的动机与情绪，能觉察自己和别人的动机和情感，知道在什么场合做什么事，知道怎么激发他人。具有社会智慧的人能够注意到人和人之间的不同点，然后针对这些不同做出恰当反应。高社会智力的人表现出对于情绪特殊的体验和处理能力。他们能从人际关系中觉察到情绪，敏锐地理解与他人的情绪性的人际关系以及情绪在人际关系中的意义。

（2）爱。爱指的是珍视与他人的亲密关系，特别是彼此分享、相互照顾。爱是对他人的认知、行为和情感态度，具有三种典型的形式：第一种是普通人之间的积极的、关心的情感，也称友谊，人希望被爱的人获得幸福，并在情感和精神上需要这个对象；第二种是保护与被保护的爱，叫作亲子之爱；第三种叫作情欲之爱，是性或身体的吸引导致的激情，也叫浪漫之爱。在与相爱的人相处中，我们感受到无拘无束的安全感、无条件的信任等，可以无条件地奉献，身心相融，感受到放松、欣赏与满意，充满了希望和幸福。

（3）善良。善良是指对他人表现出的仁慈、慷慨、乐于帮忙。重视别人的利益和幸福，理解别人的难处，同情他人的苦难，甚至有时会为了帮助别人而把自己的利益放在一边。友善的意思是乐于助人、关心他人，是与唯我论相对的一种取向。友善和无私的爱是一种人道主义的主张，不出于任何功利主义的目的而认为别人本来就是值得被关注和爱的。

4. 公正维度

公正优势（strengths of justice）具有广泛的社会性，与个人和群体或社区之间的最优互动有关，是健康社会的文明优势[1]。包括三种优势：合作力、领导力、公正。

（1）合作力（团队精神）。合作力也称团队精神，是指个人作为集体的一分子，对集体利益的关心以及相应的责任感，忠于所在的集体，富有团队协作精神。具有团队精神的人能融入团队，有凝聚力，有归属感，为团队建设尽心竭力；忠于团队，自觉维护团队利益，并积极、主动、认真、负责做好本职工作；尊敬领导，但不会愚昧而自动地顺从他人，这种人也有自己的想法和思维，但会考虑大局；尊重团队目标，虽然有时团队目标会与自己的目标不同，但仍然尊重并重视团队的目标。

（2）领导力。领导力是指有很好的组织才能，在乎团体的共同利益，鼓励团体的集体情感，主动参与设想所在团队的未来目标愿景，组织同事共同为之努力，并能监督任务的执行效率；能够去影响和帮助他人，指导和激发他们获得集体成功。领导力的本质就是影响力，领导力包括权力影响力和非权力的影响力。

（3）公正。公正是指不让个人感情影响自己的决定，平等地看待所有人，一视同仁，不受个人感情影响。公正是道德判断的产物，道德判断让个体知道什么在道德上是对的，什么是错的，什么是道德禁止的。虽然道德包含了道德判断、道德发展和道德理解等，但是我们更加认同心理学家所认为的，将道德推理看成道德发展和建立道德行为的准则。道德推理可以分为两类：正义推理和关心推理。

5. 节制维度

节制优势（strengths of temperance）是抵制过度的积极特质，指适时适度地满足自己的欲望。节制的人并不是完全压抑自己的欲望，只是他们会把握时机和程度，以免对自己和他人造成伤害。节制的美德包括 4 项品格优势：自律、谦虚、宽容、谨慎。自律能够抵制各种使人动摇的极端情绪，，谦虚可以抵制过度的自大，宽容和怜悯可以抵制过度的仇恨，审慎可以抵制带来长期负面效果的短期愉悦[1]。

（1）持重（自律）。持重是指自我约束，人能反思并压制自己在第一时间内自发产生的第一冲动，并策划和启动自己经过反思后深思熟虑的行动计划，包括对自身需要的节制、对自己情绪的调节、对自己观点的反思、对自己行动的控制等。

（2）谦虚。谦虚是指不自满，乐于接受别人的批评意见，不以自我为中心，能够倾听别人，包括对自己的优点和成就有适当的估计。谦虚的人不过分表现自己，不吹嘘，不喜欢出风头，能够巧妙而适宜地应对别人对自己的夸奖和赞扬。

（3）宽容。宽容是指原谅那些曾经冒犯过我们尊严或者侵犯过我们利益的人。与宽恕相反的人生态度是仇恨。仇恨只能让我们生活在由悲伤或者耻辱情绪所笼罩着的阴暗回忆之中，而宽恕则能够冰释过去的不美好记忆，使人轻松地投入新的生活。宽容可能发生在我们和一切人的关系中，包括同事之间、师生之间，甚至陌生人之间。宽容即允许别人的不利行动或判断，耐心而且毫无偏见地容忍与自己的观点或公认的观点不一致的意见（《不列颠百科全书》）。宽大有气量，不计较或不追究；宽容那些犯错误的人，原谅别人的过失，给他人第二次机会。

（4）谨慎。Tangney（坦尼）定义了具有谨慎人格优势的人的一系列关键特征：对于个人能力和成就的准确认知；意识到自己的错误、不完美、知识不足和局限的能力；对于新思想、矛盾的信息以及建议的开放性；保持对个人能力和成就的洞察力；相对较少地关注自我或者说是具有忘了自我的能力（不以个人为中心）；欣赏所有事物的价值，欣赏人们和事物用各种不同的方式对我们的世界做出的贡献。

6. 超越维度

超越优势（strengths of transcendence）是使自己与全宇宙相联系，从而为生命提供意义的积极特质，超越是指个人超越了自身狭隘的生活世界，将个人的存在与更宏大的事物相连接，在更广泛的关系中（包括与他人和社会的关系，与自然的关系，与生命中时间之流的关系）获得生命的意义。主要表现为对美的欣赏和品味（美感）、幽默、热忱、宽恕、感恩、希望、信仰等7个方面。其中，对美的欣赏和品味、幽默、热忱是人对当下的积极态度；宽恕和感恩是人对过去的积极态度；希望和信仰是人对未来的积极态度。超越优势包含五个方面：审美、感恩、希望、幽默和信仰[1]。

（1）希望。希望指的是一种指向未来的认知、情绪和动机，是指对未来怀有美好的憧憬，期待未来会更好，并为了实现这一目标而积极地筹划和行动。另外，希望也是指对未来可能发生的糟糕结果有充分的预料，不是悲观地等待和感叹，而是乐观地设想糟糕结果发生之后的应对和处理。因此，无论发生多么糟糕的事情，乐观的人永远能从打击中发现新的希望，而不会陷入绝望。

（2）幽默。幽默比滑稽含蓄，比讽刺轻松和温和，带有快乐的色彩，常使人微笑、苦笑或会心地笑。幽默包含三种意思：第一，一种戏谑的认知、快乐、创造的不协调；第二，展示逆境的积极面给人看，让人们有个好情绪；第三，让别人欢笑的能力。幽默的人不但追求让自己快乐，也追求让别人愉快。即使是从事一件平凡而枯燥的工作，幽默的人也努力让周围与他一起工作的人体验到快乐。真正的幽默，是无论处在什么情境之中，总能发现事情之中光明的一面。

（3）感恩。感恩首先是指人对身边那些曾经帮助过自己的人们的感激之情；再进一步，也包括对于那些无意中给自己带来积极影响的人们（既可能是熟识的，也可能是仅有一面之缘的，甚至可能是远方的陌生人）的感谢；更进一步，还包括对命运（无论是顺境还是逆境）的感激和对生命的珍视。与感恩相反的特征是抱怨，爱抱怨的人不是勇敢地担负命运的责任，而是把一切过错归因于他人、世界以及命运。

（4）审美。审美能力是指对美与卓越的欣赏，其关注并欣赏所有生命领域的美、卓越和技巧表现，从自然到艺术，从数学和科学到所有日常生活领域。审美能力发现、识别存在于自然和社会上的美好的事物，体验到由此带来的快乐。具有审美人格优势的人经常能够在一些日常的活动中感到敬仰和一些相关的情绪（如钦佩、向往和高尚）。

（5）信仰。信仰是指信服、崇拜并奉为准则和指南的事物，个体对生活准则的某些观念抱坚定的确信感和深刻的信任感的意识倾向。对生活有目标感，是经过对人生意义、人类本性、价值观等诸多问题进行漫长的艰难探索而逐渐形成的一种终极的人生追求。心理学研究中把人们的信仰划分为外源性价值和内源性价值。外源性价值是指那些依赖于外部因素才能获得的东西，包括金钱、权势、美貌、名声等；内源性价值是指那些依赖于自我的修炼才能达到的境界，包括个人知识能力的提升、品格的完善、对他人的贡献、对真理的追寻、对美的欣赏，等等。持有外源性价值观的人，其幸福感更多地依赖于外在因素，因而不太可控。持有内源性价值观的人，其幸福感更多的依靠自身的努

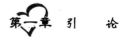

力，因而更可控，也更稳定。

第二节 教师心理生活与心理健康

人的生活尽管方式多样，但从根本上看，主要是人的心理生活，因为"自从有了人的出现，有了人的生活，有了人的意识，有了人的创造，就有了人的心理生活"[13]。因此，心理生活质量就成为揭示人生活质量的根本途径。然而，关于心理生活质量的认识还不能过于乐观。长期以来，人们对心理生活的研究和关注还没有达到一定程度，常表现为盲目、神秘、抽象和片面，还没有将心理学研究对象定位到人的心理生活，导致对心理生活质量问题的认识还停留在精神生活质量宏观层面或以心理生活质量的某些方面为代表的微观层面，因而研究应回归到心理生活质量到底是什么的最基本问题上，也就是关于心理生活质量的基本内涵研究[14]。

一、心理生活与心理健康

（一）心理生活

1. 什么是心理生活

一定的社会生活方式总是以一定的文化模式作为它的客观基础和条件，以一定的心理生活样式作为它的主观内容，并通过一定的实践方式把心理生活的目标理想现实化。因此，心理生活是人类社会生活的核心内容，心理生活是人类社会生活心理层面的表现，人们通过心理觉知、心理体验和心理感悟去反应生活的基本内容和基本方式，心理生活是人们不断探索生活的更高层次的产物。人类社会中一切价值的本质根源都是人性的需要，人性的特征构建了人类心理生活的核心需求，因为人在延续生命、现实生活的自我创造过程，不断构建心理生活的新内涵。所以，"心理生活是生活的核心内容，是人生活的实际走向，是人生活的创造主宰"[15]。心理生活理论的深入研究，为心理生活质量的研究提供了一盏明灯，人的心理生活是人性、自我、认知、体验等方面的综合，在其生存、发展和创造过程中，必然有高有低，"而人的心理意识的拓展实际上也就是人的心理生活质量提升的活动，心理学研究对人的心理生活的解说，不仅关系到个体的心理生活还关系到人类社会的心理生活"[16]。

2. 什么是心理生活质量

对心理生活质量的研究，关注的是人类社会生活的全部心理活动的体验。从这个意义上说，心理生活质量的内涵既包括客观生活质量，也包括主观生活质量，既包括认知生活质量，也包括体验生活质量，主要包括幸福体验、心理健康、价值判断、生命质量和心理成长等多方面因素。

（1）幸福体验。心理学家以人们的主观幸福感来测量生活质量，研究强调当人们对生活满意，而且体验较多的愉快情绪和很少的不愉快情绪的时候，就产生幸福感。在对幸福感进行评价时，不强加外在参照标准，人们自己的信念最为重要。正如心理学家索雅指出："尽管每个人幸福感的来源不同，但大多数人知道自己幸福或痛苦[17]。"大部分的人能够评价其生活状况的好坏，能够对其生活进行判断，能够体验积极与消极的情绪。在心理学家看来，良好的社会环境使大多数人感受到满意与快乐。此外，其他特殊的变量，例如信任、自尊、友好关系、工作满意与婚姻满意等，也常常作为主观幸福感的指标。事实上，幸福体验并不仅仅表现为主观感受，还表现为客观感受。客观感受即个人对他人或群体的幸福体验，每个人在体验自己幸福的同时，也在体验别人的幸福，在自己与他人之间寻求契合点，当自我幸福体验高于他人幸福体验时，无论当前自己生活现状如何，都会对自己生活感到满意，反之，就会感到不满意，幸福体验是一种心理比较，尽管这种比较带有较多的猜测性和不确定性，但却实实在在成为人心理生活质量的主要内容。

（2）心理健康。心理健康是指人的基本心理活动的过程内容完整、协调一致，即认识、情感、意志、行为、人格完整和协调，能适应社会，与社会保持同步。有很多心理不健康或不正常的人，其言行造成了生活质量的下降。因此，一个人因其社会适应的程度不同，心理健康水平就不同，生活质量和生活格调也会不同。正如阿德勒所说："适应良好的个人有勇气面对问题，追求超越和完美，形成健康的生活格调和社会兴趣；适应不良的个人只追求个人的超越而缺乏足够的社会兴趣，各种心理疾病都是由错误的生活格调所导致的[18]。"

（3）价值判断。人的心理生活不断发展，质量标准也在不断变化，心理生活归根结底是人的一种价值追求和价值体验，这种追求和体验始终离不开客观对象、主体意识、主体对客体的价值判断。因此，不论客观的精神生活如何被人"主观"，不论精神生活质量标准如何变化，精神生活的质量判断都始终有一个主体或自我意识是否与主体、自我相符合的问题，对象或客体的价值判断是否与对象或客体相符合的问题。这就是主观中的"客观"，变化中的永恒。1973 年，Rokeach（罗克奇）开创性地将价值观分为终极性价值观和工具性价值观两大类各 18 项价值信念。因此，一种高质量的精神生活，必然是个人在自己的生活过程中根据社会发展和自身实际不断调整自己的价值取向，体现自己生命价值的精神需要的精神生活。有些学者在综合分析影响生活质量的因素时，指出了在另一些心理因素（如价值观、理想、期望值等）的影响下，不同的人具有不同的心理状态，使他们即使面对相同的现实生活境遇也会产生不同的主观生活感受，即人们通常指出的所谓客观现实生活与生活感受之间的"不一致性"。心理价值判断总是在对自己生活所体现的价值、获得的价值认同去评判，当自己生活所体现的价值与获得的价值认同出现较大偏差时，人会表现出对生活质量的评价低，尽管人对自我价值判断与生活质量判断并不能真正实现一致性的判断，但人仍然会不停地去寻求在价值判断中获得平衡。

（4）生命质量。人的生命同时具有自然和精神两种属性。"人从来就不是纯粹的存在，它总是牵扯到意义[19]。"生命质量应包括生存质量、生活质量、劳动质量、发展质量。也就是要活得健康、愉快，充分发挥智力；就是要活得轻松、潇洒，有良好的人际关系；就是要活得余热迸发；就是要活得自身潜力得到开发，个性得到释放。生命质量与生活质量的关系，是辩证的、相辅相成的。人的生活质量与生命质量都表示人的生存状态。人们追求好的、高的生活质量是必然的，人能享受较高的生活质量是社会的进步。有好的生活质量并不必然产生好的生命质量，而差的生活质量也未必不能产生好的、高的生命质量。从质量的角度定义生命质量和生活质量：生命质量，是通过提高能力追求的一致性和可靠性，从而满足人类需求，并带来社会进步；生活质量，是通过提高发展追求的一致性和可靠性，从而满足人类需求，并带来社会进步。由此可见，追求生命质量就是追求能力提高，追求生活质量就是追求发展。提高生命质量是提高生活质量的前提，只有能力得到了提高，才能追求发展，也即创造更多价值，满足人类需求，并带来社会进步。

（5）心理成长。葛鲁嘉先生认为，"个体的心理成长就是个体的心理拓展的过程"[20]。心理成长理论为人的不同心理时期的心理发展特点、心理成熟度、心理角色变化及人不断完善的心理认识等提供了理论支持。人的一生在不断发展和完善中成长，每一时期的心理生活质量是不同的，但随着心理发展阶段的变化，人的心理生活质量将会随之发生改变，正因为如此，人应当动态地去认识和体验自己不同时期的心理生活质量。人的心理成长离不开社会文化的推动，不同的社会时期，必将形成与之相匹配的心理生活，人的心理生活质量也必将与社会文化相适应，一个人的成长经历不同的社会文化时期，都将不可避免地打上时代的烙印。另外，个体的心理成长必将推动社会文化的发展和民族心理生活的变化，促进整个社会心理成长，也影响着整个社会人的心理生活质量。

（二）心理健康

1. 什么是心理健康

人怎样才算健康？有人说："身体没病就是健康。"这种看法至少存在两个误区：一是只关注生理健康而忽视了心理健康，其实心理是否健康是联合国教科文组织衡量人是否健康的重要标准之一；二是只看到了健康的底线，其实健康不仅是没有疾病，而应是充分发挥自身效能、实现自身价值。人是一个身心统一体。人的健康相应地也包括生理健康和心理健康。生理健康是为了保持一个健康的体魄；心理健康则是保持一个健康的心理状态。心理健康能直接地影响着人的生理健康，如情绪低落会导致食欲不振；心情烦躁会导致失眠心悸，等等。因此，从某种程度上说，心理健康是比生理健康更为重要的一种健康。

人既是一个生物体，又是有复杂的心理活动、生活在一定社会环境中的完整的人。因此，1948 年世界卫生组织（WHO）成立时，在宪章中把健康定义为："健康乃是一种生理、心理和社会适应都臻于完满（well - being）的状态，而不仅仅是没有疾病和虚弱的状态。"接着，它又具体提出健康的标志是：除了众所周知的没有病理改变和机能障碍外，（1）有充沛的精力，能从容不迫地担负日常工作和生活，不感到疲劳和紧张；（2）积极乐观，勇于承担责任，心胸开阔；（3）精神饱满，情绪稳定，善于休息，睡眠良好；（4）自我控制能力强，善于排除干扰；（5）应变能力强，能适应外界环境的各种变化；（6）体重得当，身体匀称；（7）眼睛炯炯有神，善于观察；（8）牙齿清洁，无空洞，无痛感，无出血现象；（9）头发有光泽，无头屑；（10）肌肉和皮肤富有弹性，步态轻松自如。上述这些对健康较详细的解释均表明，健康同时包括了生理健康和心理健康两个方面，一个人生理、心理和社会适应都处于完满状态，才算是真正的健康。

实践证明，人的生理活动和心理活动是密切相关、互为依存的。不存在无生理活动的心理活动，也不存在无心理活动的生理活动。因此，人的生理健康与心理健康是辩证统一的。第一，当生理或心理方面产生疾病时，另一方面也会受到影响。人们都有这样的经历：当生理上有病时，会产生情绪低落、烦躁不安、较易发怒等症状；当面临重要事件而紧张焦虑时，则会出现食而无味、食欲大减、失眠头痛、易疲劳等症状。研究表明，情绪与健康的关系非常密切。因此，长寿学者胡兰夫德指出："一切对人不利的影响中，最能使人短命和夭亡的是不良的情绪和恶劣的心境。"第二，生理健康是心理健康的基础，而心理健康反过来又能促进生理健康。这正是"我健康，我快乐""我快乐，我健康"。所以，若能善于调节情绪，经常保持心情愉快，可以起到未病先防、有病早除的效果。

为此，心理卫生学认为健全的心理寓于健康的身体，而健康的身体有赖于健全的心理。

第三届国际心理卫生大会曾为心理健康下过这样的定义："所谓心理健康是指在身体、智能以及情感上与他人的心理健康不相矛盾的范围内，将个人心境发展成最佳的状态。"还具体地指明心理健康的标志是："（1）身体、智力、情绪十分调和；（2）适应环境，人际关系中彼此能谦让；（3）有幸福感；（4）在工作和职业中，能充分发挥自己的能力，过有效率的生活。"

2. 心理健康的标准

关于心理健康的标准，不同的心理学家有不同的看法。基于各种心理学理论和生活实际，归纳中外多位心理学家的观点，以下六条标准为人们所广泛接受[21]。

（1）对现实的有效知觉。这意味着个体拥有相当的智力水平，在认知与解释周围发生的事情时，能持客观态度，重视证据；对他人内心活动有较敏锐的觉察力，不会总是误解他人的言行；很少有错误的知觉和不切实际的幻想；能正视现实，并与环境保持良好的接触；对学习、生活、工作中的困难与挑战充满准备。

（2）自知自尊和自我悦纳。个体对自己的能力有正确的认知，对个人动机、情感比较了解；能现实地评价自己的长处和短处，并能接纳自己；在对事尽力、对人尽心过程中体验自我价值；不过于掩饰自己，不刻意取悦于人，以保持自己适度的自尊；在努力发掘自我潜能的同时，对于自己无法补救的缺陷，也能安然处之；生活目标和理想切合实际，从不产生非分的期望，也从不苛刻地要求自己，因而也不会产生自责、自卑、自怨等心理危机。

（3）拥有自我调控能力。个体能控制自己的行为，必要时能遏制自己非理性的冲动；有调节自己心理冲突的能力；有成长的意愿，能有效地调动自己的身心力量，在有关领域实现较高水平的目标；能调节自己的言行对环境刺激做出适度反应；能在困难面前保持旺盛的斗志，顽强地达成自己的目的。

（4）能与他人建立和谐的人际关系。个体有正确的人际交往态度和有效的人际沟通技能，关心他人，善于合作；不为满足自己的需要而苛求于人；人际关系适宜，有知心朋友，有亲密家人；在与人交往时，积极的态度多于消极的态度；有较强的社会适应能力和充足的安全感；心胸开阔，对人宽容，对他人有基本的信任，善于化解人际冲突。

（5）稳定协调的人格结构。个体的各项心理机能完整而平衡，具有较高的能力、合理的思维、完善的性格、良好的气质、正确的动机、广博的兴趣和坚定的信念；思想和言行是协调、统一的，认知和情感是和谐的，手段和目的是适应的；本我、自我和超我处于动态平衡状态，理想自我与现实自我差距适度；由于形成了稳定的内部调节机制，故个人具有独立的抉择能力，行动上表现出自主性。

（6）生活热情与工作高效。心理健康的人能珍惜和热爱生活，能对学习、工作产生积极的态度，并在这些活动中体验到一种乐趣。他们有从经验中学习的能力和创造性解决问题的能力，在学习和工作中尽可能地发挥自己的个性和聪明才智，并从工作成果中获得激励和满足。他们有独立谋生的能力和意愿，能在学习、工作、娱乐、享受活动的协调中追求生活的充实和人生的意义。

二、教师心理健康的要点与维护

（一）维护中小学教师心理健康的要点

保持心理健康的首要任务是预防，而预防就是从理智上找出一些办法来解除心理上的压力。为了得到身心的平衡，美国心理卫生学会提出了 11 条要诀，可以使人保持心理健康，能够预防心理疾病，也可以治疗心理疾病，有更多的精力投入到学习、生活中去。

1. 表现在自我方面

（1）不对自己过分苛求。有些人做事要求十全十美，对自己的要求近乎吹毛求疵，往往因为小小的瑕疵而自责，结果受害者是自己。为了避免挫折感，应该把目标和要求定在自己能力范围之内，懂得欣赏自己已有的成就，自然会心情舒畅了。

（2）疏导自己的愤怒情绪。当我们勃然大怒时，会做出很多错事或失态的事。与其事后后悔不如事前加以自制。把愤怒转移至另一方面，如打球和唱歌之上，炼就一种阿Q精神。

（3）偶然亦要屈服。一个做大事的人处事是从大处看，只有一些无见识的人才会向小处钻，因此只要大前提不受影响，在小处有时亦无需过分坚持，以减少自己的烦恼。

（4）暂时逃避。在生活受到挫折时，应该暂时将烦恼放下，去做自己喜欢做的事，如运动、睡眠和看书等。等到心境平衡时，再重新面对自己的难题。

（5）在一时间段内只做一件事。构成忧思、精神崩溃等疾病的主要原因是患者面对很多急需处理的事情，精神压力太大而引起精神上的疾病，要减少自己的精神负担，不应同时进行一件以上的事情，以免弄得身心俱疲。

（6）学会娱乐。这是消除心理压力的最好方法。娱乐方式不太重要，最重要的是令心情舒畅。

2．表现在与他人关系方面

（1）对他人期望不要过高。很多人把希望寄托在他人身上，若对方达不到自己的要求，便会大感失望。其实每个人都有他的思想、优点和缺点，何必要求别人迎合自己的要求呢？

（2）找人倾诉烦恼。把所有的抑郁埋藏在心底，只会令自己郁郁寡欢。如果把内心的烦恼告诉给你的知心好友或师长，心情会顿感舒畅。

（3）为别人做点事。助人为快乐之本，帮助别人不但能使自己忘却烦恼，而且可以确定自己的存在价值，更可以获得珍贵的友谊。何乐而不为呢？

（4）不要处处与人竞争。有些人心理不平衡，完全是因为他们太爱竞争，使自己经常处于紧张状态。其实与人相处，应该以和为贵。

（5）对人表示善意。我们经常被人排斥是因为别人对我们有戒心。如果在适当的时候表现自己的善意，多交友、少树敌，心情自然会变得平静。

（二）中小学教师心理健康的维护

影响人们心理健康的因素十分复杂多样，而生活在复杂的社会集体中的个人，难免会出现心理失衡，产生心理障碍，严重时还会损害人的整个身心健康。因此，如何维护和保持心理健康，以及出现心理失调之时怎样恢复心理平衡，这对每一个人，特别是教师来说，都是一件十分重要的事情。下面将简要介绍一些行之有效的方法，仅供参考。

1．精神境界陶冶法

精神境界是一个人修养、生活情趣等方面的综合性反映，是多年生活的积

累和升华。一般来说,精神境界的提高是没有什么捷径可寻的,需要进行扎扎实实的努力。但不妨注意这样几个方面:

(1) 音乐陶冶法。在生活中许多人有这样的经历:当你听到一曲优美的音乐,特别是与你自己的情绪完全合拍的音乐时,会感到一种神奇的功效,使你忘却心中的隐痛,渐渐进入另一种情景,一种使人变得畅快的情景,这就是音乐对一个人的精神状态的调节作用。课外的业余时间里,教师根据自己的兴趣、爱好,选择那些能引起美感的、激发上进的音乐,对自己精神境界的升华、陶冶是大有好处的。

(2) 书籍陶冶法。书是人类灵魂的重要源泉。有益的书籍会使人的灵魂得到净化、升华,冲淡你心中的烦恼,给人以力量和勇气。任何一个想使自己充实地生活的人,都渴望尽可能地从书中汲取营养;任何一个喜欢自己事业成功的人,都离不开这个良师益友。另外,在读书这个问题上,要注意三个问题:读什么书,怎么读,如何使用读书的时间,这是因人而异的。

(3) 情趣陶冶法。人的情趣来自生活中对美的感受。热爱生活,情趣自然会来到你身边。可供人们选择的情趣非常广泛。随着生活水平的提高,愈来愈多的人开始喜爱和经常进行郊游。此外,像爱好音乐、下棋、书法、种花、养鱼、舞蹈、烹调等这些生活中的乐趣,只要自觉培养,人们一定能体会到他所选择的爱好给自己带来的美的享受,在自己的精神境界中注入芳香的甘露。另外,在选择和培养自己的情趣时,还应该注意这样一个问题:不同的人宜选择适合于自己的工作、年龄等特点的情趣,并具有针对性。

(4) 幽默陶冶法。幽默、机智的情绪能使人产生喜悦、满足之感,令人久久难忘,是生活中一味极为有益的精神调料。幽默感并非与生俱来,它首先取决于一个人的知识修养以及对待生活的态度;其次必须有热爱生活的渴望和拥抱生活的勇气,对事业要豁达、乐观、超脱些,对人要大度、谦让、和善些,努力以和善的态度处理人际关系,无论遭遇如何,都努力处之泰然——以幽默的态度面对严酷的人生;最后,应学会对事物进行多方面的、多趣味的思维,学会体察事物的趣味方面——这是幽默感的基本条件。

在培养和建立自己的幽默感时,还应特别注意如下几个问题:幽默一定要适度,否则就会走向其对立面;表现幽默的最佳方式,乃是以自己为幽默的对象,以避免攻击别人;幽默常可以运用比喻、夸张、象征、寓意、双关、反语、谐音等表现手法;是否有幽默感,关系到能否运用幽默及运用幽默的水平的高低。

2. 自我控制的一般方法

在事业上卓有成效的人，多是善于控制自己不良情绪的人[22][23]。

（1）补偿与升华。补偿是指个人所追求的目标、理想受挫，或因自己的缺陷而失败时，选择其他能获得成功的活动来代替，借以弥补因失败而丧失的自尊与自信。如一些残疾人身残志不残，在自己所选定的某项事业中取得了成功，赢得世人尊重。升华是改变不被社会所接受的动机、欲望，使之符合社会规范和时代的要求，也可以说是将消极因素转化为积极因素。如歌德因绿蒂另有所爱初恋失败，写了《少年维特之烦恼》；孔子厄而著《春秋》，他的政治抱负经多年游说诸侯不被纳用无法施展，转而返回曲阜著书立说。

（2）找辙。当个人的动机或行为不被社会所接受，或由于从事某项工作失败时，为了缓解因挫折而引起的紧张、焦虑和维护个人的自尊，总想对自己的所作所为给予合理的解释，俗称"找辙"。找到一些能为自己作掩饰或辩解的理由，虽然经不起推敲，但某种程度上也能为社会所接受。"酸葡萄心理"就是典型一例。狐狸看到架上的葡萄很想吃，但又够不着，就说这葡萄是酸的，不好吃，把自己没有或得不到的东西说成是不值得关注和争取的。长得胖是富态，长得瘦是苗条，"比上不足，比下有余"皆是类似心态。推诿是找辙的另一种形式，目的是把自己的过失归咎于自身以外的原因，以达到推卸责任，减轻内疚的目的。如学生考试失败，怪其他班级监考不严等。

（3）情景转换。当你被烦恼缠身时，如果使自己设法置身于一种迥然不同的气氛中，像参加一场舞会、游戏、串门等，这时新的刺激重新转移了原有的注意，于是烦恼暂时被忘掉，并会趋于平淡。这就是情景转换。此法除了可以采用上述客观环境转换外，还可考虑主观环境转换，如当上下级关系不协调时，如果各自站在对方的立场来思考一下问题，进行"双向思考"，将有助于解除不必要的误解和烦恼。

（4）交往调适法。人们感到心理烦恼时，一般愿意将自己的感受告诉亲近的人。从心理学角度讲，真挚的同情常能使失衡的心理得到相当的缓冲。既然可以用其他方式排遣，就不必用理智去压抑。如向亲人或朋友们倾诉苦衷，听取他们的开导，共找对付之策，还可获得感情上的慰藉。但需记住：不是知心朋友不要诉说。

（5）适当发泄法。这是指有度地发泄、迁怒。在心理压抑到一定程度时，与其压抑迸发出问题，不如"分道排洪"。比如找个适当的地方打几拳、大喊几声、写几句话、哭一哭等。当然，不顾后果的尽情发泄会把事情弄得更糟。

3. 行为影响控制法

在日常生活中，可以用行动来影响心理状态。第一，缺乏自信心时，可以通过下面的训练来培养：开会时坐在前面；正眼看人，你不敢正眼看人，常表示着"我怕，我没有信心"，强迫自己看着对方的眼睛，有助于克服这种恐惧。这不但给你信心，也替你赢得信任；抬头挺胸，丢弃那邋遢样和无精打采的架势；敢于说出自己的意见，不要怕别人笑话，虽然有人会不同意你的意见，但总会有人同意的。记住：愈不讲话，愈易发现自己的能力不足；机会把握得愈多，就愈自信。第二，怕当众说话时，以轻松的话题入手，为自己创造轻松的环境；从自己最"拿手"的内容讲起；放慢自己的说话速度，以迫使自己的紧张程度放松。第三，选择最佳的生活方式。从事脑力劳动较多的人们可以考虑遵循以下生活方式：每天早晨做半小时左右徒手操、快步走和健身跑；合理地安排工作和休息，注意劳逸结合，工作之余要保证一定时间的休息和文化娱乐活动；不暴饮暴食，饮食努力多样化，多吃蔬菜、水果、豆类和鱼类，保证维生素、微量元素和蛋白质供给，不要吸烟，尽量不饮酒，不滥用药物；努力不介意琐碎小事，不为其烦恼和生气；晚饭不宜吃得过饱，睡前不喝浓茶或咖啡等使人兴奋的饮料；睡前散步，散步后用温水泡脚、洗澡，使四肢肌肉得到放松，以有助于睡眠。

4. 不盲目地处处与人竞争，以避免过度紧张

压力与心理健康的关系公式：$B = P/E$。其中，B 指症状出现率，P 指内外压力总和，E 指自我强度（个体对内外压力的承受力）。解决中小学教师压力的两种途径：第一，工作繁重、压力过大时：调整所受的内外综合压力，使之与自我强度相当；第二，"自我强度"不够，心理素质欠佳时：增加自我强度，以便主动克服各种挫折。

假如你总盲目地事事、处处都要与人竞争，有可能在某些方面以自己的劣势去同他人的优势进行竞争，从而遭致失败，让自己承受挫折和打击。同时，事事竞争还会让自己过度紧张，心理上承受过大压力，从而对身心健康产生不良的影响。所以，在与他人竞争时，应该有所选择和侧重。有所选择是指要注意发挥个人拥有的优势方面，有所侧重是指在竞争中应把主要精力放在对自己有较大意义的方面，而避免分散精力，去做无谓的竞争。这样，一方面会有利于充分发挥自己的优势，能够顺利地取得成果，以达到自己所追求的目标；另

一方面也有助于维护自己的心理健康。

第三节 积极心理学的作用

一、教人积极地面对现实

（一）探寻问题的积极意义

积极心理学主张对个人或社会问题作出积极的解释，并使个人或社会从中获得积极的意义。当问题出现后，可以对问题作出各种自己的理解。比如面对一件我们通常认为"办砸了"的事，既可以去看到它坏的一面，也可以去挖掘它好的一面。因此，从某种程度上说，积极与消极是掌握在我们自己的手中的，关键是你到底去注意些什么。例如，如果你是学生，你在一门考试中得了50分，另一门考了90分，那么接下来的一天时间，你会想着50分的这门考试还是90分的那门？再如，如果你去外地旅游，那里很漂亮，空气清新，景色宜人。你玩得好，生活得好，吃得好，但是当你回家的时候，你却发现你的行李没有随机到达。第二天，当你朋友问你玩得怎样时，你是告诉他们自己的愉快旅游经历，还是向他们抱怨自己的行李没及时到达呢？仔细想想我们生活中发生的事情，你以积极的方式还是消极的方式来解释问题？怎样才能对问题做出积极的解释呢？

1. 巧用发散思维，查找问题根源

一个问题之所以会发生，肯定有它特定的原因，原因固然重要，更重要的是我们看待它的方式，也就是我们如何把它归因于心理学。例如，那门50分的考试，你可以归因为自己的努力不够，这样下次努力就好了；如果你确实努力了，也不妨归因为自己的运气稍差点，或许时来运转呢！旅游归来行李未及时到达，你可以想想又不是人没有及时到达，你玩得很开心，及时安全归来，岂不已经很好？

2. 消极转为积极，获得积极体验

问题可能是消极的（或不幸的或困难的）情况，但我们应该从积极的角度去寻找。找某些积极意义，促使消极向积极转化。例如，当人们步入中年以后，随着年龄的增长，身体活动能力开始逐渐下降（消极），但是生活经验、生活技能却更加丰富了（积极的意义）。再如，在工作中遇到了一个棘手的问题（消极），但通过解决问题我们也获得了能力的提高、上级的赏识、同事的钦佩以及自己的成就感（积极的意义）。

（二）减少过去的消极情绪

每个人都有过去。回首过往的经历，有些会让我们感到悲伤，有些会让我们感觉到愉快。不管是伤心的还是愉快的，这些事件本身已经发生。事实上，现在或将来的经历受到人们对过去情感体验的回忆的影响，并不是过去了的事件仍在真实地起着作用。每个人都有令自己感到不愉快的过去，如果一个灵魂受伤的人总是沉溺于过去的不愉快的经历，那只会导致问题更为严重，让现在的生活更加不幸。不应念念不忘过去的不幸，过去的事情就让它过去，减少对过去事件的愤怒等消极情绪才能增强人们对生活的满意度，也有助于人的身心健康。

生活满意点是指一个人生活满意度的基准线。生活满意点理论认为[24]：第一，不同的人生活满意基准线不同。有些人的生活满意基准线很高，也就是这条线包含的范围很广，这样的人对自己的大部分生活都满意，有些人的生活满意基准线很低，基准线相对有限。第二，个体的生活满意度会随着个体生活体验而发生变化。一些研究发现，许多人对活动或事物的满意和不满意的状态会有一种适应性，当长期处于满意或不满意的状态时，人就会对满意或不满意的状态视而不见、无动于衷，不再表现出原来的满意或不满意体验。个体生活满意点会逐渐把个体的一些生活经历吸收进去，从而使原来的生活满意点发生改变。生活满意点理论的重要启示是：当我们选择用积极的态度去对待经历过的一切时，就能相应地产生积极的情绪体验，这种积极的情绪体验将逐渐成为生活满意点的一部分；而它被整合到生活满意点之后，反过来就会使人更满意地对待现在和将来的生活。

二、有利于教师和学生积极地生活

传统的学校心理健康教育通常仅仅关注学生的弱点和错误，这已不符合时代的要求，应该与时俱进，给心理健康教育注入积极心理的因素，更多地关注和建设学生的优势和正面的力量。"具体来说，积极心理学取向的心理健康教育应当包括三层含义：其一，关注人的积极的认知加工以及积极地看待世界的方法，如乐观、希望、自我接纳、自尊、宽容、逆境中的心理复原力、审美体验、智慧灵性等；其二，关注人的积极的情绪体验，包括人类的幸福感、满意感、流畅感、快乐感等；其三，关注人对社会的积极态度，包括社会凝聚力、

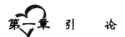

利他行为、社会责任感、宽容、仁慈、爱的能力等。这其中，幸福感教育尤为重要[25]。"

（一）学生方面

1. 增加学生的积极情感体验

（1）要帮助学生经常体验愉快的情感，这样有助于发展自我感受能力、自我决定能力，促进人际关系。良好的感受又会使人产生做事的兴趣，更愿意从事冒险和有创造力的事情，从而产生"螺旋式上升的情感体验"。增加学生愉快体验的途径有这样几条：让学生尝试享受这些新体验，即有意识地关注愉快，并通过回忆或故事讲述等方式进行积极情感的再体验；指导学生用积极的情感对所体验到的心理现象甚至心理困扰做出积极的解释；帮助学生做到满意地对待过去，幸福地感受当下和乐观地面对将来；还可以通过提高学生活动的多样性或日常愉快活动的总量等来增加学生愉快体验的次数。

（2）日常生活的精神体验和快乐体验应该富有变化和挑战，具有新意，而不是一成不变的，同时促使学生主动参与到快乐活动中去。积极心理学家指出，社会活动和体育活动是情绪提升的两种最有力的活动形式。因此，要倡导主动参加集体活动和体育活动。此外，休闲娱乐也能够成为提高积极情感和愉快感的一个重要方式。

还有一种方法可以使学生有效享受积极的情感体验——幸福日记：每天晚上记录下三件当天顺利的事情，体验这些事情带来的感觉。

2. 挖掘学生积极的性格优势

积极心理学家发现，所有的文化都推崇 6 种美德，即（智慧、勇气、仁爱、正义、节制和卓越，具体包括 24 种性格优势，如创造力、好奇心、开放性思维、好学、洞察力、勇敢、毅力、正直、活力、爱、仁慈、社交智慧、社会责任感、公平、领导力、宽恕、谦虚、谨慎、自我管理、美的领悟、感恩、乐观、幽默、信仰。）这些优势或多或少在每个学生身上都会有所表现，关键是要让学生学会自己发现，积极寻找自己和他人的性格优势，并逐步培养那些自己不具备的品质，同时帮助学生学会用自己的性格优势去积极生活。

3. 引导学生体验与追求人生的价值和意义

积极心理学看重生活的意义对提升幸福感的作用。因此，要为学生创造积极参与社会服务的机会。塞利格曼建议个体找机会为他人、社区和社会做出贡献，在这些过程中他们能够发现和体验到社会幸福感。

自我决定和娱乐活动能够为个体提供一些"制造意义"的机会。在紧张的学习生活之余，给学生提供专门的途径和机会，让学生投入到社会和志愿服务中去，如义务支教、清扫公共场所、到敬老院为老人服务等，这些形式的公益服务可以让学生体验存在的价值和奉献的快乐与幸福。

要引导学生积极追求人生价值。人的生命有三个层次，即"生理生命""内涵生命"和"超越生命"。"生理生命"指人作为生物体的存活；"内涵生命"涉及人生的幸福程度，即单位时间里经历的事情越多，内涵生命就越丰富，就等于延长了生理生命的存在；"超越生命"则涉及人对生理生命的超越，即人寻找永恒与不朽的冲动与努力。引导学生体验幸福，不能仅仅让他们满足于生理上一时的快感，更要让他们不断地从人生的一个又一个的超越中体验自身价值的实现，体验超越自身带来的快乐。这样的超越既包括在学习成绩上的不断提高，也包括优势的建构、缺点的克服，更是指对人生意义的坚持追求。

（二）教师方面

1. 构建积极的工作环境

教师积极心理管理首先离不开积极的工作环境，只有在一种良好的、积极的环境中，才能更好地培养并维持积极的人格。积极的人格又能帮助教师形成积极的情感体验，获得主观上的幸福感。环境因素影响着个人因素，个人因素决定着其心理过程。

积极的工作环境由两个方面构成：积极的物质环境和积极的精神环境。按照马斯洛的需求层次理论，物质环境是和员工的生理需要和安全需要相关的一系列因素，例如薪资、工作条件、保险与保障条件和工作工具与设备等。我们只有首先保证员工的基本生存需要，才能让其产生更高层次的需要。精神环境主要是指与教师的社交需要、尊重需要和自我实现需要相关的因素，在工作中就包括领导者的个人因素、与同事的关系以及工作制度与工作氛围等。校长个人的理念、价值观等个人因素会直接影响教师对组织的价值判断。教师会从一个优秀的校长身上看到组织的希望，看到自己在组织中的希望。如果遇到一个糟糕的校长，教师不仅会对校长本人感到失望，而且会把这种失望的情感转嫁到工作中，进而对组织感到失望。在组织中，应加强教师之间的人际交往，建立和谐的人际关系，体现人性化管理的基本理念，体现大家庭的温暖，满足教师职业归属的需要和自我实现的需要。有效的人际沟通是释放和缓解压力、增强自信心、营造良好人际关系、提高组织团队凝聚力的重要途径之一。

作为校长要帮助教师多用自己的主观幸福感来度量工作和生活的价值，减少对外界所定义的成功的期待。积极状态虽然不排除外在的指标，例如一个处于积极状态的人可以拥有外在的、较高的经济地位和社会地位，但积极状态主要不是指这些外在的东西，它们只是一个人奋斗和机遇的结果。达到积极状态需要一个人具有出色的综合心理素质，以及积极的人生态度。这种心理素质和态度促使一个人热爱自己、热爱工作、热爱生活，拥有快乐和幸福。另外，管理者要帮助教师接纳自己，正确地认识到自己的价值。教师只要正确利用自己的优势，倾听自己内心的需求，就会明白自己工作的意义，对工作产生积极的情绪。

2. 培养教师积极的心理品质

积极心理学认为，激发出人格中那些美好的东西，将有助于在工作中产生幸福与快乐。下面几种方法可以帮助教师在工作中完善健康人格。

（1）保持强烈的自我实现动机。在现实中，具有积极心理的人一般也是有强烈的自我实现动机的人，他们有奔向所制定目标的能力。因此，教师要保持积极工作的动机，从较高的层次认识工作的意义，将工作融入自己的人生目标之中，提高认识水平，对岗位工作本身形成高的价值判断。

（2）保持乐观与希望。具有积极心理的人，心中怀有希望之源，相信自己可以不断提升水平，终会拥有理想的事业成就，并以此保持乐观和努力向上的势头。有研究发现，一个乐观系数高的人，在处理问题时，会比一般人多出20%的机会得到满意的结果。这样的人会期望一个有挑战性的岗位，其收入能不断增加，并有新的友谊和新的成功。同时，积极的人的乐观是现实的，无夸大的成分。美国心理学家弗鲁姆（Victor H. Vroom）提出的"期望理论"认为，人们在预期自身行动将会有助于达到某个目标的情况下，才会被激发去行动以达到这个目标，即：激发的力量＝目标效价×期望值。从这个公式可以看出：激励实质上是选择过程，促使人们去做某些事的心理依赖于"目标效价"和"期望值"两个因素。因此，目标必须是他知道自己的目标与定位，能把问题看作向能力和决心挑战的机会。

（3）保持客观的自我认识。拥有积极心理的人，对自己有客观的认识和充分的肯定，相信自己具有一定能力以及待开发的潜能，有很强的自我价值感和自我效能感，能为了实现自己的价值而去主动地努力工作，在面对充满挑战性的工作时不会畏惧退缩，也有信心并能付出必要的努力来获得成功。要提高教师的自我价值，管理者应懂得赏识教师和尊重教师。皮格马利翁效应告诉我们，人们会不自觉地接受自己喜欢、钦佩、信任和崇拜的人的影响和暗示。而这种影响和暗示，正是让人梦想成真的基石之一。赏识会对教师的心理及行为产生不可估量的作用，教师期待来自管理层的赞扬。管理者要充分认识到员工的积极因素，并加以肯定与赞赏。我们经常听到的来自员工的抱怨，不是"太累了"或"太苦了"，而是"干了这么多，也没落个好"。类似的牢骚很能说明问题，教师需要得到赏识，而管理者又太吝啬了，舍不得对教师竖起大拇指。尊重教师、相信教师、鼓励教师，可以帮助教师扬长避短，克服自卑、懦弱等消极心理，树立自信心。

（4）保持认知的积极性和灵活性。法国作家雨果说过："思想可以使天堂变成地狱，也可以使地狱变成天堂。"你不能样样顺利，但可以事事尽心；你不能左右天气，但可以改变心情；你不能选择容貌，但可以展现笑容；你不能预知明天，但你可以用好今天；你不能改变别人，但你能改变自己。工作中总会遇到各种波折与困难，这就需要通过自我调节来适应环境的变化。积极心理状态下的自我调节是主动的，遇到危机时我们要看到压力后面的动力，遇到挫折时要看到挫折后面的成长，遇到成功时要看到成功后面的失败。任何硬币总有两面，任何事情都有两个以上的选择，我们要做的是选择积极的心态应对，这样不但能缓解负面情绪，而且能使问题导向积极正面的结果。

参考文献

［1］周国韬，盖笑松．积极心理学与教师心理调适［M］．北京：中国轻工业出版社，2012：1 - 14、32 - 41.

［2］董冬林，范若琳，刘晓燕．积极心理学研究的回顾与动向［J］．长沙铁道学院学报（社会科学版），2008（4）：132 - 134.

［3］任俊．积极心理学［M］．上海：上海教育出版社，2006：243.

［4］任俊．写给教育者的积极心理学［M］．北京：中国轻工业出版社，2010.

［5］Martin E. P. Seligeman et al. . Positive Education：Positive Psycology and Classroom. Interventions Oxford Review of Education Vol. 35，NO. 3，June 2009，293 - 311.

［6］崔丽娟，张高产．积极心理学研究综述：心理学研究的一个新思潮［J］．心理科学，2005（2）：402 - 405.

［7］Steinberg. R. J. What is the common thread of creativity？ Its dialectical relation to intelligence and wisdom. American Psychologist，2001，56（4）：360 － 362.

［8］Pervin L A，John O P. Handbook of personality：Theory and research（2nd ed.）. New York：The Guilford Press：1999：629 － 652.

［9］Carls on I，Wendt P E，Ri sberg J. On the neurobiology of creativity：Differences infrontal activity between high and low creative subjects. Neuropsychologia，2000，38（6）：873 － 885.

［10］郑雪. 积极心理学［M］. 北京：北京师范大学出版社，2014.

［11］克里斯托弗·彼得森. 积极心理学［M］. 徐红，译. 北京：群言出版社，2010.

［12］阿兰·卡尔. 积极心理学：关于人类幸福和力量的科学［M］. 郑雪，等，译. 北京：中国轻工业出版社，2008.

［13］葛鲁嘉. 新心性心理学宣言：中国本土心理学原创性理论建构［M］. 北京：人民出版社，2008：252，257.

［14］黄春丽，张大为. 心理生活质量的基本内涵［J］. 思想政治教育研究，2014（3）：124 － 126.

［15］葛鲁嘉. 关于心理生活基本性质和内涵的理解［J］. 湖南师范大学教育科学学报，2005（9）：100.

［16］葛鲁嘉. 心理学视野中的心理生活的建构与拓展［J］. 社会科学战线，2008（1）：44.

［17］苗元江，余嘉元. 幸福感：生活质量研究的新视角［J］. 新视角，2003（4）：50 － 52.

［18］Dennis Coon，John O. Mitterer. 心理学导论：思想与行为的认识之路［M］. 郑钢，译. 北京：中国轻工业出版社，2008：528.

［19］余翠军. 论当代大学生生命质量及其提升［J］. 思想政治教育研究，2011（6）：109 － 112.

［20］葛鲁嘉. 中国本土传统心理学的内省方式及其现代启示［J］. 吉林大学社会学学报，1997（6）：25 － 30.

［21］林崇德等. 心理健康教育教程［M］. 北京：人民教育出版社，2004.

［22］张日升. 咨询心理学［M］. 北京：人民教育出版社，1999.

［23］陈家麟. 学校心理健康教育：原理与操作 ［M］. 北京：教育科学出版社，2002.

［24］苗元江等. 积极心理学：理念与行动 ［J］. 南京师大学报（社会科学版），2003（2）：81－87.

［25］刘翔军. 积极心理学（第 2 版）［M］. 北京：中国人民大学出版社，2018.

第二章　积极的自我

　　人们都希望认识自己，都想知道自己是什么样的人，自己的身体、心理和行为有何特征，这些特征对自己有何意义，这就是心理学所研究的自我。人类不同于动物的一个重要特征就在于人具有自我意识（self consciousness）。自我意识是能够觉察到自己的存在、特征和过程，个人对自己的意识，是个体的主体自我。积极自我的三个特点是自尊、自信和自我效能感，它们都以自我意识为前提和基础。自尊是对自我价值的判断，自信则是对自身诸方面的正面肯定和积极确认，自我效能感是对自己能力的信心。高自尊给人带来价值感，从而让人肯定、热爱自己，高自我效能感让人相信自己是有能力的[1]。

第一节　自尊与自信

一、什么是自尊与自信

（一）自尊

1. 什么是自尊

　　自尊，亦称自尊心、自尊感，是个人基于自我评价产生和形成的一种自重、自爱、自我尊重，并要求受到他人、集体和社会尊重的情感体验。自尊是人格自我调节结构心理成分，有强弱之分，过强则成虚荣心，过弱则变成自卑。

　　自尊是幸福感的指标之一，这有力地说明了自尊在自我积极心理方面所起到的重要作用，因此，正确认识自尊，有利于人们通过自我调控来提升自己的幸福感。下面谈谈几位著名心理学家对自尊的理解。首先是一百多年前，James（詹姆士）对自尊做出的论述，他将自尊定义为成功与抱负之比；随后

Rogers（罗杰斯）认为，自尊就是现实自我与理想自我之间的差异；然而，后来 Rosenberg（罗森堡）却认为，自尊不是"取决于个人对各个组成品质的评价，而是对那些有价值品质的评价"，这样就更加确切地印证了自尊是自我积极心理的表现。但是，后来人们对自尊的研究却很少，这可能是由评价困难以及后来认知革命忽略自我情感、动机方面的研究所致。直到 20 世纪后期，关于自尊的研究才受到心理学的重视，人格心理学、发展心理学和社会心理学等领域都开展了有关的研究。研究者对自尊研究的视角不同，因而对于自尊的概念就有各种不同的界定[1]。

关于自尊的核心含义，历来有两种观点[2]：认知取向认为，自尊是基于自身品质而作出的自我判断（上述 James 和 Rosenberg 就持这种观点）；情感取向认为，自尊是对自身的情感体验和态度。而试图进行整合的中庸观点则认为，自尊是个体的自我评价及其体验。克尼斯（Kernis，1993）和约翰逊（Johnson，1998）认为，自尊形成后就相对稳定，不轻易发生改变，但在重大转折时期，也可能会有某种改变。如总体上，学前儿童自尊水平较高，青春期有所下降，但 30 岁以后又会逐渐提升。研究表明，30 岁以后的人其主观幸福感和自我满意度有逐渐上升的趋势。

2. 影响自尊发展的因素

人在不同的发展时期，影响自尊的主导因素是不同的。家庭是影响儿童自尊的主导因素，随着在校学习和生活时间的增加，学校因素逐渐占主导地位，当个体的主体意识逐渐成熟的时候，影响自尊的因素就更加复杂[1]。

（1）家庭和早期经验。自尊形成和发展在很大程度上依赖于个人早期的成长经历以及后来补偿性的行为经验。婴儿在同抚养者的互动中形成了积极或者消极自我工作模型，这是自尊发展的基石。父母依恋不仅是青少年安全感和支持的最直接来源，而且它还通过自我和他人工作模型间接地影响了青少年的应对资源。个体在婴幼儿期通过与父母建立安全的依恋关系，获得足够的安全感，从而奠定自尊的心理基础。自尊与父母积极的教养方式呈正相关，与消极教养方式呈负相关。不同的教养方式对男孩和女孩自尊的发展产生不同的影响。

（2）学校和同伴关系。学业成绩在很大程度上影响着教师、学校、家长和社会对一个学生的整体评价，进而影响到学生的自尊水平。个体不仅是学习者，他们还会和老师、同伴发生互动。社会接纳、伙伴关系都有助于青少年对自我的评价。经过研究发现，满意的同伴关系会促进儿童自尊的发展，那些受

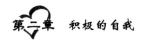

同伴欢迎的儿童，其自尊水平相对较高；那些对同伴的失败和痛苦具有同情心、对同伴的成功和喜悦感到高兴的儿童，其自尊水平也较高；而那些对同伴具有攻击性的儿童，其自尊水平也较低。同伴和小团体的支持与信任会减少青少年面临压力时消极的情绪体验，维护其积极的自我评价[3]。

（3）社会期望和支持。Leay（利）等人（1998）认为人类具有一种与他人联系，以适应环境、获得繁衍和生存的天性。稳定的、充满爱的、长期的人际关系对个体的幸福和快乐具有重要意义。Cooly（1902）提出镜中自我，认为自尊是对自我价值的稳定判断，是一种社会的建构，来自他人的积极关注形式即社会支持，例如，赞许、尊敬等是决定自尊的关键因素。友伴的情感支持对青少年的自尊有正向的预测作用。高社会支持的个体自尊水平较高，低社会支持的个体自尊水平较低。

（4）身体形象及评价。外表吸引力是影响自尊的一个重要因素，这种影响同时表现在儿童和成人身上。那些自认为在少年时代具有吸引力的成年人比那些自认为在少年时代没有吸引力的成年人具有更高的自尊感和幸福感，而这种自尊感和幸福感直到四十五六岁才消失。当然，体重和身高是外表的两个重要的指标。其中个体自尊并不受其体重本身的影响，而是受其对体重的感受的影响。身高在一定程度上也影响自尊。一般而言，身材矮小发育迟缓的人与正常身高者相比，具有显著的低自尊。由于社会文化和大众媒介过分强调外貌的重要性，社会影响使得儿童也过分关注自身形象与外表。对自我形象的消极评价使得对自我内在评价的降低，导致青少年特别是女孩饮食失调现象的发生，进而影响其自尊水平。对女性而言，外貌对自尊水平的影响贯穿在自我发展中，对自尊的形成发展影响很大。

（二）自信

1. 什么是自信

自信是指个体对自身是否具备成功应对事件或完成任务的能力的主观评价。在心理学领域，与自信较为接近的概念是班杜拉在社会学习理论中提出的自我效能感。人的大脑有着预期和评估事态发展的天然倾向。在社会适应过程中，个体不得不以有限的经验来评估和预测陌生的世界，而这种评估和预测的结果即可以理解为个体对完成特定任务的自信。研究者们认为，自信是认知、情感和意志相对整合统一的心理过程，有着明显的动力色彩。高自信水平更容易驱动行为的发生，遇到挫折时更易坚持，而低自信水平则会导致退缩。由此可见，自信可以类比于希望理论中的动机系统。这种动机系统既表现为对自我的积极认知，也表现为一种相对长期、稳定的认知风格。

自信强调目标的设定，个体面对不同的目标会有着不同的自信水平。自信通常表现为对自己的积极评价和信心，为个人行动提供动力。但是，自信并没有明确该如何达成目标，即缺少"路径思维"。同时，自信更多的是认知，是个体对自己能力和品质的觉察。自信的概念内涵要小得多，只包含了对自己的评价[4]。

车丽萍从健全人格、心理健康的角度提出自信是一个具有复杂层次结构的心理构成物，是个体对自己的积极肯定和确认程度，是对自身能力、价值等做出正向认知与评价的一种相对稳定的人格特征[5]。其相对性是指自信既是一种稳定的人格特质，又受具体情境的影响，可以说有多少种情境就有多少种自信，其中有些情境不断作用于个体，而有些则是偶然的、暂时的、状态性的。此外，自信的形成与发展既受个体自身内部因素的影响，也受个体外部环境因素的制约，是个体与环境交互作用的结果。作为一个系统，它与其他人格系统是密切联系、相互作用的，对人类认知、情绪、意志和行为诸方面都产生一种弥漫性影响。

2. 影响自信的因素

自信作为一种自我现象，先天与后天、个人与环境的交互，都是对其产生影响的基本途径。个体先天的因素构成了自信来源的基础；而个体后天的成败经验、环境则构成了自信发生改变的具体因素，当然个体自身的素质、能力、体貌、家庭出身、教养方式、身体形态，以及行为策略、环境支持等都对个体的自信都能产生一定的影响，其作用发挥与否还可通过个体的认知和判断来实现[1]。

（1）家庭环境。家庭环境如父母教养方式、家庭气氛、家庭结构等方面，对青少年自信心的形成、发展有着重要而长期的影响。家长采用的教养方式（溺爱、民主、专制）会影响青少年的自我概念。比如，孩子做不好某事，父母指责孩子是"笨蛋""没出息"；或者当着其他人的面，说自己的孩子不好，把自己的孩子与别的孩子比较，责怪他不如某人聪明、能干、听话，打骂孩子；或者替子女包办一切，使孩子没有发言权、自主权；溺爱孩子，把孩子尊为"小皇帝"等。无论是"恨铁不成钢"，还是认为爱孩子是保护他们的心态和教育方式，往往伤害了孩子的自信心。家庭气氛、家庭结构也会对青少年自信心有重要影响。一般来说，和谐、民主的家庭气氛，完整、稳定的家庭结构更有利于孩子自信心的养成。而如果父母长期不在孩子身边，或者因为某些事情总是忽略孩子；父母双方经常吵闹打架，或者其中一方或双方有外遇，甚至离婚，等等，在这动荡、残缺的家庭中，孩子缺乏关怀和安全感，其身心定然受到重创。

（2）个体先天特征。青少年先天的个人特征，如身体特征、个性和天赋等对自信有重要影响。青少年会特别关注自己的外貌，例如，男生可能特别注重身高，女生特别注重体重，还有自己的长相、衣着等。要是他发现自己长得不高或长得胖，或脸上长了青春痘，或眼睛小，或鼻梁不够高，或衣着不时尚等，往往就会觉得不自信，因为他认为别人也很关注自己的这些方面，还会根据这些来评价他。而不同个性的人会看重事物的不同方面，看待事物的方式也会不同。例如，个性内向、心思细密的人，对他人的细微举动更为敏感，并倾向于从自身找原因。如果别人的一句话、一个动作被他理解为肯定的、赞赏的，则容易提高自信；反之，则容易打击自信心。

（3）个体成败经验。成败经验是自我评价常使用的信息来源。个体的成败经验会发展出特定的知识与技能，由此影响信心和表现。Shaffer（沙弗尔）（1998）指出，成败经验与自信相互联结、密不可分。成绩是评估个人能力可靠的信息来源：成功感会强化特定情境的信心，失败感会削弱自信。班杜拉（1997）认为并不是成败经验本身直接影响自我效能，而是自我的知觉。高自我效能者倾向于将成绩归因为能力；而低自我效能者，则倾向于将其成功归因于能力以外的因素，由此可能削弱自信。在成败知觉过程中，工作情境、工作难度、可获得的外界支持，是重要的中介因素，它们会影响个体归因方向[6]。

（4）个体认知因素。个体对自己的身心状态的评价会对个体的自信产生极大的影响。例如，对于一个羸弱的高中男生来说，如果他认为，身材矮小和体育不好严重影响其男子汉的形象，让他在同学中似乎没有什么威信，自己成绩虽然不错，但是并不拔尖，而且像个书呆子一样，那么他对自己的评价就带上了非常主观的消极色彩。可以说，这个学生是自卑的。但是，如果他认为自己的体育不好只是表现在没有身高的优势上，但是自己的弹跳、爆发力还挺强，成绩不算拔尖，但是经过自己的努力，能够追赶优秀者的步伐，这样，该生对自己的评价就是积极的。可以说，这个学生是自信的。而如果说，此时他对体育好的身材高大的其他男生的评价是"四肢发达、头脑简单"，对成绩比他好的人的评价是"读死书"，认为只有他才是最厉害的人，那么这个学生是自负的，这其实是一种不自信的表现。我们可以看到，自我认识可以是客观的，通过和他人对比、他人的评价和自己的经历，可以获得这些认识。但是影

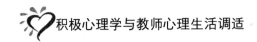

响一个人自信状态的更可能的原因是对这些内容的主观评价。

二、发现自我优势，愉快接纳自己

（一）良好的自我认知有利于教师心理的调节

要客观评价自己。过高估计自己，就会使自己眼高手低，好高骛远；过低估计自己，就会消极自卑，不求上进。二者都不能使自己的才能得到正常发挥，不能使自己释放出最大的能量。当一个人无法对自己做出相对准确的认识时，实践是不错的选择。实践过程会让人清醒地认识自我，在实践的风风雨雨中通过成功或失败，检验自己方方面面的素质，重新认识自己[7]。

1. 运用积极的认知

改变认知是一种非常重要的调节策略。任何事情都有两个方面：积极的认知，就是在看到事物不利方面的同时，看到有利的方面，这样容易使人情绪高涨，信心十足；当我们承受心理压力的时候，内心会发生一系列的变化，心理压力会影响认知、情绪、行为和生理过程，而认知、情绪、行为和生理也在影响或改变着心理压力。其中，认知最具有决定性。现实中，有些教师在看问题时易"想不开"，情绪起伏不定，陷入低潮。当我们选择悲观时，我们便乐观不起来。积极的认知能使人在挫折中成长，消极的认知会让人在挫折中沉淀。

2. 学会反思

反思是一种促进教师心理健康的有效方法，它是指通过对自己教育教学经验的回忆总结来提高能力，调整自己的情绪和行为，从而促进教师心理健康的过程。从世界教师培养和

发展趋势看，实践反思是未来教师培养的基本模式。美国心理学家波斯纳曾提出教师成长

的公式：成长 = 经验 + 反思。如果一个教师仅满足于获得经验，不对经验进行深入的反思，

那么，他将永远停留在新手型教师的水平。

（二）发现自己的优势

在成功心理学看来，判断一个人是不是成功，最主要的是看他是否最大限度地发挥了自己的优势[8]。

1. 认识自我，找准自己的坐标

通过换位思考，用心经营你的优势，合理挖掘现有要素的潜能，在"使

用"上多下功夫，而不是在"补拙"上靡费时间，说不定助你成功的捷径在于你尽早发现自己的"优势"，然后无限聚焦。放眼望去，几乎所有的成功者，都是优点和缺点非常突出的人，发挥自己的"长板"优势，或许更容易取得成功。因为当你在发挥优势的过程中，缺点也就自然慢慢地得以弥补或被淡化。因此，你没有必要把自己的缺点当成负担，淡化缺点才会让你更加自信，然后集中火力演绎自己的长处。纵观古今，扬长避短成就人生的人比比皆是。研究者发现，尽管其路径各异，但成功者都有一个共同点，就是"扬长避短"。一位名人曾经说过："人必须悦纳自己，扬长避短，不断前进"。一个成功的人，一定懂得发扬自己的优势，脚踏实地朝着人生的最高目标迈进。

2. 悦纳自我，恰当展示自我

心理学专家罗宾曾经在《唤醒心中的巨人》一书中非常诚恳地说过："每个人身上都蕴藏着一份特殊的才能。那份才能犹如一位熟睡的巨人，等待我们去唤醒他……上天不会亏待任何一个人，它给我们每个人以无穷的机会去充分发挥自己……我们每个人身上都藏着可以'立即'支取的能力，借这个能力我们完全可以改变自己的人生。只要下决心改变，那么，长久以来的美梦便可以实现。"

世界上没有一无是处的人，正如世界上没有完美无缺的人一样。每个人都有自己的优势和弱点，认识到自己是独特的，学会从不同的角度看自己，找到自己的优势最重要。古人云："天生我材必有用""物各有序，人各有位"。也许我们唱歌不如别人，但我们绘画可能就很好；如果我们唱歌、绘画都不怎么样，但我们表达能力可能很强，我们可能成为一个节目主持人或者演说家。找准自己的优势，找准属于我们自己的道路，踏踏实实干适合自己的事，充分发挥自己的优势，才可能获得成功。

3. 有意识地塑造自我，充分挖掘潜能

每个人的潜能都是无限的，只要你去挖掘，就完全有可能在某个方面成为专家。然而，不是每个人都能认识到这一点。正因如此，不少人面对自己，更多的不是欣赏、不是肯定，而是在与别人的比较中不断发现自己的不足，不断地增加惭愧与自卑的程度。所以，面对潜能，每个人都应好好思考，该如何挖掘自己的潜能。无论你现在几岁，无论你现在处境怎样，其实只要你想改变，一切皆有可能。因为你的身上潜藏着无限的能量等待你挖掘。当然，挖掘潜能并不是胡思乱想之后的随意决定，每个人的身体内部都蕴含着相当大的潜能。自信是挖掘潜能的基本素质，兴趣是发挥潜能的基本条件，在实践中激发潜能，培养创新的兴趣，保持平和心态，正面心理暗示[9]。挖掘潜能如挖井，在挖掘过程中也许是直线，也许是曲线，但只有那些坚信自己潜能的人，才能挖到水源。发展自我亦是如此，它需要坚韧不拔的毅力，乐观自信的心态。与其哀叹自己命运不济，不如充分发挥自己的创造力，在多方思考中挖掘潜能，不断发现真正的自我，一旦找到自己智能的最大优势，并使优势得到充分的发挥，便可取得惊人的成绩。

（三）欣赏自己的独一无二

欣赏自己，不是鄙视别人、狂妄自大，而是源于对自己生命的珍视和热爱；欣赏自己，不是让自己成为"井底之蛙"，而是让自己抛弃浮躁后更成熟地走向远方。世界上的任何事物都不可能十全十美，但是任何人都有着专属于自己的精彩，这是积极心理学的态度[10]。

懂得欣赏自己是一个人奋发向上、继续努力的无穷动力。人常说：求人不如求己。因此，最简单的让自己快乐起来的方法就是学会自我欣赏，适当地自我宽容、自我鼓励，从点点滴滴的自我完善中获得快乐。欣赏自己的人是自信的人，欣赏自己的人总是带着同样欣赏的目光去欣赏别人，只是欣赏，而不是崇拜或者羡慕。于是，他很容易使别人的优点变成自己的优点。欣赏自己的人也是更会学习的人。我们只有欣赏自己，才能充分发挥自己的潜能。与其站在那里遥望别人的背影，不如坐下来静静地想一想自己走过的每一个坚实的脚印，只要努力寻找，就会发现自己的生活中亦有许多值得骄傲的地方。

的确，每个人都是独一无二的。这个独特的"自己"既有优点，也有不足。一个人只有充分地接纳自我，懂得欣赏自己、包容自己，才能自信地与人交往、出色地发挥自己的才能和潜力。假如一个人不懂得欣赏自己、包容自己，总是以怀疑的、否定的态度看待自己，就有可能限制甚至扼杀自己的创造力。事实上，在我们的身边因为自卑自怜、自暴自弃等各种心理原因而造成的悲剧事例已经太多，不但给家人造成痛苦，也给社会造成损失，当然，就更别说赢得别人的欣赏和肯定了。

欣赏自己并不是傲视一切的孤芳自赏，也不是唯我独尊的狂妄不羁。因为它不需要大动干戈的气势，也不需要改头换面，它只属于一种醒悟，一种面对困难时的自信、一种推动自己向挫折挑战的动力。

学会欣赏自己，就是在无人为我们鼓掌的时候，给自己一个鼓励；在无人为我们拭泪的时候，给自己一些安慰；在我们自惭形秽的时候，给自己一点空间、一份自信，然后抖落昨日的疲惫与无奈，抚去昨日的伤痛和泪水，去迎接

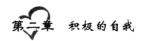

明天崭新的朝阳……只有学会自我欣赏、自我品评，学会在无人喝彩时能照样前行，而且行得更好，才能肯定自己、相信自己，让自己体会到属于自己的那份幸福。

学会欣赏自己，你会发现生活是如此美好；欣赏自己，你会感受到命运的公正无私；欣赏自己，你会体味前进中的幸福快乐；欣赏自己，你会把握好自己的人生；欣赏自己，你定会抵达成功的彼岸。

第二节　自我效能感

一、自我效能感的概念

自我效能感（self – efficacy）是美国著名心理学家班杜拉于 1997 年提出的概念，他在其社会学习理论中特别强调人的认知对学习和行为调节的影响，认为人的认知在行为因素、个人因素、环境因素三者相互决定的过程中发挥着重要的调节作用，作为一种认知因素的自我效能感的变化被看作人的自我调节得以持续的心理动力原因。刚提出时，他认为自我效能感是个体对自己在特定情境中是否有能力操作行为的预期。预期是认知与行为的中介，是行为的决定因素。随后，他进一步把预期分为结果预期和效能预期。结果预期是指人对自己的某一行为会导致特定的结果（强化）的推测或判断，例如，儿童感到上课注意听讲就会获得他所希望取得的好成绩，他就有可能认真听课。效能预期是指人对自己能够进行某一行为的实施能力的推测或判断，它意味着人是否确信自己能够成功地进行带来某一结果的行为。当确信自己有能力进行某一活动时，他就会产生高度的"自我效能感"，并会去进行那一种活动。在这里，自我效能感是指一个人在进行某一活动前，对自己能否有效地做出某一行为的判断。例如，学生不仅知道注意听讲可以带来理想的成绩，而且还感到自己有能力听懂教师所讲的内容时，才会认真听课。因此，他认为，所谓的自我效能感是指"人们对自身能否利用所拥有的技能去完成某项工作行为的自信程度"。所以自我效能感不是技能，也不是一个人的真实能力，而是个体对完成特定任务所具有的行为能力的自信程度，简单地说就是人对自己是否能够成功地进行某一行为的主观判断[11]。

自我效能感包括三层含义。第一，自我效能感是对能否达到某一表现水平的预期，产生于活动发生之前；第二，自我效能感是针对某一具体活动的能力知觉，与能力的自我概念不同；第三，自我效能感是对自己能否达到某个目标或特定表现水平的主观判断。当人确信自己有能力进行某一活动时，他就会产生高度的自我效能感，并会去进行那一种活动。

班杜拉还提出自我效能感具有三个维度，即幅度（magnitude）、强度（strength）和普遍性（generality）。自我效能感在幅度上的变化，是指一个人认为自己所能完成的、指向特定目标行为的难易程度。自我效能感在强度上的变化，是指一个人对自己实现特定目标行为的确信程度。自我效能感的普遍性，是指在某个领域内的自我效能感之强弱会在多大程度上影响到其他相近或不同领域中的自我效能感[12][13]。

二、自我效能感的来源

自我效能感受到许多因素的制约，这些因素构成了判断和评价自我效能感水平高低的效能信息源。根据班杜拉的观点，自我效能感在一定的条件下能够发生变化，而自我效能感的变化会引起行为的改变[14]。

（一）行为的成败经验（直接经验）

这是学习者的亲身经验，因而对效能感的影响是最大的。成功的经验会提高人的自我效能感，多次失败的经验会降低人的自我效能感。不断的成功会使人建立起稳固的自我效能感，这种效能感不会因一时的挫折而降低，而且还会泛化到类似情境中去。

由于一些非能力因素会制约活动质量的高低，所以，人们在评价自我效能时，往往要同时斟酌能力因素与非能力因素对于自己行为成败的作用。因而，除能力因素外，一些非能力因素，如活动任务的难度、个人努力的程度、外力援助的多少等都会或多或少地影响着自我效能感的建立。如果任务很难，或者个人没有付出多少努力，或者没有什么外力援助，这时的成功会增强自我效能感，而这时的失败不会降低自我效能感。如果任务简单，或者活动中费力很大，或者外力援助较多，这时即使成功也不会增强自我效能感，倘若失败就会降低自我效能感。班杜拉在研究中发现，人们对于行为成败的归因方式，会直接影响自我效能的评价。行为成就基于个体的亲身体验，因而对自我效能感的影响作用最大。过去多次成功的经验可以形成较高的自我效能感，而反复失败则会大大削减自我效能感。如果个体通过多次成功已经建立了稳固的自我效能感，一时的失败不会对其产生多大的影响。于是，个体会更倾向于加倍努力以

取得成功。

（二）替代性经验（间接经验）

这是学习者通过观察示范者的行为而获得间接经验，它对自我效能感的形成也有重要影响。当一个人看到与自己的水平差不多的示范者取得了成功，就会增强自我效能感，认为自己也能完成同样的任务；看到与自己的能力不相上下的示范者遭遇了失败，就会降低自我效能感，觉得自己也不会有取得成功的希望。

这种观察学习对于自我效能感的影响，是通过两种认知处理过程实现的。一种是社会比较的过程，学习者采用与示范者比较的方式，参照其表现来判断自身的效能。另一种是提供信息的过程，学习者可以从示范者的表现中学到有效地解决问题的策略或方法，了解解决问题的条件，这些都会对自我效能感产生一定的影响。在观察学习过程中，影响观察学习的诸因素，都可能对自我效能感的建立产生作用。

如果人们看到跟自己相似的人通过持续的努力获得成功，他们就会相信自己也有能力成功；相反，对失败者的观察会使个体怀疑自己进行相似活动的能力，进而会降低动机。另外，榜样与个体越相似，那么榜样的行为选择以及所产生的结果对观察者自我效能感形成过程的影响就越大。

（三）言语和社会劝说

这是试图凭借说服性的建议、劝告、解释和自我引导，来改变人们的自我效能感的一种方法。由于使用简便而成为一种极为常见的方法。然而，依靠这种方法形成的效能期望不易持久，一旦面临令人困惑或难以处理的情境时，就会迅速消失。一些研究结果表明，缺乏经验基础的言语说服，在形成效能期望方面的效果是脆弱的。

人们对说服者的意见是否接受，往往要以说服者的身份和可信度为转移。此外，如果言语说服与个人的直接经验不一致，也不大可能产生说服效果。

他人的言语劝说也可提高自我效能感[15]。当人们被劝说他们拥有完成任务和工作的能力时，他们更有可能投入努力和毅力坚持下来。言语劝说是针对自我效能感的评价，是个体对自己已有的能力产生积极的信念。它使个体既不妄自菲薄，压抑和限制能力的发挥，也不产生不切实际的过高期望，否则自我效能感会受到打击。

（四）情绪和生理状态

来自情绪和生理状态的信息，也会影响对自我效能的判断。强烈的激动情绪，通常会妨碍行为的表现而降低效能期望。当人们处于心情紧张、浑身颤抖状态时，期望成功的倾向要比心平气和时弱。很多研究的结果表明，焦虑度过高的人往往会低估自己的能力；疲劳和烦恼会使人感到难以胜任所承担的活动任务；成功时的积极情绪和失败时的消极情绪，也会使人自我效能感发生变化。

人们在评估自己的能力时，常常会依赖当时生理和情绪上的感觉。积极的情绪状态可以增强自我效能感；消极的情绪状态则可能削弱自我效能感。个体的情绪状态和身体不适往往会降低成就水平，进而导致低的自我效能感。例如，个体焦虑、害怕或紧张容易降低个体的自我效能感，疲劳或疼痛同样也会使自我效能感降低。

上述四种信息常常是综合起来对自我效能感发生影响。人们对行为效能的自我认识，不仅仅是对自己将要表现的行为进行判断，它还能决定人们的下一步行为，制约人们的思想和情绪。人们在成长过程中，家庭生活、学校教育、群体中的人际关系和社会经历，都会对自我效能感的发展产生影响。而且，在发展的每一个时期里，都必然应付环境中的许多新要求，接受来自各方的挑战，使人不断地重估和修正自己的效能观念。

三、自我效能偏差和乐观的自我效能

（一）自我效能的偏差

自我效能感是对能力的主观感觉，个体能力的自我知觉按理应该是个体能力的反映，但由于各种因素的影响，这种主观能力感知可以是对自己实际拥有能力的真实反映，也可以是对真实能力的歪曲反映：对能力要么低估，要么高估。因此，个体对自己的能力可能是准确知觉也可能有所偏差。不管人们对自己能力的感觉是准确的还是有所偏差的，这种对能力的感知都会影响到个体随后的行为。知觉到的现实是人的直接现实，也最终决定人的行为表现和发展方向。个体的动机水平、情绪状态和行动更多依赖于他们相信什么而不是客观上什么是正确的。造成自我效能偏差的原因是多方面的。虽然效能信念是对能力的感受，但若干因素会造成效能信念和能力间的不一致。比如，对任务要求的模糊不清、对行为成绩的错误评定、目的的不明确、行为表现信息的缺陷、时间上的不一致等，都可能造成效能信念与能力的不一致[11]。

自我效能判断最重要的是要对任务要求有准确认识。如果一个人不知道某一活动中必须达到的要求是什么，他就不能精确地判断自己是否有完成这个任务的能力。当进行任务或完成任务的环境条件模糊不清时，会产生效能信念和实际能力的不一致。当行为要求不清楚时，低估任务要求会产生的错误是过于自信；过高估计任务要求会产生保守的错误。在有些情况下，个人对自己能力的判断可能是正确的，但由于低估了任务要求，或在另一些情况下夸大了自己的能力判断，都有可能造成对能力的高估。

合理而恰当地评价自身能力，对个人的成功具有重要的价值。对自我效能过高或过低的评价，都会带来麻烦。过高地评估自身能力的个体会从事明显的力不能及的活动，使自己陷入巨大的困难中，损害了自信心，遭受无谓的失败。有时，某些错误行为还会产生严重的、无法弥补的伤害。低估自己能力的人会选择他认为有能力完成的任务，这就会限制自己参加活动的范围，造成对开发自身潜能机会的丧失，与本来可以获得的成功失之交臂。在关于后悔的研究中人们发现，人对自己最多的后悔是由于自己不够自信和自我怀疑而没有去参与事后认为该参与的竞争，没有去冒事后认为可以去冒的风险，而不是由于自己过于自信和乐观而导致的一系列后果。

（二）乐观的自我效能

人们在对自己的能力进行评估时，往往会发生偏差。大量研究证明，人们的自我评价发生错误时，一般是过高估计自己的能力。大多数人对自我有一种积极的看法，对自己能力高估的比低估的多。人们对这种能力知觉的偏向作了种种解释：一是认为这是个体为了增强自我动机的需要。人们总想通过各种途径获得自我认识，但人们认为自己好的意愿明显强过了解自己真实能力的意愿。二是认为这是个体为了保持自尊的需要。三是认为这是个体为了实现自我需要，为了实现自我，人会对自己作出积极的评价和乐观的预期[11]。

很多时候，人们并不是缺乏能力，而是缺乏对自己能力的自信。有效的效能评价，是对自己作出稍微超出实际能力的评价。因此，在大多数情况下，乐观的效能评价是更有意义的效能评价方式。一般的社会现实是到处有困难，现实的困难性质使乐观的自我效能成为一种适应性的判断倾向，人获得成就感和主观幸福感需要乐观的个人效能。成功者、革新者、喜爱社交的人、不焦虑的人、非沮丧者往往对影响自己生活的事件进行控制的个人效能抱乐观

看法，这种自我信念维持着他们为达到个人和社会成就所需的动机。

首先，乐观的效能评价的价值表现为这些积极的信念有助于使我们取得行为成就。它们会增加我们的动机和努力，会使我们在执行艰难任务时即便开始

就遭遇失败也能坚持不懈，最终这些积极的期望可能会实现。缺少它们，日常生活中的危险和困难使我们感到痛苦和抑郁。研究者发现，积极而坚定的自我效能感使人具有从失败的不良影响中很快恢复的力量，并维持高水平的行为动机。

其次，乐观的效能感除了有助于成就行为，还有助于心理健康和良好的社会适应。高估自己良好品质的倾向以及高估自己对结果的控制的倾向，是心理健康和良好的心理适应中的一个普遍成分。研究人员曾比较过焦虑和抑郁者与正常人在技能和自我信念上的差别，两组人在技能方面没有多少区别，但他们的效能信念差别很大。社交焦虑的人和社交比较好的人常常有同样的社会技能，但社交积极的人对自己社交技能的判断大大超过实际情况。乐观的自我效能者，是承认现实困难又坚持不懈努力的行动者。

第三节　教师的自我效能感

一、教师自我效能感的概念

（一）什么是教师自我效能感

教师在进行教育教学活动时也有效能感，即教师的自我效能感，特指教师对自己影响学生学习行为和学习成绩能力的主观判断。由于提高教师专业化水平的需要及班杜拉自我效能理论的影响，研究者们开始关注教师对自己特定教学活动的主观判断，由此开展了教师效能感的研究，得出了许多有价值的成果[11]。

教师对教育教学能否成功的预期包括结果预期和效能预期两个部分，前者是指个体在特定情境中对特定行为的可能后果的判断，如语文教师根据今天的备课情况判断明天的教学一定能在规定时间内完成；后者是指个体对自己有能力成功地完成某项任务的信念，如英语教师认为自己一定会在45分钟内让学生掌握动词不定式的使用条件。在教师的教学活动中，结果预期往往决定了一般教育效能感的水平，即教师对教育在学生发展中的作用等问题的一般看法与判断，是否相信教育能够克服社会、家庭及学生本身素质对学生的消极影响，有效地促进学生的发展。而效能预期直接导致了教师个人教学效能感的产生，即教师认为自己是否有能力对学生进行有效指导、能否相信自己具有教好学生

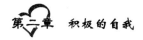

的能力。因此，教师的效能感分为一般教育效能感和个人教学效能感两个方面。

（二）自我效能感对教师的影响

教师效能感的高低对教师的教育教学活动产生影响。我们可以假设，如果一个教师认为学校教育对学生的影响微乎其微，并且对自己的教学能力毫无信心，他便不会对自己的教学活动进行主动的评价、反馈和调控，更不会努力提高自己的教学水平。一般来说，教师效能感会在以下三个方面影响教师的行为[16]。

1. 影响教师在工作中的努力程度

效能感高的老师相信自己的教学活动能使学生成才，便会投入很大的精力来努力工作。在教学中遇到困难的时候，他也能够坚持不懈，勇于向困难挑战。效能感低的老师则认为家庭和社会对学生影响巨大，而自己的影响则很小，不管如何努力，收效也不会大，因而常放弃自己的努力。

2. 影响教师在工作中的经验反思和进一步的学习

效能感高的教师为了提高自己的教学效果，会注意总结各方面的经验，不断学习有关的知识，进而提高自己的教学能力；而效能感低的教师由于不相信自己在工作中会取得成就，便难以做到在教学过程中不断地积累、总结和提高。

3. 影响教师在工作中的情绪

效能感高的教师在工作时会信心十足、精神饱满、心情愉快、表现出极大的热情，往往能取得良好的教育效果；效能感低的教师在工作中感到焦虑和恐惧，常常处于烦恼之中，无心教学，以至于不能很好地完成工作。

第三个方面的影响表现的是教师自我效能感对其身心健康的影响。总的来说，教师的效能预期越强烈，其采用的行为就越积极，努力程度也越大、越持久；而同时教师的情绪也越积极，精神饱满、信心十足、心情愉快、热情极高。研究发现，自我效能感高的教师在改革中往往更能接受挑战；而自我效能感低的教师的改革动机不强烈，工作不努力且普遍感觉紧张和压抑，倾向于焦虑和担忧。教师工作缺乏效能感与教师职业倦怠之间具有因果关系。当面对工作压力时，自我效能感高的教师把主要精力放在解决问题上；而对自己的能力不信任的教师，则把更多的精力放在工作压力的释放上，这种退缩式的处理方式反而加重了他们的精神衰竭。

二、提高教师的自我效能感

影响教师教学效能感的因素一般可分为外部环境因素和教师自身因素，包括社会风气、为教师发展所提供的条件、人际关系等。有关研究工作发展的条件和学校的客观条件对一般教育效能感具有明显影响；发展的条件、学校风气和师生关系对教师的个人教学效能感具有明显的影响。教师自身因素包括他的价值观及自我概念等[11]。

（一）净化教师所处的外部环境

1. 影响教师效能感的外部因素

外部环境因素对教师效能感的影响主要有几个方面。

（1）社会大环境对教师效能感起作用。在我国"十年动乱"中，知识分子成了"臭老九"，教师这一"孩子王"的行业当然也不受重视，教师的社会地位很低。在这种环境中，教师是很难对学生的成就抱有责任心的，也就是说，教师的效能感不可能很高。改革开放以来，国家对教育越来越重视，提出了"科教兴国"战略，教师的待遇和社会地位得到了很大的改善，这些都有助于教师效能感的提高。

（2）学校周围的环境对教师的效能感也有明显的影响。这常表现在学校所处环境的社会经济水平、自然环境好坏、地方政府、群众和新闻媒介的人才观和教育质量观等方面。在我国一些地区，学校所处地区的经济发展水平较高，政府对教育也比较重视，人们对教育的渴望也大，对教师的期望也高，这些地区的教师对教好学生往往充满信心，他们的效能感也很强。由于经济或其他方面的原因，一些地区的教育还比较落后，使教师难以安心教学，更谈不上有很高的效能感。此外，学生家长的教育观念对教师的效能感也有影响。有的学生家长认为，既然孩子上了学，他大部分时间在学校中度过，孩子成长得如何，完全是学校作用的结果。一旦孩子出了问题，他们便会责怪教师，甚至敌视学校、敌视教师，这样一来，势必会影响教师的积极性，影响教师的工作热情，从而使教师的效能感降低。

（3）学校中的某些因素也影响着教师的效能感。教师和谐的同事关系不仅有助于教师间教学经验的交流，而且还使他们在同事那里得到友爱、温暖、帮助和鼓励，这样有助于教师们组成一个合作的群体来共同研究教学问题，共同进步和提高。从教师个人来说，在这样的群体中，他也会怀着极大的热情去学习、去工作，进而增强个人的效能感。相反，如果同事之间总是为某些利益而勾心斗角，这样的同事关系会给教师带来巨大的心理压力，他们的很多精力都浪费在处理不良的人际关系上，进而影响其对教学工作的热情和信心，也降低了教师的效能感。校园内的师生关系也是影响教师效能感的重要因素。研究表明，教师受到学生的尊重与否和教师的个人教学效能感之间存在密切关系，良好的师生关系促进了教师效能感的提高，反之则会降低教师的效能感。此外，校领导与教师的关系也影响着教师的效能感。有的校长采取公开、民主的方式来管理学校，对教师的教育工作给予了很多的支持、鼓励，并能客观地评价教师的工作，对教师在教育教学中出现的问题提出合理、善意的建设性意见，这些都会对教师的效能感起到很好的促进作用。反之，校领导与教师间不良的关系则会削弱教师的教学效能感。

（4）基础教育课程改革对教师自我效能感的影响。目前我国开展的基础教育课程改革对教师自我效能感的形成和发展产生了一定影响，这主要体现在几个方面。第一，新课程的评价取向为"发展性"，要求教师不仅要关注学生的学业成绩，而且要发现和发展学生多方面的潜能，让学生认识到自己智能的优劣点，进而采取针对性措施弥补自己的劣势、发展自己的优势，并要求教师能预测学生未来的发展潜能和方向，了解学生发展中的需求，帮助学生认识自我，建立自信。这一主观性较强的任务使教师对自身教学行为的预期产生了不确定性，容易产生紧张感，从而影响自我效能感。第二，新课程的评价主体为"多样化"，鼓励参与评价活动的人除了教师外，还可以包括专职的评价机构、教育决策机构、学校管理人员、学生家长、学生群体和个体以及学校内外的其他有关人员。这样改变了以往由上而下的直线式评价关系，优点是扩大了评价的民主性、导致了评价主体的多样性，但也带来了一定的问题，即评价结果可能出现众说纷纭的现象；而且这些评价主体在评价学生的同时，可能更多的是对教师的教学行为进行评价，这在一定的程度上就会增加教师的心理负担，降低他们的自信心。第三，新课程的评价维度为"多元化"，追求学生各方面素质的和谐发展，提出了课程目标应在知识与技能、过程与方法、情感态度与价值观三个维度上展开，认为每个学生都有发展的潜力，只是表现的领域不同而已。这就需要教师从不同的视角、不同的层面科学地评价每一个学生，并促进其优势智力领域的优秀品质向其他智力领域迁移。这在一定程度上加大了教师评价的难度，也使得教师感受到自身教育行为效度的不确定性。

2. 从外部影响因素入手提高教师自我效能感

由于教师自我效能感受到上述外部因素的影响，因此要提高教师的教学效能感就必须从以下这些因素入手，多管齐下[17]。

（1）针对社会大环境和学校内部机制的影响，采取如下措施。第一，要在社会上树立尊师重教的良好风气。这就要求我们各级政府和教育行政部门加大教育投入，大力发展教育事业，提高教师的社会地位及经济地位。宣传机构也要大力提倡尊师重教。这种良好的社会风气对提高教师的自我效能感尤为重要。第二，要在学校内建立一套完整的、合理的管理制度和规则，并严格加以执行。同时要努力创立研修、培训等有利于教师发展、有利于教师实现其自身价值的条件。良好的校风建设、提高福利待遇等措施也会对教师的自我效能感产生积极的影响。

（2）针对学校内部的人际关系，采取如下措施。第一，教师要乐于向他人学习，积极参与同伴互助，如观摩优秀教师教学、学习其他教师的良好经验等。这些替代经验能不断增强教师的自信。第二，要注重实践并研究问题，不断积累实践性知识。直接的成败经验是最有效的效能信息源，因此教师要积极进行教育教学实践，注重研究教育教学工作中的问题，在提高专业化水平的同时增强教师自我效能感。

（二）完善教师所处的内部因素

外部因素对教师效能感的影响是通过教师的内部因素而起作用的，所以，内部因素才是影响教师效能感的关键。

1. 影响教师效能感的内部因素

影响教师自我效能感内部因素主要是教育观和自信心两个方面，也就是说，科学的教育观和良好的自信心对教师教学效能感的提高有很好的促进作用。

（1）教师的教育观念科学与否对效能感起着很大的作用。如有的教师觉得学生的学习能力是一种稳定的个性特征，因个体差异而不同，某些学生天生就是优秀的学习料子，而成绩差的学生则是难学好的。这种观点并不正确，它往往给某些教师以一个借口，为自己开脱没有教好学生的责任。教师间教育观念的相互影响、相互渗透进而形成的教育观也影响着教师的效能感及教师的成就。如果这种方式形成的教育观是科学的，就会对教师的效能感和教学效果起到促进作用；反之，如果这种方式形成的教育观是不科学的，那么就会对教师的效能感和教学效果起到不良的作用。比如有的学校对学困生采取了听之任之的态度，教师间彼此观念的影响会形成学校的风气。

（2）教师个体效能感的高估或低估往往是由于教师个体对有关信息进行

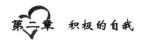

认知加工时发生扭曲或误解的结果。

2. 从内部影响因素入手提高教师自我效能感

（1）教师要形成科学的教育观念。这需要教师不断地学习和掌握教育学与心理学的知识，在教育实践中运用这些知识，通过自身的教育实践印证并发展这些知识。拥有这些知识将唤起教师积极的情感体验。

（2）学校可以通过各种方式的认知训练来提高教师个体对信息进行正确认知加工的能力。如果个体把自己的失败行为归因于努力不够，则可能会激起个体奋发努力，以获得成功。研究发现，低效能感的教师更多的将教学失败归因于缺乏能力、运气不好以及背景因素，而倾向于把教学成功归因为努力。如果通过归因训练，教师对自己的教学结果作出积极的归因，如将成功归因为自己的能力，就会提高其自我效能感，并进一步产生后续的努力，获得更大的成功；将失败归因为努力不够，能激起进一步的努力，也会增强成功的机会，能提高个体效能感。

影响教师教学效能感的因素是多方面的，它们并不是单独起作用的，这些因素往往是相互综合在一起对教师的效能感产生影响。

三、人生"三乐"与教师自我效能感

（一）生命之乐——生如夏花之绚烂，死如秋叶之静美

虽然人生中有许多不确定的事，但有一件事是确定的，那就是我们每一个人到最后，终究不免一死。积极心理学认为：这一刻是生，但对下一刻的生而言，前一刻的生已然是死。因此，我们应当珍惜当下的时光、珍视生命[10]。

1. 活在当下

积极心理学家说：当下，就是生命最好的礼物。"生如夏花之绚烂，死如秋叶之静美"，这是生的境界，也是死的境界。我们是心存希冀，痛苦地生存，还是快乐地死亡，让尊严归于尘土？

（1）积极心理学认为：人生的问题很多，但如果给予高度概括，那便不外"生死"二字了。通常人们关心生活，然而，生活只是生的一部分。能这样理解自己一生的人，将不会因害怕死亡而痛苦，因为他们所珍爱的一切都将存在下去。每个人都要顺其自然，正确对待死亡，把死亡看成是人生的必然归宿。即使面对死亡，也不要悲观，无须惊骇，顺其自然，处之泰然。既然死亡不可避免，就应该在有限的岁月里，让生活充满阳光。

然而，我们准备好了吗？前生已逝，未来未到，这都不是我们可以掌握

的；唯有每一个现在，是我们可以把握得住的。因此，我们不必因为终将死亡而变得消极，也不必因为今生的不美满而寄望来世。把握"当下"的生活态度，其实就已决定我们的幸福与悲哀了。在每一刻的现在，学习努力，并在每一刻的当下练习"为而不有，善而不居"，那么，每一刻都将是圆满的结束，也就是崭新的开始。

积极心理学认为：人的生死就像白天和黑夜一样平常无奇，就如同大自然的花开花落一样。"人生自古谁无死"，死是万物新陈代谢的必然结果，是不可抗拒的自然规律。对于死亡，过度恐惧反而有损身体，明智的态度就是顺其自然、自由自在地生活。只有真正的修炼者，因为洞悉了永恒的真理与生命的真相，会逐步看淡生死，所以对死亡不会心存恐惧。

（2）无所事事的日子，是对生命的辜负。"好无聊啊""真没意思，不知道干什么"这些话是不是经常从你的嘴里说出？在说这些话的时候，你有没有为自己列一个表，有没有做过一道计算题？什么叫不辜负生命？珍惜时间就是不辜负生命。

在这个世界上，你真正拥有，而且极度需要的只有时间，时间在生命中是如此重要，而许多人却日复一日花费大量的时间去做无聊的事。有时候想想十年前的事情，仿佛就发生在昨天，可十年一晃就过了，而我们的一生又有几个十年呢？你现在要做的事情很多，前进、跌倒、受伤……我们永远不会感到无聊，也许我们不能使时光流逝的脚步放慢，但是我们可以珍惜时间，不辜负这一遭生命。

2. 接纳生活

人生最大的痛苦莫过于跟自己过不去，一个人过得幸福与否，完全取决于自己对待生活的态度。当你不能接纳生活、接纳自己时，你就会感觉生活就是无边的苦海，人生就是煎熬。

（1）积极心理学家这样说：接纳我们的生活，并接纳生活给予我们的一切，接纳生活就等于是接纳自己。总是对生活不满和抱怨的人，大多因为不能接纳自己。常言道，人生不如意事十之八九，人生道路怎可能一帆风顺？生活总会有酸甜苦辣、喜怒哀乐。"为什么我处处不如别人?!"这是很多人的心声。是啊，我们可能没有一个好爸爸、没有高学历、没有钱、没有漂亮的脸蛋、没有聪明的大脑、没有好工作、没有好运气、没有房子、没有对象……当我们不能肯定自己，只能用权势、虚荣、占有来满足自己时，就会显得非常脆弱，非常容易被蒙蔽，非常容易在这个物欲横流的世界迷失自己。

（2）不固守无意的执着，不做一成不变的人。世界上根本就不存在一成不变人，静止是相对的，也许有人认为时间没有太大的变化，那是因为时间在跑，而我们也在跟时间赛跑，所以怎么可能没有改变呢？是的，也许你变得没有小时候可爱了，也许你变得没有读书的时候单纯了，也许你变得没有初入职场时青涩了，也许你变得没有恋爱时温柔体贴了……当你变得不再被自己喜欢，变得世俗，变得不再健康，从此不再开心，难道就要这样过下去吗？只要被赋予了生命，我们的身体机能每时每刻都在发生变化，疾病的突袭是变化，身体的强健也是变化；变得越来越漂亮是变化，变得越来越老也是变化。不管你如何抗拒，这些都是实实在在已经发生的变化，只有选择了接受，才可以面对，才可以更好地生活。所以，很多事情是回不去的，只要你现在做的事情得到自己的肯定，就不要回头，"你变了"没什么可怕的，人总在脱胎换骨，不断朝新的人生迈进。

3. 心存感恩

积极心理学认为：生命的整体是相互依存的，每一样东西都要依赖其他东西。人自从有了生命，便沉浸在恩惠的海洋里。一个人真正明白了这个道理，就会感恩大自然的福佑，感恩父母的养育，感恩社会的安定，感恩饭食之香甜，感恩衣袍之温暖，感恩花草鱼虫，感恩苦难逆境，就连自己的敌人，也不忘感恩。因为真正促使自己成功，使自己变得机智勇敢、豁达大度的，不是优裕和顺境，而往往是那些可能置自己于死地的打击、挫折和对立面。

积极心理学说，世界上最大的悲剧和不幸就是一个人大言不惭地说："没人给过我任何东西。"人能不忘感恩，人与人、人与自然、人与社会也会变得更加和谐，更加亲切，我们自身也会因为这种感恩心理的存在而变得愉快和健康起来。说感恩是滋润生命的营养素，一点也不过分。要不断调整自己的人生航向，使之在安全、正确的航道上高速前进，一直到达理想的彼岸。

（二）淡薄之乐——宁静致远，不贪名利

积极心理学认为：低调不张扬的态度，能让人保持个体独立的人格和操守。不追求名利，不贪求功禄，过着简单而朴素的生活，心境才能达到安宁，从而实现远大的人生目标。方圆结合才是处世之道，只要保持了内心的高贵与正直，环境的束缚不是那么重要[10]。

1. 得之我幸，失之我命

积极心理学家说：人生的本质就是快乐，每天都快乐地活，不必为了一些身外之物黯然神伤，焦虑不已。"宠辱不惊，闲看庭前花开花落；去留无意，

漫随天外云卷云舒。"既然悲观于事无补，何不用乐观的态度来看待人生呢？悲观是瘟疫，乐观是甘霖；悲观产生平庸，乐观产生卓绝。人生何处无风景，保持乐观才能看遍天上胜景，览尽人间春色。在得失之间要有一颗平常心。

世界上有两种人，他们的健康、财富以及生活上的各种享受大致相同，结果却是，一种人快乐，而另一种人却得不到快乐。在人生的道路上，每个人都在不断地积累着令自己烦恼的东西，包括名誉、地位、财富、亲情、健康、知识、事业、人际关系，等等。这些东西压得人们喘不过气来，使人们失去了原本应该享受的乐趣，增添许多无谓的烦恼。一旦失去其中一种便会大为在意，甚至恼火沮丧，要"想办法夺回来"。

人们总喜欢羡慕别人，却忽略了自己所拥有的。很多人总是渴望获得那些本不属于自己的东西，而对自己拥有的却不加以珍惜。其实，我们每个个体之所以存在于世界上，自有它存在的意义。因此，安心做自己的人，才是智慧的人。不和别人攀比，保持平和心态，是一种修养，同时也是一种生活的智慧。渴望幸福的人们，幸福就在你们的身上，还和别人攀比什么呢？人都有自己的人生轨迹和道路。有的坎坷，有的平坦，又怎能要求每个人都能有同样的终点和目标呢？有人高歌，有人悲泣。有的人生一帆风顺，有的人生百转千回，四处碰壁，满身的伤痛和疲惫。不同的人生有不同的道路，不同的选择。

2. 坦然面对"失"，豁然正视"得"

积极心理学认为：摆正自己的位置，忠于内心的声音，患得患失就不复存在。在比赛场上，如果输赢心思太重，就会变得缩手缩脚、心理失衡，就一定会影响自己的发挥，不可能取得好成绩。赛场上，比的不光是你的技术，最重要的还有你的心态。越是渴望胜利，越是赢不了。输不起的人，永远也不能潇洒地赢；反之，能抵抗住压力的人，都是好样的。当我们太看重得失，就走入了心理误区和状态死角，很难潇洒自如地做动作，很难冷静地思考问题，很难专心地做自己，这样，我们面临的就一定是失败。但是，失败并不是真正的结果。漫漫人生路，我们不能够沉浸在失败的阴影中而不能自拔。当我们面对比赛时，保持平常心就好；当我们输了，不要再输就好。只有我们拥有输得起的精神，才可以不被打倒。"怕什么，来什么"或许就是这个道理。切记：不怕输，才能够更好地赢。勇敢地面对"患得患失"并想方设法克服它，只有这样，才能有所作为！

3. 万事皆缘，随遇而安

积极心理学认为：如果我们都能够有一种无牵无挂、无忧无虑、知足豁达

的人生态度，一份淡泊宽大的心境，那么无论我们身在何处，都能够拥有属于自己的生活。人生的自得与悠然欢喜全靠这"随缘"的心境。随遇而安，随缘生活；随心自在，随喜而作。若能一切随他去，便是世间自在人。要做世间自在人，就要先从内心做起，内心不受拘束，也不受干扰才行。"随遇而安，随喜而作"的人生态度不仅是一种洒脱，更是一种境界。

（三）宽容之乐——静坐常思己过，闲谈莫论人非

积极心理学认为：如果你在经历切肤之痛后，采取别人难以想象的态度——宽容对方，那么，你的宽宏大量、光明磊落将使你的精神达到一个新的境界，你的人格会因此折射出高尚的光彩。就如莎士比亚所说的："不要因为你的敌人而燃起一把怒火，那样会热得烧伤你自己[10]。"

1. 虚心谦逊，扬长补短

积极心理学认为：那些动不动就喜欢说"我知道"的人，实际上在人际交往的过程中是不被人喜欢的；而那些敢于说"我不知道"的人，显示的则是一种富有想象力和创造力的精神，展示给人谦逊的风度。埃维特认为如果我们勇于承认自己某方面的不足和无知，那么我们的生活方式将大大改善。

相反，不懂装懂，则会引起别人的反感。冒充内行，是一种自欺欺人的虚荣心理，也会令别人心生反感，所以坦白承认你对于某些事情的无知并不是一种耻辱。相反，这还使别人认为跟你的谈话是十分愉快、值得参考的，因为这些语言成分里没有浮夸、没有虚伪。

维纳斯像之所以被世人誉为美神，就在于她的残缺美，那折断的双臂不仅没让她黯然失色，反而使她熠熠生辉，成为万众瞩目的女神。所以我们也一样，不要怕暴露自己的缺点，不要羞于承认自身的局限，有时直面它会使人觉得你更加诚实可信。世界本不完美，人生当有不足。没有遗憾的人生才不完美，没有缺点的人不能称之为人，对于每个人来讲，不完美是客观存在的，无须怨天尤人。再优秀的人也有缺点、弱项，再蠢、再笨的人也有自己的优点和吸引人的地方。对自己的局限性要勇于承认，才使你显得更加真实，也会更加烘托出你的长处。

2. 心平气和，以理服人

往往相同的一句话，如果我们心怀善意，说出来的就是一句让人动听的话，让人心生欢喜；如果我们心怀恶念，那么说出来的就是一句令人讨厌的话，让人生气烦恼。所以俗话说："良言一句三冬暖，恶语伤人六月寒。"同样的一句话，结果却是天壤之别。所以，喜怒之时当慎言，我们应该吸取教

训，善于控制自己的情绪，不可胡言乱语，以避免不必要的麻烦和争端；说话者应该保持冷静。另外，一些流言如果真起于自己的言行有失，就应该及时注意并加以改正，将之看作一个完善自身的机会，切不可为此而陷入极大的精神压力之中。我们不要被别人的情绪控制，要学会调整自己的情绪。不分是非曲直、话不投机，动辄发火、争执，是一种没有涵养的表现。我们应该心平气和，以理服人，不可放纵心头无名之火，否则既伤害他人又伤害自己。

3. 合理竞争，避免嫉妒

积极心理学告诉我们，嫉妒产生于相近的业界和区域，冲突往往源自利益的纠缠。每个人的利益均有其半径，当利益相交、相争夺时便会产生嫉妒。嫉妒还与竞争强度、个人竞争欲成正比。在一个毫无竞争的地方，当然不会有利益冲突，也就无所谓嫉妒了。彼此越了解，嫉妒越强烈，这就是有的人允许陌生人发迹而难以容忍身边人进步的心理原因。在一个单位，如果谁立功受奖或职务提升，立马就可能遭到周围一些人的嫉妒，因为他的某种优越表现往往恰恰映照出另一些人的某种不足。但是，我们却忽略了他人在成功之前，可能付出的汗水与努力，因此，每个人都应该反省自己，与别人相比，自己是否也同样地努力过。"眼红"的时候，试着改变思路，将妒忌心转换成对他人的美好祝愿。理解他们成功背后的尽力、运气和奋斗，真心祝福他们，用他们的成功激励自己。要想消除嫉妒心理，就必须学会正确的比较方法，辩证地看待自己和别人。

积极心理学家建议：生活中，对于有些人做的不妥之事，即使我们已经看破他的心思，也要把握好分寸，给对方留面子，最好不要点破。给别人留有余地也是宽容的表现，是维护人际关系必要的手段。人海茫茫也会狭路相逢，你今天得理不饶人，又怎么知道他日会不会与那人相遇呢？给别人留余地，就是给自己留余地。给别人方便，就是给自己方便。为人处世留余地，得饶人处且饶人，不让别人为难，不让自己为难，让别人活得轻松，让自己活得潇洒，这就是做人留有余地的妙处。看清看透是能力，"不点破"是大智慧；水至清则无鱼，人至察则无徒；话到嘴边留三分，不要把什么都说破。做人不必太计较，糊涂一点更难得；宽容待人，给人留余地，就是给自己空间。

参考文献

[1] 郑雪. 积极心理学 [M]. 北京：北京师范大学出版社，2014.

[2] 陈建文，王滔. 自尊与自我效能关系的辨析 [J]. 心理科学进展，

2002, 15 (4), 624 - 630.

[3] 魏运华. 自尊的心理发展与教育 [M]. 北京：北京师范大学出版社, 2004.

[4] 刘翔平. 积极心理学（第 2 版）[M]. 北京：中国人民大学出版社, 2018.

[5] 车丽萍. 自信的概念、心理机制与功能研究 [J]. 西南大学学报（人文社会科学版）. 2002, 28 (2), 86 - 89.

[6] Shaffer, A. G. & Raingruber, B. J. (1998). Discouering confidence in clinical reasoning and critical thinking development in baccalaureate ursing students. Journal of Nursing Education, 37 (2), 61 - 70.

[7] 项家庆. 教师积极心理健康养成 [M]. 北京：国家行政学院出版社, 2015：15 - 22.

[8] 徐宜秋. 经营你的"长板"[J]. 辽宁教育, 2014 (4)：95.

[9] 韩普宁. 浅析挖掘潜能的有效途径 [J]. 学园, 2013 (21)：3 - 4.

[10] 周一帆. 积极心理学：人生中容易被忽略的 10 种乐趣 [M]. 北京：台海出版社, 2018.

[11] 周国韬, 盖笑松. 积极心理学与教师心理调适 [M]. 北京：中国轻工业出版社, 2012.

[12] Randura, R. (1997). Self - Efficacy：The Exercise of Control. Newyork：Freeman.

[13] 李凌. 两种取向的自我效能感评估概述 [J]. 心理科学, 2001, 24 (5), 618 - 619.

[14] 周国韬, 戚立夫. 人类行为的控制与调节：班杜拉的自我效能感理论述评 [J]. 现代中小学教育, 1988 (12)：38 - 44.

[15] 吴国荣, 张丽华. 学习理论的进展 [M]. 天津：天津科学技术出版社, 2008.

[16] 俞国良. 教师教学效能感结构与影响因素的研究 [J]. 心理学报, 1995 (2)：159 - 166.

[17] 周国韬. 教师心理学 [M]. 北京：警官教育出版社, 1998.

第三章　积极的认知

认知理论强调认知过程对行为的重要性，认为行为和情绪的产生，有赖于个体对情境所作出的评价，而这些评价又受个人的信念、判断、想象、价值观念等认知因素的影响。每个人在社会生活中形成了自己固有的认知结构，因此，即使是同样的刺激，由于每个人的认知结构不同，也会表现出不同的认知特点。面对挫折，有了正确的认知，才会有适当的反应和行动，才可能化害为利，变消极为积极，达到良好的适应。否则，在挫折之中，因缺乏正确的认识，可能使挫折的感受更加沉重，情绪反应更加强烈，愈加陷于困境而不能自拔。通过改变人们的认识，而达到改变人们的心理和行为，这也就是挫折的认知理论要通过人的认知活动和意识过程，来改善其挫折境遇和精神面貌的关键所在。因此，调整人的意识过程，尤其是认知结构，改变认知过程，健全自我意识，就有助于增强人对挫折的适应能力，消除挫折对人的不良影响。

第一节　归因与解释风格

一、归因风格

（一）归因与归因风格

归因是指人们对他人或自己行为原因的推论过程。具体地说，就是观察者对他人的行为过程或自己的行为过程所进行的因果解释和推论。归因风格（Attributional style），也称"归因方式"或"解释方式"，是指个体在长期的归因过程中形成的比较稳定的归因倾向。具体来说，是指个体对事件发生的原因习惯上倾向于作怎样的解释，具有个性的特点，通过个体对多个事件发生的原因进行判断来评定。按照不同的维度，归因风格可以分为内部—外部、稳定

—不稳定、整体—局部、控制—不可控制四个方面。通常情况下，心理学者主要研究个体内部的和外部的归因风格[1]。

塞利格曼等人在 1979 年的研究中把归因过程称为归因风格（Attributional，style），假定它是一个比较稳定的人格变量。归因风格决定了在各种状况下出现的归因上的个别差异，人的归因风格可通过归因风格问卷（ASQ：Attributional Style Questionaire）来测量[2]。ASQ 中提出了 12 个生活中的事件，6 个是人际交往领域的事件，6 个是成就领域的事件，每个领域中各有 3 个积极的结果，3 个消极的结果。其具体事件的内容如下：第一，成就领域的积极事件：发财；获得希望达到的地位（如重要工作、考取研究生等）；获奖。第二，成就领域的消极事件：长时间找不到工作；在众人面前发言后，众人的反应不好；不能完成别人希望我做好的工作。第三，交往领域的积极事件：同伴夸我的相貌；提出的建议受到夸奖；异性朋友对我更好了。第四，交往领域的消极事件：朋友有烦恼之事，我却无法帮助；朋友对我很不友好；想与异性朋友约会却不成功。对上述 12 个事件分别从内部—外部、稳定—不稳定、普遍—特殊三个维度进行七点评分，提问的形式如下：找不到工作的原因是你自身还是他人或环境，这个原因将来是否还存在，这个原因仅与你找工作有关系，还是与你生活的其他方面也有关系[3]。

（二）归因风格与对事件的解释

人们在面对各种事件时会进行归因。根据归因的三个维度，能得出八种解释。不同的解释，对人的情绪和行为的影响不同，而乐观的人和悲观的人对同样的事情会做出不同的解释。例如，快下班了，明天是休息日。主任阴沉着脸来到小张的办公室前，通知他明天来加班改材料。对这一事件，小张可以从归因的三个维度做出以下八种解释[3]。

第一种：归因于内部的、稳定的、特定的因素——我肯定有什么地方让他不喜欢我了，老是找我一个人的麻烦。

第二种：归因于内部的、不稳定的、特定的因素——看来是我昨天那个材料出了大问题，让他生气了。

第三种：归因于外部的、稳定的、特定的因素——他就是对我不满意，老是这么针对我。

第四种：归因于外部的、不稳定的、特定的因素——他儿子昨晚又和他吵架了吧，让他这么不高兴。

第五种：归因于内部的、稳定的、普遍的因素——我就是特别容易招领导不喜欢。导致别人不喜欢我，让别人挑剔我。

第六种：归因于内部的、不稳定的、普遍的因素——我最近一段时间工作状态不太好，大家对我都不太满意。

第七种：归因于外部的、稳定的、普遍的因素——他不适合当领导，老是对我们这些下属乱发火。

第八种：归因于外部的、不稳定的、普遍的因素——他也有四五十岁了，肯定是更年期，情绪总是不稳定。

根据相关理论，可以得出下面的预测结果：当小张把这件消极事件的原因归结为内部因素时，会降低他的自尊心，而归结为外部因素时则不会出现这种情况；当小张把这件消极事件归结为稳定的因素时，他会产生长时间的无力感，而归结为不稳定因素时则会在短时间内恢复正常状态；当小张把这件消极事件归结为普遍的因素时，他会在很多情境中表现出无力感，而归结为特定的因素时则只在某些问题情境中表现出无力感。

将失败或消极事件的原因归结为外部的、不稳定的和特定的因素，是乐观的解释风格。如上例中小张如果进行的是第四种归因，就是乐观的。他会认为主任生气与自己没有关系，只是暂时被他儿子或其他人惹火了，这时他不会太紧张，也会积极面对他的工作。将失败或消极事件的原因归结为内部的、稳定的和普遍的因素，是悲观的解释风格。如果小张进行的是第五种归因，就是悲观的。他会认为主任一贯对自己不满，而这种不满是由于自己难以改变的因素造成的，这时他会很担忧自己随时会受到指责，同时对今后的工作感到茫然。而将成功归结为内部的、稳定的和普遍的因素是乐观的解释风格，将成功归结为外部的、不稳定的和特定的因素是悲观的解释风格。乐观解释风格与悲观解释风格在不同事件上的归因与结果是不一样的。下面我们通过实例来说明。

表3-1 积极事件：主任说我上星期的材料写得很不错（或者很差）

乐观解释风格	悲观解释风格
内部：我成功是因为我的能力很强。	外部：我这次运气超乎寻常的好。
稳定：能力当然是稳定的，我一直都有这能力，只是这次表现了出来。	不稳定：运气这个东西，说不好什么时候能够得到。
普遍：我只要正常发挥，肯定每次都能成功！	特定：就这一次运气好，谁知道下一次我还会不会倒霉呢？

续表

乐观解释风格	悲观解释风格
结果：形成了良好的自我评价，对未来有很多期待，促进自己采取行动，再次获得成就感。	结果：感到幸运，高兴的同时担心未来的命运。犹豫不决，担心现在的好运转瞬即逝，不愿意开始新的工作。
外部：这次是有一些外部原因导致的，与其责怪自己，还不如找到解决的方法，处理问题。	内部：我真没用啊，我不如别人聪明，能力也不够，本来就没办法做好这个任务。
不稳定：每个人都有遇到问题的时候，只要好好解决，总会迈过这个坎。	稳定：我总是犯错误，重写肯定也不会让他满意。
特定：主任不满意的就是这个材料而已，我的其他工作还是做得很不错的。	普遍：惨了，主任从此看出来我的能力不行了，他会从此挑剔我，我在这个单位待不下去了。
结果：不被困境所累，尽快摆脱逆境，以问题为中心，缩小失败带来的伤害，继续工作。	结果：强烈无力感和无望感，觉得难以胜任，整个生活都受到了影响，难以为继。

二、解释风格：乐观与悲观

塞利格曼也把归因风格叫作解释风格（explanatory style），通过 ASQ 所测量的是人的解释风格，可以分成乐观解释风格和悲观解释风格[2][3]。

（一）乐观与悲观解释风格

塞利格曼认为，乐观是一种由学习而来的解释风格。一个人之所以乐观，主要是因为学会了把消极事件、消极体验以及个体面临的挫折或失败归因于外在的、暂时的、特定的因素，这些因素不具有普遍的价值意义。与此相反，一个人之所以悲观，则是因为学会了把消极事件、消极体验以及个体面临的挫折或失败归因于内在的、稳定的、普遍的因素。例如，当你和同伴发生冲突之后，乐观解释风格的人就会对自己说，"他当时正好处在气头上"（外在的、不稳定的、特定的）。而悲观解释风格的人则会推测，"我就是不善于与别人搞好关系"（内在的、稳定的、普遍性的）。而对于积极事件和积极结果的解释，乐观的人和悲观的人却又正好相反：乐观的人会把积极结果看作内在的、稳定的和普遍的，而悲观的人则把积极结果看作是外在的、不稳定的和特定的。

解释风格理论对影响成功的因素有自己的看法。一般人认为成功有两个必备要素：第一是能力或天资，智商测验和考试都是用来测量它的；第二是动机，不管你的能力有多高，如果你缺乏动机你也不会成功，足够的动机可以弥补智力上的不足。但是，一位作曲家就算有莫扎特的天分和强烈的成功动机，如果他认为自己不擅长作曲，他还是不会成功，因为他的悲观想法会让他很容易放弃。成功需要坚持，遇到挫折也不放弃，乐观的解释风格是坚持的必要条件。解释风格理论认为，能力、动机和乐观这三者决定了成败（决定人的成败的因素还有其他因素，如自我效能感等）。

（二）乐观

乐观是积极心理学领域的重要概念之一。研究者们逐渐发现，人们好像用两种完全不同的思维来看待身边已经来到的，或者将要来到的所有事物。有的人通常拥有积极的视角，从身边的琐事中找到各种乐趣，从困难中看到希望，使自己更加快乐。还有的人则很少看到事物积极的一面，哪怕一点点小事，也很容易让他们感到生活无望，苦苦挣扎。这样的人很容易能量不足，没有自信心，甚至会削弱他们身边人的精神力量。以塞利格曼为代表的心理学家们发现了这两种人之间的巨大差异，开始了对"悲观""乐观"领域的研究。研究发现，乐观在自我导向行为中发挥了重要作用，同时也是影响幸福感的重要因素。乐观还是建构美好人生的有力工具，它可以帮助个体远离抑郁、焦虑等心理问题，增加工作、学业上的成就，发展和培育良好的人际关系[4]。

许多实践研究证明，乐观犹如身心健康的自我防卫机制，可以使人面对挫折，并沉着面对挑战与压力，帮助人远离抑郁、增进健康并增进自我了解。塞利格曼和契克森米哈（Seligman & Csikszentmihalyi，2014）的研究发现，拥有乐观信念的人，不管是就学阶段的学生、身处职场的成人，还是处在绝症中的患者，都能以比较积极正面的态度面对生活，且能对未来抱有期待和希望。

基于习得性无助理论（注：习得性无力感的概念是由塞利格曼等人于1975年提出的。当人或动物接连不断地受到挫折，便会感到自己对一切都无能为力，丧失信心，这种心理状态被叫作习得性无力感，简称无力感。心理学在这方面进行了大量的实验研究，并形成了系统的理论。现在，无力感理论经常被用于说明人类的丧失信心、自暴自弃等行为的形成和抑郁症的产生）和归因理论，塞利格曼提出乐观是一种解释风格。解释风格是指个体对成功或者失

败进行归因时表现出来的一种稳定倾向，具有稳定性。按内部—外部、稳定—不稳定、普遍—特定三个评价维度，解释风格被分为两种：乐观解释风格（optimistic explanatory style）和悲观解释风格（pessimistic explanatory style）。乐观解释风格表现为将坏结果归因于外部的、不稳定的、特定的因素，将好结果归因于内部的、稳定的、普遍的因素；悲观解释风格表现为将好结果归因于外部的、不稳定的、特定的因素，将坏结果归因于内部的、稳定的、普遍的因素。

假如你参加了一份工作的面试，但是并没有通过，那么根据乐观归因理论的三个维度，怎么分析呢？第一，从稳定—不稳定这个维度来看。如果你认为你失败的原因是稳定的，那么很自然，就会觉得在未来一段时间内，还是没有办法找到好工作，这种悲观的归因会持续地影响你；而倘若你认为失败的原因是不稳定的，只是偶尔发生，那么你对未来就肯定有更多的乐观期待，这次的失败不会影响你很长时间，你的挫折感会很快过去。第二，从普遍—特定这个维度来看。如果你认为失败的原因是普遍存在的，那么你对自己各个领域的事情都不会有很好的期待，你觉得失败会随时出现在所有地方；当你认为它只是出现在特定领域时，你就缩小了这次失败给自己带来的负面影响，能够更快地调整自己的状态，进入下一次尝试中。第三，从内部—外部这个维度来看。如果是内在的原因，不难想象，你很容易对自己的能力产生怀疑，自我效能感和自尊感就会降低；倘若只是外部的原因，那么你就会认为这件事和能力无关，会继续为下次的面试做好准备。

第二节 非理性信念与理性信念

一、信念

（一）什么是信念

信念是指人们对自己的想法观念及其意识行为倾向，强烈的坚定不疑的确信与信任[5]。

在心理学意义上，信念（belief）可理解为个体对于有关自然和社会的某种理论观点、思想见解坚信不疑的看法；它是人们认识世界和改造世界的精神支柱，是从事一切活动的激励力量。个体的世界观、人生观、价值观和道德观等，都是由信念所组成的一定的体系。信念一旦确立，就会给人们的心理和行为以深远的影响，决定着个体成长与发展的方向、速度和效果；同时，某种信念一旦动摇或瓦解，便是人们精神崩溃和行为退化的开始。可见，信念对于人类生命活动具有重要意义。

学校教育是培养人的神圣事业，教师是完成这项事业的中流砥柱，因此，教师的信念对于学校教育的成败具有举足轻重的作用。一般地说，教师信念是指教师对有关教与学现象的某种理论、观点和见解的判断，它影响着教育实践和学生的身心发展。当一个教师认为"一个班级的学生总是有好有坏，教师不可能把每一个学生都教成好学生"时，他（或她）就很可能慢慢放弃对学习不良学生的教育；这部分学生则受教师的影响，认为反正老师觉得我学习不好，那就破罐子破摔吧。相反，一位优秀教师则肯定会认为"我一定能教好学生，我的学生一定能成才"；学生受教师的影响，也会充满信心地学习。这些现象说明教师按自己对学生的感性认识而产生的心理印象行事，对学生采取不同的对待方式，这种不同的方式和学生的自我期望相互作用，产生预期的结果。心理学家罗森塔尔和雅各布森为了证实期望的影响，对小学生进行"预测未来发展的测验"，然后挑出一部分学生对教师说："这些儿童有发展的可能性。"实际上这些孩子完全是随机抽取的。8个月后，这些孩子的成绩有了明显的提高——这表明教师的期望对行为产生了影响。后来，人们就把这种现象称为期望效应或皮格马利翁效应。大量研究表明，教师是根据学生的性别、身体特征、课堂表现和社会经济地位等各种因素形成对某个学生的期望的。这种期望形成后又通过各种形式，如分组、强化、提问等，影响被期望的学生，使学生形成自己的期望，最后又表现在学生的行动中，反过来影响教师的期望。由此可见，教育的成效很大程度上取决于教师的信念或期望[6]。

（二）信念的来源

信念就是能给生命提供意义与方向的指导原则。信念是有组织的，是我们选择对世界看法的过滤器。当我们确信某种事情时，信念就会给我们的大脑发一项命令，告诉我们如何对已发生的一切作出想象。既然信念是一种事先组织好的、持续不断地引导我们自我交流的感知方法，那为什么有些人的信念推动他们向成功迈进，而有些人的信念使他们失败呢？那么，信念是从哪里来的呢[7]？

1. 环境

芝加哥大学的本杰明·布拉德研究了100名取得巨大成功的年轻运动员、

音乐家和学者，他惊奇地发现，这些天才并不是一开始就闪现出成功的光辉的。相反，他们大多数人是由于获得了别人的引导、支持，然后才进步的。任何天才的标志都出现在他们具有了"我将成为天才"的信念之后。环境可能是信念最有力的触发器，但它不是唯一的触发器。如果它是唯一的触发器，那么，我们就会生活在一个永恒不变的世界中，富有的孩子只知道富有，贫困的儿童只知道贫困。相反，其他经历和学习的方式也能成为信念的来源。

2. 知识

直接经历只是获取知识的途径之一，知识还可以通过看书、看电影、观察世界获得。知识是砸开不良环境镣铐的最佳工具之一。不管世界对你多么冷酷无情，只要你能读到有关别人取得成就的书，你就能树立起必胜的信念。

3. 结果

形成信念的第三个途径是我们过去做某事的结果，形成你做某事的信念的最可靠办法就是你先尝试做一次。如果一次成功，那么，就会很容易地形成你再次成功的信念。比如给自己规定一个死任务，必须在一个月内写出一本书的初稿；新闻记者也是用同样的办法学会在最后期限前写出稿子的。生活中没有什么事情比这种规定在固定期限内写出一个完整故事更可怕的了。大多数刚起步的新闻记者最害怕这一点，但他们发现，只要成功过一两次，那么就知道今后也会成功。虽然他们并没有随着年龄的增长而写得更快，但一旦形成在任何有效时间内能完成一个完整故事的信念后，他们发现从未失败过。对其他人来说也是一样，相信自己能干成某事，就能完成自己的诺言。

4. 想象

你希望将来可能体验到的东西好像现在就已体验到了，正如你过去的经历可以改变你的内部想象，从而使你的信念成为可能一样，你对未来经历的想象性体验也能改变你的内部想象，我们把这叫作提前体验结果。在你感到所体验到的结果不能使你处于积极有利的状态时，可以根据你所希望的方式去改变你的状态、信念和行为，从而创造出你所希望的结果。钱并不是激励你的唯一动力，不管你的目的是什么，如果你的心目中对你所希望的结果产生了一种清晰的想象，并且觉得已经取得了这样的结果，那么你就会进入帮助你创造你所希望的结果的状态。

二、非理性信念

所谓的非理性信念（irrational belief）通俗地讲就是对挫折的不合理认知，

它来自美国临床心理学家艾里斯（Albert Ellis）的挫折 ABC 理论。A（Activating Event），即挫折本身；B（Beliefs）指人对挫折事件的想法、解释和评价；C（Consequences）指在特定情境下，个体的情绪反应及行为的结果。根据这一理论，挫折是否引起人的挫折感，不在于事情本身，而在于对挫折的不合理认识。人既是理性的，又是非理性的，人的大部分情绪困扰和心理问题来自不合逻辑或不合理性的思考，即不合理的信念。这种不合理的信念会导致挫折感的产生。

（一）11 条非理性信念

不合理的信念使人心烦意乱、焦虑苦闷，长此以往很容易导致心理障碍的产生，甚至产生神经症等精神疾病。因此，合理情绪疗法认为情绪困扰和行为不良，甚至神经症都来源于不合理的信念。那么在日常生活中都有哪些不合理的信念？其不合理处在哪里？它们的共同特征又是什么？艾利斯通过临床观察，总结出日常生活中通常会导致情绪困扰，甚至神经症的 11 种主要的不合理信念。这些非理性信念主要表现为对自己、对他人、对自己周围世界的环境及事物的绝对化要求。不合逻辑的、不合理的信念是一个人产生情绪困扰的主要原因，对它处理不当就会产生各种心理问题，就不能快乐、满足地生活。

表 3 - 2 非理性信念与理性信念比较表

非理性信念	理性信念
第一条，受到几乎所有的、对我而言有重要意义的人喜爱和认可，这是必要的。如果不是这样，那将糟糕透顶，我不能忍受，我真没有用！这是一种典型的低自我接纳和低自尊，严重时会出现焦虑和抑郁的不良情绪。	我真希望得到大多数对我来说是重要人物的喜欢和认可。但是并非所有的人都喜欢和认可我，这并不糟糕，我能够承受，而且我仍然感到自己有价值。期望每个人都认可我，这是不合理的。我无法控制他人怎么想和怎么感受，就像他人也不能控制我的想法和感受一样。
第二条，我必须是一个全能的、独当一面的人，在所有重要的方面都必须获得成就，那样才有价值。这一非理性的信念表现为一种完美主义倾向。追求完美是一种美德，但是如果走向极端必然会成为一种负担。	我不是一个完美的人，我具有优点，同时也有缺点，我也会犯错误。我努力完善我自己。我能够从失败和人生的巨大打击中吸取教训。

续表

非理性信念	理性信念
第三条，这个世界必须是公正的。人们必须公正而周全地做事，否则他就是一个邪恶的家伙，该受到严厉的谴责和惩罚。持有这种信念的人具有非常强烈的"是非观"，他们坚定地认为，邪恶必然受到严惩，正义永远是胜者。作为一种道德理念，这是无可挑剔的，但是如果认为世界就是这样的，则是一种非理性的想法。	我希望这个世界是公正合理的，但是生活往往不是这样。追求公正是我的理想，离现实情况还有距离。这恰恰是我为之努力的方向。
第四条，如果事态的发展并不像我预期的那样，那将是糟糕透顶的。	我希望事情像我期待的那样发展，有时候事情会尽如人意地发展，但有时候则不然。当事情发展不顺利的时候，并非糟糕透顶。我不喜欢那样的结果但我能够忍受。我不能永远控制周围的事情，但我能够控制自己的消极感受。我可以平静地接受我不能改变的事实，但我能够区分可控与不可控二者之间的差异，并会鼓足勇气去改变我能够改变的现实。
第五条，我对自己的消极情绪（如焦虑、愤怒和抑郁等不快）无法控制，因为这些情绪是由于外部事件决定的。	要相信他人、事情和环境直接导致情绪发生的观点是非理性的曲线思维。
第六条，如果某件事情是危险可怕的，我应该持续不断地为此而烦恼，并应该仔细地考虑事件发生的可能性。	很多具有潜在危险的事情并未发生，而且在一定程度上，我还可以保持警惕并控制危险事情。
第七条，逃避直面现实生活中的困难比承担生活中的责任更加容易一些。这种非理性的信念可以使小问题变成大问题，更大的困难会压得自己喘不过气来。在采取措施改变困难的时候，我可能会非常痛苦，我必须等待，直到我无法忍受的某种程度，我才可以开始着手做不愿意面对的事情。	承担各种责任、处理各种争吵是日常生活的一部分。在事情刚刚发生的时候就关注它，确实有些不舒服，但我会尽力去处理的。

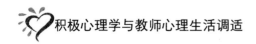

非理性信念	理性信念
第八条，我对别人非常依赖，需要一个比我强的人做后盾，否则我的生活很难过好。	我希望别人能够给予我引导和支持，但依靠自己更为现实，我可以变得更加独立。
第九条，我过去的经历是引起现在情绪和行为的主要原因；这些经历将永远影响着我。精神分析学派和大众传媒经常持有这样的观点，即一旦某个人受到伤害（特别是生命早期的伤害），那么他一定会深受其害。	过去的某些方面是不愉快的，我能够接受它们；而且，我已经开始从这些经历中学习人生的经验。我当前的感受和行为更多地受到我现在信念的影响。
第十条，如果我关心某人，那我就应该对他遇到的问题和烦恼而焦虑、愤怒和忧郁。	当不幸发生在他人身上的时候，我会关心并感到悲哀，而且如果可能的话，我会尽力去帮助他们。但是他人的灾难和不幸不能直接使我感到极度的焦虑、抑郁和悲伤。
第十一条，对所有的问题而言，几乎都有一个正确而完美的解决办法。如果找不到这样的办法，就是非常糟糕的。	我不希望某个问题没有得到完满的解决，但是我能够忍受。尽管我不能完全控制这个复杂并且经常让人受挫的世界，但我还是能够发挥作用的。

（二）非理性信念的特征

从这些不合理的信念中，可以归纳出相应的不合理的思维方式。心理学家将人们所持有的不合理的信念归纳和简化，指出不合理信念具有以下三个特征：要求的绝对化、过分的概括化和糟糕至极。

1. 要求的绝对化

这是非理性信念中最常见的一个特征，从自己的主观愿望出发，认为某一事件必定会发生或不会发生，常用"必须"（must）或应该（should）的字眼，然而客观事物的发生往往不以个人的主观意志所转移，常出乎个人的意料，因此怀有这种看法或信念的人极易陷入情绪的困扰。

2. 过分的概括化

即对事件的评价以偏概全，一方面表现在自己的非理性评价，常凭自己对某一事物所做的结果的好坏来评价自己为人的价值,其结果常导致自暴自弃、自责自罪,认为自己一无是处而产生焦虑抑郁情绪。另一方面表现在对别人的非理性评价,别人稍有差错,就认为他很坏,一无是处,其结果导致一味责备他人,并产生敌意和愤怒情绪。

3. 糟糕透顶

认为事件的发生会导致非常可怕或灾难性的后果。这种非理性信念常使个体陷入羞愧、焦虑、抑郁、悲观、绝望、不安、极端痛苦的情绪体验中而不能自拔。这种糟糕透顶的想法常常是与个体对己、对人、对周围环境事物的要求绝对化相联系的。

并不是外界的刺激使我们感到愤怒、悲伤、忧郁和焦虑。真正使我们产生不良情绪的恰恰是我们自己的一些不好的观念。这一重大的发现,使心理学家抓住了驾驭情绪野马的缰绳。改正自己不正确的想法,就可以在很大程度上从痛苦和情绪压力中解脱出来。

三、合理情绪疗法的 ABC 理论

(一) 挫折的认知理论

挫折认知理论认为,人在遭受挫折之后,是否会产生挫折感与情绪反应,挫折和情绪反应的强度如何,主要取决于人们对挫折及其意义的认识、评价和理解,即对挫折的认知。外界刺激(挫折事件)是通过认知而作用于情绪,产生各种心理和行为的。由于人对挫折的认识不同,所以,在意识的调节下,同样的挫折情境,对不同的人来说,就可能产生完全不同的挫折反应。

该理论认为,刺激(S)与反应(R)之间,不是简单的 S−R 关系,而是 S−C−R 的关系。S 因素包括事件、情境、他人、人际关系以及自我的行为表现等,即整个主客观世界中可以起刺激作用的因素;R 指各种心理行为反应;C 指意识、经验因素。认知过程是依据认知者的过去经验及对有关的信息的分析而进行的,它依赖于认知者的思维活动,包括信息加工、推理、分类与归纳等。

(二) 合理情绪疗法的 ABC 理论

ABC 理论是合理情绪疗法的核心。这一理论的基本观点是:引起情绪障碍的不是诱发事件本身,而是事件经历者对该事件的评价和解释。事件能否发生是不以当事者的意志为转移的,但如能对该事件作出理性的评价,就会避免消极情绪的产生。正如古希腊的一句名言所表达的观点："人不是被事物本身所困扰，而是被其对事情的看法所困扰。"正是非理性思维导致了人们的情绪障碍和神经症[3]。

A、B、C 来自三个英文字的字头，它们分别代表以下内容：

A：诱发事件；B：来访者在遇到诱发事件后产生的信念，即对事件的评价和解释；C：来访者的情绪和行为结果。

人们的情绪及行为反应与人们对事物的想法、看法有关。在这些想法和看法背后，有着人们对一类事物的共同看法，这就是信念。合理的信念会引起人们对事物的适当的、适度的情绪反应；而不合理的信念则会导致不适当的情绪和行为反应。当人们坚持某些不合理的信念，长期处于不良的情绪状态之中时，最终将会导致情绪障碍的产生。如此看来，情绪是由人的思维、人的信念所引起的，所以每个人都要对自己的情绪负责。当人们陷入情绪障碍之中时，是他们自己使自己感到不快的，是他们自己选择了这样的情绪取向的。有一点要强调的是，合理情绪治疗并不反对人们产生负性情绪。比如，一件事失败了，感到懊恼，有受挫感，这是适当的情绪反应，但抑郁不堪、一蹶不振就是不适当的情绪反应了。

第三节　积极认知与教师心理生活调适

一、积极认知与理性信念

（一）坚持 9 种理性信念

有助于成功的信念很多，下面就是 9 种成功的信念模式[7]。成功之路包括了解你的目标，采取行动，了解你所取得的结果，灵活地调整行为直到获得成功。信念也是这样，你必须找到有助于实现你的目标的信念——把你带到你想去的地方的信念。如果你的信念不是这样，那就扔掉它，重新寻找新的信念。

1. 每一件事情的发生都有其原因和目的，都是对我们有利的

在某些方面，所有成功者都有一种不可思议的能力，能把注意力集中在所处环境中可能实现的事情上，集中在由这种事情而导致的积极结果上。不管环境带给他们的挫折有多大，他们都能从一切可能的方面上去考虑。他们相信每

一个挫折都将会给他们带来相应的或更大的利益。可以肯定，那些取得辉煌成就的人都会这样考虑问题，对任何一种环境都可能做出各种不同的反应。实际上，所有伟大的成功者都是在求新的精神状态下采取行动的。

再想想你的信念，想一想形势趋于有利还是不利呢？想一想你的努力会获得成功还是失败？在某种状况下你看到的是潜力还是障碍？一般情况下，大多数人把目光集中在消极的一面，而不是积极的一面。改变这种状况的第一步就是意识到这一点。有限的信念造就有限的人。关键是抛弃这种限制，以最大的努力采取行动。但凡成功者都能看到可能实现的东西，即使在沙漠里也能看到绿洲。如果你坚定地相信某事能做成，你就很可能做成这件事。

2. 任何事情都没有失败，只有结果

每个人都多次经历过这种事：我们想获得一件东西，但得到的却是另一件东西。我们曾有过考试不及格，有过失去爱情，有过每一步都出差错的商业计划。我们采用了"结果"一词，因为这是成功者所看到的，他们看不到失败，他们不相信失败。

人们总是成功地取得某种结果，我们这个时代最伟大的成功者并不是没有失败过，只是他们认为，如果对某事的尝试没能获得所希望的结果，并不意味着失败，而是得到一些经验，

然后用这些经验去尝试别的事。他们采取某些新行动，于是获得某些新结果。

那些有着个人力量的人——运动场上的胜利者、人群中的领导者、艺术上的大师都明白，如果试着干某事而没能取得希望的结果，那么这只是一种反馈。可以利用这种反馈的信息，更明确地知道需要干什么才能取得希望的结果。有时，我们是从自己的失误中学习，有时是从别人的失误中学习。

我们建议你现在就该意识到：任何事情都不会有失败，只有结果。你每干一件事都是在产生一种结果。丢掉"失败"这个词而只看到"结果"这个词，努力从每一经历中汲取养分。

3. 不管发生什么事情，我们都应该负责

成功者都相信，不管发生什么事，不管是好事还是坏事，都是他们自己创造的，即使不是他们的生理行为所引起的，也可能是他们的思想所引起的。当然，没有哪一个科学家能证明人类的思想创造了现实，但这确实是一种有用的"假设"，一种使人充满力量的信念。人们的生活经历是人们自己创造的，或者通过行为，或者通过思想。因此，我们可以从中吸取有用的东西。

承担责任是一个人的力量与成熟的最好体现之一。如果你不相信失败，如果你知道将要达到的目的，那么你就不会失去什么，通过承担责任你将能获得一切。承担责任也能区分一个人的能力差异。我们大多数人都有过试图向别人表示积极情感的经历。

4. 要操纵一切，并不一定要理解一切

这是很多成功者所坚信的又一信念。他们相信，要运用某件东西，并不一定要了解它的所有细节，他们只需要知道怎样运用。如果你研究一下那些精力充沛的人就会发现，他们对很多事情都有足以成事的本领，但常常对他们要做的事情的许多细节却不甚了解。

那些成功者都特别善于确定哪些东西是必须了解的，哪些是不一定要知道的。为了有效地利用你这一生中所遇到的一切，你应该在利用和了解之间找到一个平衡点。成功者并不一定是那些拥有最多信息和最多知识的人。

5. 别人是你最大的力量源泉

那些取得巨大成就的人——几乎都有一种非常强烈的尊敬别人和正确评价别人的意识。他们有一种集团意识，没有同别人的亲密联系，就不会有持久的成功，成功之道需要组织一个共同努力的集团。不能只在口头上接受，而不落实到行动中去。

请在心中记住舵手在他的小船驶向目的地时不断校正航向的形象。生活之舟也是这样，我们要始终保持警惕，不断地调整我们的行为，保证我们向预定的目标努力前进。那些成功者常常这样问他们周围的人："我们怎样才能把这件事办得更好？""我们怎样才能确定这一点呢？……我们怎样才能取得更大的成就呢？"他们知道，一个人，不管他多么英明，要与一个有效集团的共同智慧相抗衡是非常困难的。

6. 工作是一种消遣

世界上有做他不喜欢做的事情而获得巨大成功的人吗？我们可没听说过。成功的关键之一就是把你所要做的事与你的爱好有机地结合起来。马克·吐温曾说过："成功的秘诀在于把你的工作当作休假。"很多人把他们的工作变成了一种对他们身心有害的负担，他们似乎从工作中找不到丝毫乐趣，但却又无能为力。

但是，研究者们在一些为免遭辞退而拼命工作的人身上发现了一些令人惊奇的东西。有些人拼命工作似乎是由于他们喜欢工作，工作使他们愉快，使他们兴奋，使他们的生活更加丰富。一些人以我们大多数人看待消遣的方式看待

工作，他们把工作看作一种扩展他们自己、学习新事物、发掘新生活源泉的方
式。

是不是有些工作对一些人有益而对另一些人无益呢？确实如此，关键就是
要寻找对我们有益的工作。你目前所干的工作就是这样的工作。如果你能创造
性地去干你现在的工作，那么就会有助于你以后干好任何工作。

7. 解决一个问题就获得一次成长的机会

人们常常会觉得自己陷入了难以解决的问题模式中。事实上，你可能只需
做出非常简单的改变就能够大大改善你的问题。例如，你可以通过在每次会议
上发表一个积极的评价来改善你的团队合作。只能够改进 1% 的问题的解决方
案也可以产生很大的影响。当你开始做非常小的改变时，它可以扩大你的视野
从而让你看到其他简单变化的方法，你只需很少的努力或牺牲就可以实现。这
种问题模式也发生在关系层面上。当我们在一段关系中普遍感到幸福时，小事
就不怎么会困扰我们；当我们在一段关系中不快乐时，一切都会让我们感到愤
怒。些许的努力可以完全改变你们关系中的情感基调，并走上一条更好的轨
道。

8. 如果别人让你失望，那并不等于他们不在乎你

在繁忙的现代生活中，人们总是努力坚持他们所要做的每一件事。如果你
关心的人似乎忘记了你或者让你失望，那可能不是他们不在乎你，可能是他们
不知所措或过度承诺，或者他们可能正在经历你没有意识到的压力。有时人们
表现古怪的原因与他们的抑郁或其他心理问题有关。人们通常会用逃避的方式
应对这种尴尬的情境。当他人无法在他们所指示的时间范围内履行承诺并且没
有有效地解释原因时，如果你缺乏自信，那么很容易把问题归结于自身，而不
是把它看成是他人的问题。记住不要急于下结论说他人不重视你。不自信的人
如果要改变计划，或者想改变主意，往往会感到极大的压力。你可能会发现自
己在思考与之相关的人是否会对你的临时变卦感到生气，确实很难准确地判断
自己何时对他人造成了伤害。有时你会觉得自己给他人造成了困扰，而他人却
一点也不介意；同样，有时你会在没有意识到的情况下把他人逼疯。请记住，
很难猜出别人的想法。当然，有时候别人想要改变一个计划，而这个改变可能
更适合你；或者，也许你想到的一个忧虑同样也在困扰另一个人，或者他们没
有想到，但他们很高兴你想到了这一点[8]。

9. 没有信念就不会有最后的成功

成功者们都相信信念的力量。如果说有一种与成功几乎无法分开的信念，

那就是：没有伟大的信念就不可能有伟大的成功。只要看看随便哪个领域的成功者，你就会发现，他们不一定是最优秀的、最有才能的、最有力量的人，但肯定是最有信念的人。

我们在任何领域都可以看到这一点，即使是那些先天才能起很大作用的领域也是如此。首先他具有坚定的成功信念。他的训练更刻苦，他的意志更顽强，他在场上更拼命，他几乎比任何人都能更淋漓尽致地发挥他的技巧。通过持续不断地把他对成功的信念作为推动他前进的力量，使自己获得了巨大的成功。在任何领域，信念都是成功的重要组成部分。记住，成功者总是会留下一些经验的。研究一下那些成功者，弄清那些使他们能不断采取有效行动，并取得巨大成就的关键信念。我们相信，如果你能持续不断地坚持这些信念，也能使你取得惊人的成就。

（二）牢记影响理性信念的九个观念[9]

1. 知足常乐

"知足常乐"是一种无上的智慧，也是古人的快乐哲学，这是我国古代人所特有的境界。想要获得满足和快乐并不难，不用每天孜孜不倦地追逐，也不必终日奔波劳苦地探索，如果内心满足，放心向前，幸福就会紧随其后。

是否知足其实也和欲望有关，有个词叫"欲壑难填"，欲望就像一道深渊，不管你有多大能耐，一旦陷入这个怪异的循环中，就再也不会知足，人生也就再没有快乐可言。

当然，你我皆凡人，不可能真的就无欲无求，那该怎么办呢？这就要看欲望的大与小了，知足的人，能将欲望当成可大可小、可有可无的东西，自己所预期的事只要能实现一点，就自觉福分不浅，即便无法实现，也毫不在意，放弃或转移到其他方面就是了，日子照样过。而不知足的人，欲望强烈，想要的就必须得到，得不到则郁郁寡欢，得到后还想更多。

快乐和烦恼的转换不过一念间，甚至有时只需换个角度，降低一点期望值，就能让自己满足。而知足正是降低人生快乐成本的有效方法，只要你懂得知足，适可而止，只圈出自己能够驾驭的土地，让不该属于自己的自生自灭，快乐就会如影随形。

2. 己所不欲勿施于人——换位思考才能赢得人心

某哲人曾作过这样一个比喻，他说人与人之间的关系，如同磁铁，每个人都会吸引和自己思想相近、志同道合的人，排斥其他不同类的人。也就是说，如果你想结交仁慈、慷慨、和善之人，自己也必须成为那样的人才行。想得到

别人的善待，自己首先得善待别人，也就是所谓的"种瓜得瓜，种豆得豆"。正如孔子所说的"己所不欲勿施于人"。自己不喜欢做的事情，就不要让别人去做。自己对他人的言行感到不满，就别以那样的言行对待别人。

3. 三思而后行——事情落实前要做好思想上的"功课"

所谓三思而后行，就是想好了再做，它还说明了一点，那就是对自己的人生做好规划。只有知道自己想做什么、要做什么、如何去做，然后树立正确的方向，作出正确的判断，规划正确的路径，成功的概率才会更高。无论是不是想好，也不管对方的话是否说完，总想迫不及待地表达自己的观点，而这些观点往往是错误的。对此，智者只有九个字：少说、多听，三思而后行。

无可厚非，在这个快速多变的社会，稍微一犹豫，机会很可能转瞬即逝，但与之相对的是，如果不思而行，贸然行事，承担的风险恐怕很大，甚至会全盘皆输。因此，想让自己始终处于不败之地，就必须学会：该三思时，一定三思，该决断时，绝不犹豫。

4. 塞翁失马焉知非福——保持一个良好的心态

相信多数人都曾听过"塞翁失马"的故事，聪明的塞翁用切身经历告诉我们，有些事情看起来像是坏事，也许背后隐藏着好运，而有些时候看起来像是好事，背后也许埋着祸端。正如老子所说："福兮祸所伏，祸兮福所倚。"

人生在世，很多事情是福是祸单从表面是难以判定的，正如硬币有正反两面，事情也有两面性，没有绝对的好事，也没有绝对的坏事。当你认为一件事情很糟的时候，也许其中暗藏着机遇，而当你认为好运连连时，后面的发展却未必很好，所以睿智的人在面对所谓坏事时都会保持一个良好的心态，努力从"坏事"背后寻找命运的转机。

任何一座山，在阴暗的另一面，必定是阳光明媚，正所谓"风雨过后就是彩虹"。天底下没有绝对的坏事，拥有好心态的人，从不把困难看成绝境，而是沉着冷静地直接面对恐惧，进而斩获成功，因为他们知道，危险不只是困难，还有可能是考验自己的最后关卡。

5. 得饶人处且饶人——没有永远的敌人，别把事情做绝

一个很浅显的道理就是要宽容、谦让、体谅别人，学会宽恕，因为这个世界上没有永远的敌人，更没有永远占上风的人，千万别将事情做绝。可是在日常生活中，却经常有这样一种人，一旦别人惹到他便得理不让人，非得决一胜负，不闹个不欢而散、鸡飞狗跳绝不善罢甘休。他们也许认为饶人是窝囊行为，吃亏的是自己，实际上并非如此，吃亏只要吃到了明处就是有意为之的高

尚，因为宽容忍让是崇高的美德，拥有这种美德的人，展现出的不仅是胸怀，还有博大的魅力。

美国科学家在一项最新研究中发现，宽容不仅是人类美德，还会给健康带来很大益处，因为喜欢较真、把事做绝的人往往容易焦躁，罹患心脏疾病，而对周围人宽厚大度者则血压平稳、身体健康。有位哲人说："天空收容每一片云彩，不论其美丑，故天空广阔无比；高山收容每一块岩石，不论其大小，故高山雄伟壮观；大海收容每一朵浪花，不论其清浊，故大海浩瀚无比。"人们常说："防人之心不可无，害人之心不可有。"除了不能有害人之心，其实还要注意一点，那就是待人处事，一定要留有余地，无理要让人，得理也不能不饶人，做事不能做得太绝。

6. 天下本无事，庸人自扰之——看开的智慧

心中的苦恼不过是自己的执着，能够让你获得解脱的只有你自己。正如古语所说的"天下本无事，庸人自扰之"。俗话说："人生不如意事十之八九。"只要活着，烦恼的事情想绕也绕不开，如果总是纠缠在这些烦恼中，人生里快乐的时刻就会变少，甚至慢慢消失，而烦恼一点也没有少。

总是这样烦恼下去，自己扰乱了自己的思维，久而久之，似乎活在世上也再没有幸福可言，什么事都不感兴趣，什么问题都厌烦，生活也失去了意义，这是多么可怕的事情啊！世上的烦恼是少不了的，但只要你对烦恼采取不理不睬、不接受的态度，那无论这烦恼源自何方、何时消解都不再重要。因为它已经影响不了你的快乐，也夺不走你的高兴，只要你懂得看开的智慧，不接受烦恼，就什么也都破坏不了你的好心情。

7. 退一步海阔天空——以退为进的智慧

进并不难，因为只需要看前面的一两步就好，而退则需要魄力，勇气和智慧必须兼而有之，甚至有时看似山穷水尽，转弯来看却会发现柳暗花明。

也许有人会心生疑窦，如果总是退缩，岂能前进？其实"退一步海阔天空"并非不前进，而是让你在关键时刻恰当运用以退为进的智慧保存实力，毕竟人生不像百米赛跑，勇往直前地猛冲就能胜利，有时往往会有反复曲折的过程，时机不到，条件不成熟，或能力、资金有限，处于弱势地位时，与其盲目冲动不如退而思策。

生活就是一门学问，最难掌握的莫过于进退之间的尺度，人生中最难抉择的也正在于此。但再艰难的事，只要转换一下思维的角度，不盲目、不冲动，就会出现"柳暗花明又一村"的局面，愉快地达到目的。

8. 他山之石可以攻玉——借鉴的意义

在《诗经·小雅》中有这样一句话："他山之石，可以攻玉。"意思是借助别的山上的石头来打磨玉器，原用来比喻其他国家的贤才也能为本国效力，也用来比喻能帮自己改正缺点的人或意见。

老祖宗留下这样一句话，还提醒今人：在工作和生活中，要善于借鉴别人的观点、经验和做法，借鉴别人的智慧用来点燃自己头脑中的火花，从而促进自身知识、能力和水准的提高。俗话说："人往高处走，水往低处流。"想让自己的能力日益精进，善于借鉴他人智慧尤为重要，而借鉴的基础就是虚心，因为只有虚心的人才能沉下心来从别人身上学东西。

古今中外，总有因为最高决策者的傲慢态度而最终走向失败的范例，综观当今社会，那些被成功的喜悦冲昏头脑、自以为自己是行业中首屈一指的人，一旦丢弃"他山之石可以攻玉"的优良传统，很快就会遭到失败。唯有始终抱着虚心的态度，不断学习别人的经验，从他人身上汲取智慧者，才能心想事成，并始终屹立在成功的巅峰。

9. 留得青山在，不怕没柴烧——身处逆境时要懂得保存"有生力量"

春秋末期，越王勾践"卧薪尝胆天不负，三千越甲可吞吴"。人生在世，没有谁能一辈子顺顺利利，不经历任何挫折。遭遇困境之时，你是选择像项羽一样拔剑自刎，留个刚烈的名节，还是抱着"君子报仇，十年不晚"的信条在逆境中保存力量，一图某日重整旗鼓，东山再起，卷土重来呢？我国古代有句老话说："留得青山在，不怕没柴烧。"只要还留得一口气在，那么从前的退缩和失败都只会成为历史，而前方则是无限的光明。韩信可以忍受胯下之辱，廉颇可以负荆请罪，我们又有何不能呢？

二、消极认知与非理性信念

（一）摆脱导致非理性信念的 10 大误区[10]

1. 谈话中，不停地谈论自己的事情

（1）表现：下班了，碰巧遇到了多年以前的朋友，你赶忙把他拉进一家咖啡屋，你有许多的话要对老朋友说，工作中的感受、感情生活的波折以及……时间过得可真快，你的谈兴正浓，老朋友起身告辞了。临走连电话也没有给你留下，真是遗憾。其他时候也一样，你或者不停地谈论自己的工作，或者不停地抱怨着什么，总之，你喜欢这种谈话主角的感觉。至于对方的感受，从来没想过。但现在你已经为找到一个闲谈的对象而发愁了。

（2）"误"在哪里？①你忘记了谈话是双方的事，别人不会甘心做听众。②别人想说说自己的事，你却没有给他们机会。③你的事情别人根本不感兴趣。④言多语失。⑤别人的心情不舒畅，不会再给你机会。⑥人际关系受到影响。

（3）成功秘诀：为了使交谈顺利，说点自己的事情后，就要给他人留出空余时间，让他谈谈自己的想法、自己的事情。要想赢得别人的尊重，倾听更重要。为了让别人对谈话感兴趣，你可以适当提问或对共同关心的事情加以评论，表明你不但在倾听，而且饶有兴趣。当别人感受到你分享了他的欢乐，分担了他的忧愁，他就会主动地把谈话的主题转向你，并且有兴趣与你交往。这时，你再谈谈自己的事情，你们之间才会有感情上的共鸣。

2. 把所有的心事都写在脸上，不知保护自己

（1）表现：还没有好好享受生活，烦恼就降临到你的身上，在单位里你被上司和同事误解，本来是你的功劳却被别人强占，升职的机会再一次从你身边溜走。心上人离你而去，你悲观失望极了，真希望这一切尽快过去，可现实就是现实，你不能回避。每天清晨，你都会为一天的生活、工作发愁。你觉得自己真像个失败者。人人都蔑视你，到处不受欢迎，对于未来你简直不敢想。

（2）"误"在哪里？①没有乐观的态度无法度过眼前的逆境。②整日唉声叹气不知采取行动。③悲观想象将成为现实。④缺乏创造美好明天的信心。⑤身体健康将受到影响。⑥给别人一种不堪一击的印象。

（3）成功秘诀：当你对自己不满意的时候，要想办法改变自己的形象，让自己更有朝气。从自己的外表开始改变，注重自己的穿着、发型、仪容，并想办法充实自己的内在。任何事情都是一体两面，凡事往好处想，成功在于拥有一个乐观积极的态度。多想想自己的优点、长处，多想想自己得意快乐的事，多做做自己喜欢、想做的事，生活会更如意。

3. 锋芒毕露，想一举获得成功

（1）表现：刚刚进入新单位，你就觉得单位的问题成堆。很多同事懒惰，不思进取，上司也是疏于管理，毫无创新精神。于是你到处发表意见，甚至不留情面地指责大家。不久，你上书上司，一一列举了单位现存的问题与弊端，提出周详的改进意见，包括上司本人的工作。你想借此帮助单位恢复勃勃生气，让上司振奋起精神，带领大家闯出一片新天地，同时也希望借此展示自己的聪明才智，得到上司的重用。但是，很长时间过去了，你没有得到任何回音。

（2）"误"在哪里？①你得罪了多数人，你的工作将无法开展。②容易招小人暗算。③在你没做出成绩之前，你没有资格指手画脚。④上司的工作你根本不该考虑。⑤太天真，你没有进入角色、摆正位置。

（3）成功秘诀：才华是不可不露但不可毕露，适可而止吧。很多聪明人在成功时急流勇退，在辉煌时走向平淡，就是表示自己不想再露锋芒，免得从高处摔下来。你发现了问题是一件好事，但想一下子扭转过来是不可能的，你应该学会把精明、智慧放在工作上，让别人逐步认识你的才干。同时，在人际交往中，要学会收敛锋芒，真诚宽厚地待人。多动眼，少动嘴，避免与人争强好胜。这样，你最终一定会得到重用，毕竟"事业要发展，人才是关键"。

4. 不能严守秘密，到处说三道四

（1）表现：由于工作接近上司的缘故，你获得了许多的秘密，你的同事喜欢从你这里打听消息，他们习惯称你为"消息灵通人士"。关于上司的隐私，为你增添了许多谈资，每当你一层层剥落上司的"伪装"时，同事们目瞪口呆或鼓掌称快，更有愤愤不平者。你因此成为闲谈时的核心人物。上司的麻烦接连不断，你却不知道为什么。

（2）"误"在哪里？①提前透露上司的秘密决定，轻则带来许多麻烦，重则打乱了部署。②于事无补，于己无益。③充当了长舌妇的角色。④不知不觉为自己设置了障碍。⑤破坏了单位的形象。⑥闲言碎语，纷纷而来，你是最终受害者。

（3）成功秘诀：不要图一时口舌之快，将秘密告诉给那些前来探听消息的人，你该做的是严守秘密。摆脱纠缠的最好办法是沉默。保持沉默，会让那些心怀不轨的人找不到机会，也让你保住了良好的人格和声誉。对于上司的隐私，你应该从大局出发，从尊重他人的角度出发，为上司保留一个完整的私人空间。严谨的工作作风会让你赢得上司的尊重和信任。

5. 只知工作，不知学习

（1）表现：你是一致公认的整个部门最勤奋的员工。多年来，早来晚走，兢兢业业，甚至带病坚持上班，终于赢得了上司的赞赏，但是好景不长，人们的目光转向了另一个人，他凭借自己的知识优势，成为全单位工作效率最突出的一个人。你认为这是不可能的，你拒绝了单位为你安排的培训课程，一心想着更加勤奋专注地工作，证明给别人看，你才是单位最好的员工。

（2）"误"在哪里？①不学习将被淘汰。②无法调动自身的潜能。③上司不会把新的工作交给你。④不充实自己，就不会有升职的实力。⑤有嫉妒的表现。⑥付出与收获不成比例。

（3）成功秘诀：人的一生都必须学习，要想走自我教育的人生道路，必须在精神上，始终保持自己内心的年轻活泼感。进修学习单位方面需要的课程，尤其是那些与你工作有关的课程。如果有，请抓紧机会向上司申请。即使要花些休息时间，甚至要自付车费也是值得的。

6. 明明是自己的失误，却死不承认

（1）表现：你和所有的人一样，工作中难免会出现一些错误，甚至是令人发笑的低级错误。有了失误，你采取的做法是：推三阻四，为失败的做法找出许多理由。情急之下，还会故意把矛头引向别人，让他人来承担这一切。大家不欢而散，上司默默地离开，你觉得你终于躲过了一劫。此后，一旦出现类似的情况，你就毫不犹豫地拒绝承认。时间一久，你"死不承认错误"的可憎面孔，深深地留在了同事的脑海里。

（2）"误"在哪里？①错误遮掩不住，谁都明白。②你这样做并不能消除错误带来的影响。③遇到类似的事你可能还会犯同样的错误。④同事对你的印象会变坏，不再与你交往；⑤你的精力用在遮掩错误上，工作能力不会提高。⑥上司不敢再委派你重要的任务。

（3）成功秘诀：既然错误已经出现，你就应该勇敢地去面对，立即行动，消除错误对工作产生的不利影响。虚心请教，主动向上司"请罪"，没有人会因为一点错误而怀疑你的工作能力，如果是交往中的不当，你要尽快向当事人道歉，积极地学一些交际方面的知识，避免这些错误的再现。不在同一个地方摔跤才是聪明人的做法。

7. 把别人的功劳据为己有

（1）表现：无意中，你窥得了别人的新创意。你一直把它埋藏在心里。在这个竞争激烈的工作环境中，你需要抓住每一个机会。适当的时机终于出现了，在讨论会上，你率先抛出了这个创意，并宣称这是你苦思冥想的结果。上司对这个创意非常欣赏，决定马上试用。你上班以来，一直默默无闻，这一次，你终于可以扬眉吐气了。你认为自己走了一条捷径，也许以后，你在单位的地位会一直攀升。

（2）"误"在哪里？①若真相大白，你将无脸见人。②那个人会成为你的敌人。③你会失去同事的尊重。④如果升职，你不一定有能力承担那份工作，下一步该怎么办？⑤事实上你无法安心享受这份功劳。

（3）成功秘诀：你完全可以把这个创意贡献给单位，让上司选择使用，但是一定要坦白地将事实说出来，把功劳归还给应得的人。这样做，有助于提升自己的形象。那个人会把你当朋友，同事和上司会敬佩你的人格，并信任你。良好关系的建立，会给你带来很多的机会。只要你抓住其中任何一次，你就可能达到更高的目标，赢得真正属于你的功劳。

8. 自我感觉良好，不能容忍别人的批评

（1）表现：你不肯接受任何人的批评，包括上司和长辈。你认为那些都是无端的指责和老生常谈，不但无助于你，还破坏了你的名声。你觉得自己很完美，正因为这样，你和许多同事关系闹得很僵。上司在你的工作表现报告中指出你不愿接受批评。你认为他的评语不准，之后你说了很多意见，企图据理力争，把自己的功绩摆给他看，让他认识你优秀的一面。

（2）"误"在哪里？①你的强烈反应证实了上司的评语：不成熟。②你无法认识真实的自己。③别人无法帮助你。④误会别人反映了你褊狭的性格。⑤人际关系一团糟。⑥上司会给你一些没有挑战性的工作。

（3）成功秘诀：接受正确的、富有建设性的意见。不要只顾自卫，用一张网把自己罩起来。尝试不要把别人有价值的批评视为人身攻击，将之视为改善自己的机会。要承认及接受自己的不足。坦诚地与他人研究，找出改善自己行为的方法，避免因恶劣的态度为自己带来不必要的恶劣后果。

9. 恃才傲物，对上司冷嘲热讽，品头论足

（1）表现：你有很强的工作能力和非凡的业绩，为单位的发展付出了心血，而你的上司却是一个平庸者，你十分看不起他。即使早晨在路上相遇，你也绝不会先点头问好，直到上司微笑着走过去，你才轻哼一声。工作闲暇时，你便和同事们一起对上司品头论足，把他说得一无是处，体无完肤。你经常故意出难题给他，让他无法下台。你觉得他那个位置本来应该属于你，像他那样的人，应该去单位的最底层学习。直到有一天，他微笑着宣布：你被调离了，你才大吃一惊。

（2）"误"在哪里？①谦虚是一个人的美德，而你丢掉了它。②平庸的上司也有过人之处。③这样做无益于你的事业。④你的言论传到上司耳朵里。⑤上司会等待时机拔掉你这颗钉子。⑥没有人愿意维护你，受伤害的只能是你自己。

（3）成功秘诀：收敛锋芒，是每个胸怀大志的成功者必须经历的阶段。越是才能不及你的上司，你越要尊重他，处处维护他的形象，让他甘心做你的铺路石。交往中，你不但不能冷嘲热讽，还应该在适当的时候，暴露出自己不

如他的一面，比如你的视力不如他好，你不善于与异性交往，等等。这样，他就会觉得能够驾驭你，对你的工作予以大力支持，你们的和睦相处也会给单位带来生气。

10. 事无大小都要请教上司，听从指示

（1）表现：你养成了事无大小都要请教上司的习惯，甚至私人消遣，也要请上司做主。这充分显示了你对上司的尊重和服从。这天，你的上司外出开会，有一件紧急要办的事交到你的手里，你急得手足无措，不知如何是好。同事告诉你这件事很简单，单位以前遇到过，你只需按照老办法处理就行了，但你就是不肯，非要等待上司回来再说，可是你这次等来的却是上司的斥责。

（2）"误"在哪里？①上司自有他的工作，岂能事事打搅？②难以独当一面，上司怎敢冒险委以重任呢？③急事到你手上，会影响单位的利益。④恰逢上司情绪不好，你会受到斥责。⑤办事能力永远得不到提高。

（3）成功秘诀：凡事都要请教上司，会显得自己无能，无法树立良好形象。应主动承担工作，让人家看到你独立的一面。有了难题，可以累积数项再与上司讨论，有紧急事情例外。至于较重要的决策，则应和上司在事前商量一下，并定时汇报工作进展。当然，你绝对有权利与上司产生分歧，但不能持敌对态度，应充分尊重上司，以他的意见为最终决定，表示你的倾力合作。

（二）克服导致非理性信念的10种"心病"[11]

1. 远来的和尚会念经

和尚不分远近都会念经，但为什么人们偏偏对远来者另眼相看呢？在没有回答这个问题之前，我们需要先来揣摩一下人们的心理活动。和尚不知来自何处，只知其远，首先其来历就耐人琢磨："啊，此人有可能是像达摩祖师那样来自佛教的发源地，或者是像玄奘那样到佛国镀过金。不用说了，人家挨着释迦牟尼的边，肯定比当地的土和尚会念经。再说，人家还是正宗呢！""噢，这个和尚也有可能是游方僧，这种人可觑不得。他们虽说没有留过'洋'，但走南闯北，见多识广，不用说，肯定比咱这儿的土和尚强。""听说远处的和尚都有本事。再说，人家要是没有点能耐，跑这么远干啥呀？"

从上边的心理描述中，我们已经发现了产生"远来的和尚会念经"这种错误观念的原因所在了。其一是不加分析，盲目相信。佛国的和尚很可能大有道行，但不一定到我们眼皮底下来的这个和尚就是得道之士。他就是他，不管来自何处，都只能通过其实际作为来加以判定，如果被其名声"唬"住，就会人家说什么就相信什么。其二是以一般代替具体。远来的和尚很可能有相当

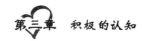

一部分人会念经，但不见得个个都会念。这就像中国人武功天下第一，但并不是人人都会武功一样。外国人见到一个中国人就缠着他教功夫，以为他肯定会几手，其实很可能他知道的还没有那个外国人多呢！其三是妄自菲薄，对自己或己方没有信心。这种人并非没有能力，而是缺乏自信心，总觉得别人比自己强。这时候来了一个以和尚自称的人，他就自然地认为人家肯定会念经，而且比自己或己方念得好。

当然，用不着我们多加解释，谁都看得出来，上边所说的和尚念经之类不过是打比方而已，实际上指的是现实生活中一种常见的观念现象，这种观念虽然不见得有多大危害，但在它的错误引导下，常常会使人们不适当地做出贵远贱近、贵外贱内的举动来。

受"远来的和尚会念经"这种错误观念影响的人，最容易干出"墙里有花墙外寻"的傻事来。自己身边的能人让别人当作"远来的和尚"请走了，而远途而至的"和尚"却尽是些不学无术之辈。如此缺乏知人之明，且不说别的，上当受骗定然是难免的了。

2. 心理不平衡

两个人同在一个科里当科员，一个提上了主任，另一个没提上，没提上的那一个愤愤地叫起来："太不公平了！"两个人一起毕业，一个评上了中教高级，另一个还是中教一级，中教一级的那一个大叫起来："太不公平了！"

听了他们的叫嚷，你是不是也会认为他们实在委屈呢？坦白地说，很多人都会做如是想。因为在现在社会里，所谓公平的观念已经深深地浸透了人们的思维，成为衡量事物的一个重要标准——公平的就是合理的，不公平的就是不合理的。

我们不能指责求公平的愿望，但却要指出某些人眼里的那种公平实际上是不存在的，只是神话中的概念而已。优胜劣汰择优录用，社会生活也是一样，没提你当主任，你觉得不公平。如果提了你当主任，你认为公平了，别人又会认为不公平。

没有绝对的公平这并不是人类的悲哀，真正的悲哀是这种建立在子虚乌有的公平要求上面的绝对公平观念，它对人们的心理产生了极坏的影响。

坏影响之一：以"公平"为借口要求个人利益。两个人在一个部门工作，为什么你绩效比我多？这不公平！于是绩效少的人就要求公平。要绩效这种话不好说出口，不如要求平等这种理由冠冕堂皇，可以登大雅之堂。

坏影响之二：以"公平"为借口避免自省。你们俩一起毕业，为什么人家评上了中教高级，你没评上？认真理论起来会找出许多原因，你的教学成绩没人家好，你的科研没人家出色，如此等等都应该引起你愧不如人的反省。有了"不公平"这个借口，你仿佛成了受歧视的对象，也就顺理成章地掩饰住了自己的低能。

坏影响之三：以"公平"为借口继续犯错误。你偷了好几次东西都没有被警察抓住，而我只偷一次就被抓住了，这太不公平了。为了"公平"我还得偷。在一律"公平"心理的作用下，人们常常会变得像小孩子一般幼稚。

坏影响之四：以"公平"为理由寻求报复。你坏过我一次，我也得坏你一次，这才是公平，不然就觉得吃亏。这种心理作怪，会使报复意识强化，个人怨恨不能化解，演化出无休止的争斗。

坏影响之五：以"公平"为理由来发泄嫉妒情绪。甲买了一件上衣花了100元钱，乙买同一件上衣花了120元钱，乙认为不公平情有可原。奇怪的是，如果说乙上了商贩的当，他应该找那个商贩算账。可他不是这样，却暗中恨上了甲，好像甲跟他一样多花20元钱才算公平。邻居家买了一台新型电视机，自己家还是那台又破又旧的黑白电视机，就会在心中暗自骂道："太不公平了！"无形中对邻居了产生了几分恨意。说穿了，还就是嫉妒心理，"公平"观念在这里不过是起了一点掩饰作用，使人们不会因嫉妒而感到自惭。

3. 图虚名

一般人都有两个称谓：一个是姓名，表示一个人的所属家族和代号；另一个是头衔，表示一个人的身份地位，比如"某某长""某某主任""某某名师"之类。

在实际生活中，人们对姓名倒不那么珍视，而是极力热衷于头衔。头衔的存在当然是合理的，负一方之责可称为长，精一技之长可称为师，为了突出他们的这个特征，人们便以"长""师"称之，以示尊重。

人们为什么普遍乐于以头衔相称呢？这里当然含有尊重的意思，但在相当多的时候，却是为了迎合一部分人图虚名的心理。

这里有一个绝妙的例子，把图虚名的世相揭示得可谓淋漓尽致。美国某工厂有一个门卫，总是抱怨待遇低，工作热情不高。工厂经理给他提了好几次薪水，他仍然不满意。后来，工厂来了个新经理，没给他发一分钱的奖励，但这位门卫的工作积极性却大为高涨。这是怎么回事呢？原来，新经理把这位门卫的职称改成了"防卫工程师"。这类事例引起了社会学家的兴趣，他们经过研究确认，如果恰当地使用头衔，其作用相当于给一个人增加10%的工资。这

个恋慕虚名的门卫也许会令你发笑，可是说不定你自己也有过类似的情况。

如人人关心的评职称，本来你学无专长，多年来一直干事务工作，但见了职称就不免眼红，便挖空心思去钻营。也许你最终能如愿以偿，头上真的戴上了"高级工程师""教授"一类的帽子，尽管还是腹内空空，却觉得自己真的满肚子学问了。

图虚名实质上就是虚荣心在作怪。再想想没有学问却能和有学问的人名声相等，那就会更得意洋洋起来。

4. 想不开

假如你到商店里买东西。如果你要买的是一件20元钱的东西，售货员告诉你别的商店卖这种东西只要15元钱。你听完之后，毫不犹豫就会转身去那家商店。如果你要买的是一件200元钱的东西，售货员告诉你其他地方也有卖这种东西的，要价195元。听完之后，你会觉得跑那么远的路省5元钱不值得，不如在这里花200元钱了。这又是一种想不开，同样是节省了5元钱，由20元钱里节省出来，你会觉得便宜了不少；而从200元钱中节省下来，你却觉得省下来的不过是个小头。以上这类事情在生活中屡有发生，拿出来一讲太好想通了，可是一到实际中就想不通了，而且一般人不能例外。这是为什么呢？

原因之一是只计所失，不计所得。世界上很多事情都是既有所得，又有所失，而且得失是紧密相连的，要此就得失彼，失此就得彼。可惜很多人不明白或不接受这个道理，只是一味计算自己失去多少，全然不顾自己所得多少。按这种思路想下去，当然是越想越不通。

原因之二是只从这边看，不从那边看。凡事都有两个方面，光从一个方面看，其看法必然不全面，不全面就难免偏执，看法一偏执，该想通的事情也会想不通。

原因之三是只计一点，不计其余。凡事都是互有联系的，仅仅看到一点，你也许会觉得不可思议，如果把相关的所有的因素都联系起来，就会豁然开朗。

原因之四是只讲主观愿望，不顾客观事实。很多客观事实既不隐晦又不复杂，人们并不是看不到、看不清，而是由于个人愿望太殷切了，从而置客观事实于不顾，于是便造成了想不通。

原因之五是受心理错觉的愚弄。我们说它是错觉，就因它反映的不是实际情况。这就提醒我们，凡事要弄清实际情况，并能正视客观现实，这样就可以变想不通为想得通。

5. 眼见为实

"耳听为虚，眼见为实"这句朴素的格言不知凝聚了多少深刻的经验和教训。

相信亲眼所见当然能够防止再犯道听途说的错误，但同时又带来了新的错误，那就是过于相信亲眼所见，从而失掉了分析判断问题的过程。"亲眼所见还不可信吗？"有人也许会不服气。国外有人曾对此做过一个试验：把一张女人依在男人胸前的照片拿给受试者看，然后让他们分别指出照片上那两个人的关系。大多数人认为他们是夫妻关系或恋人关系，也有一部分人认为是通奸关系，有个别人认为是父女关系。还有一些人提出了独特的见解，比如，有人认为照片上那个女的是个不正经女人，正在诱惑那个男人；有人认为这两个人都是间谍，正在秘密接头；还有人认为那个男的是个骗子，正在打那个女人的主意。

实际情况是什么呢？试验者把它公布出来后，在场的人全都大吃一惊。这张照片是在公共场所拍的，照片上的两个人根本不认识，那个女的只是一时头晕，倒在那个男的怀里。

这个试验有力地说明，眼睛并不总是可靠的证人，必须加上头脑的正确分析，许多关于男女暧昧关系的传闻就是这样产生出来的。在一个单位里，有一男一女关系很密切，一天晚上双双留在办公室里，很晚才回家，中间还灭了一会儿灯。这一切都被一个人看在眼里，他便以亲眼所见来到处宣传。其实，人家两个人是研究公事，中间灯灭了是电路出了故障。

亲眼见到的东西为什么还有可能不真实呢？原因大致有两个：一是任何事情都有暴露的部分和隐蔽部分。你所见到的如果只是露在外边的东西，而且这一部分与事实真相有很大差距，那么你见到的只能是假象。二是由于"眼见为实"这种观念的影响，人们就会片面相信亲眼所见的真实性，不去进行必要的判断和分析，结果失去了发现真相的机会。

6. 记不住

人知道吸取教训，寻找原因。羊圈破了，让狼把羊叼去了，人就能记住把羊圈补上。人又知道前事不忘，后事之师，于是，上千年的历史随时都要翻出来看一看，时时敲一敲存亡兴败的警钟。不过，人类还没有太多的理由为自己的记忆力感到自豪，很多应该记住的事情偏偏记不住。聪明的奴隶伊索很多年以前就用寓言的形式告诉人们，不能怜惜像蛇一样的恶人，即便看蛇冻僵了，

也不要用体温暖和它。它一旦暖过来，就会用毒牙要你的命。伊索的忠告可谓警策，但总是有人把它忘到一边。坏人遭难了便可怜，狗落水了便不再打，见狼戴上了佛珠就以为它不再吃羊了。在你死我活的斗争中，很多人就因为没有记住伊索的忠告而付出了血的代价。

我们来看一看"记不住"在日常生活中会造成怎样的危害。第一，"好了疮疤忘了疼"。很多人并不是记不住经验教训，而是时过境迁便冲淡了当年的痛苦，或者认为同样的事情不会再发生了。比如，过去粮食紧张的时候，谁也忘不了粮食的珍贵，吃饭掉个粒也要拾起来。如今粮食富足了，有人便忘了过去的日子，雪白的馒头、米饭随意倒掉，好像再也不会出现荒年了。第二，是"见利忘义"。犯贪污受贿罪的人就是因为记不住这一点，一看见大把大把的钞票，立刻就把法律的惩治、败露的危险、做人的道德全都忘在脑后。第三，是"忘恩负义"。按着中国人的美德，对人有恩是无须记住的，但是恩于己却不应该忘记。有些人却不是这样，未达到某种目的前，各种殷勤献好，一旦利抓到手，官坐上位，当初帮助、提拔过自己的人没有用处了，立刻就把人家的好处忘个精光，还要慌忙与人家划清界限，断绝来往，免得找自己的麻烦。第四，叫作"忘本"。自己本来是农家子弟，但一进城就忘了自己的出身，反而嘲笑农民"太土"；自己当初不过是个小科员，后来当上了官，便瞧不起曾与自己同甘共苦的结发妻子，心里痒痒地去寻找新欢。第五，叫作"得意忘形"。有了一点成绩，或者在社会上有了一点地位，立刻就忘了自己姓甚名谁，生活也讲究起来了，架子也端起来了，傲气十足，谁也瞧不起，至于过去曾经有的失败，犯过的错误，全都风来云散，在他们的心头一丝痕迹也未留下。第六，是"乐而忘忧"。生活安定了，便忘记了进取、奋斗，更忘记了"天有不测风云"，等到危机形成并逼近了，才吓了一跳，惊慌失措起来。

7. 记仇

中国人一向恩怨分明。有恩必报而且报得大方，"滴水之恩，当涌泉相报"；有仇必报而且报得绵长，"君子报仇，十年不晚。"有恩则报，这显然可以表明我们民族善良的心地；但有仇则报，其用心却不见得总那么光明。

仇恨有大有小，有公有私，说到个人间的小小私仇，这些逻辑便不通了。比如，同事间有人说了你一句坏话，你觉得受了奇耻大辱一般，铭心刻骨地记在心上。一旦寻到时机，便将怨恨加倍地奉还，然后才快慰地长吁了一口气。那人讲了你的坏话，当然是他的不对。你可以找他理论，大不了登门斥责，却不应该把怨恨埋在心底。这样做只能说明你自己心理阴暗，缺乏光明坦荡的襟怀。

记仇对人际关系的危害是显而易见的。有的邻里之间本来可以和睦相处，但因为发生了一点鸡毛蒜皮的事情，一方便怀恨在心（有时只不过是误会），今天踹人家狗一脚，明天打人家猫一拳，就算是泄愤了。结果闹得关系越来越紧张，最后竟像仇人一样，见了便眼红。

还有的亲戚朋友乃至夫妻之间也爱记仇。平日里大家关系不错，说话办事便随便了些，但无意之中得罪了人家，他便把这股仇记在心里，不找机会报复一下便绝不会心甘。

其实，记仇最大的危害还在于记仇者本人。爱记仇是一种有害身心健康的病症，但却不是什么不治之症，早有现成的药方在此，那就是不念旧恶，以德报怨。相比之下，做到后者要比前者难得多。对于别人的冒犯，很多人并不是非想报复而后快，主要是担心别人的嘲笑："瞧他多窝囊，挨了人家的欺负也不反击！"再退一步讲，纵然是不把仇怨挂在心上，也要对另一方做出怒目横眉的姿态。如果你一如既往地热情，人家又会说你别有企图，就在如此种种思想顾虑之下，很多不想记仇的人也被迫施出报复的手段，以示坚强不可欺。于是，许多很容易化解的纠纷也就变得难解难分了。

8. 以貌取人

每个人在进行逻辑推理时，都不会认为以貌取人是正确的；然而每个人在实际生活中，又会下意识地以貌取人，这就是所谓第一印象。假如你不认识爱因斯坦，光看他的长相，绝不会相信他是一个绝顶聪明的人。暗淡的眼神，尖削的下额，还有一脑袋乱蓬蓬的头发，不把他当作流浪汉就不错了。

有无数的例子可以证明，以貌取人往往搞错。然而，虽说有这么多教训在先，人们还是会以貌取人。难道说这是一种健忘症吗？不是。这是以貌取人这种观念中包含某种合理成分。这类规律人们总结出了许多。比如，四方大脸者必定心怀坦荡，尖嘴猴腮者必定阴险狡猾，眉眼舒展者心地善良，皱眉挤眼爱算计人，如此等等。应该承认，这类规律放在一些人身上是适用的，但其准确程度却是很值得怀疑的，尤其是不能不加分别地往具体人身上套。显而易见，当你看见一个好人或坏人后，便根据他的相貌来推断这一类人都是好人或坏人，不能不说是荒唐之至。

我们应该看到，相貌能反映其人。但同时还应该看到，这种反映只能是局部的，甚至是表面的。要想准确了解一个人，需要从相貌入手，深入其内心。由此论之，外在标志如果只是作为评判一个人的参考依据，那么不妨来一点以貌取人。可惜的是，很多人在观察别人的时候保持不住这份理智，时常把参考依据升为主要依据，被表面现象迷乱了心智。以貌取人是一种相当普通的心病，因而常常被骗子所利用。他们打扮得服装鲜亮，派头十足，再冒充个什么头衔，堂而皇之地亮出个名片。很多人会被这种假象所迷惑，主动把钱财奉献上去，常常是上当受骗后还不醒悟。

9. 吃后悔药

录像机上都有一个倒带钮，一按它画面就会倒回来，把演出过的场面再演一次。有不少人希望生活也能像录像机一样，有个倒带钮，发现事情办错了，路走错了，就按它一下，从头再来，也就不会再犯错误了。这种愿望当然是美妙之至，可惜的是世上生活虽然美妙，却全无这种机械性能，过去的时光永远不会再来，生成的东西永远也不能再变化。所以，明智的人总是把目光盯住今天，盯向未来。

有些人却不是这样，他们总爱吃"后悔药"，动不动就发出"早知今日，何必当初"之类的叹息，脑海里总是盘旋着"要是当初这样那样就好了"之类的念头，恨不得真有卖"后悔药"的，买来服下去，心中的一切遗憾就全然消失了。

吃"后悔药"的心情人人都能理解，因为人人难免有后悔不迭的时候，但悔恨之余人们的做法却各不相同。给爱吃"后悔药"者切实有效的药方。

药方之一：因大失小不后悔。在大小得失方面，还有一个眼前与长远的比较问题。比如，目前你有一个很理想的工作，但是为了提高专业技能，你脱产到学校里学了几年。回来后，这个工作被别人占着，这时候你就不应该后悔，因为你失去的只是眼前的一个位置，而你得到的却是远大的发展前途。

药方之二：交"学费"不后悔。假如你打算投入一个你完全不熟悉的领域，并看准了在这里可以大展宏图，那么事先就要有交"学费"的准备，也就是说要作出一些牺牲。这种牺牲是获得成功的交换，是必须付出的东西，因而完全不应该有什么后悔之感。

药方之三：途中不后悔。当你正在朝着某一目标前进时，很可能会遇到一些挫折和失败，有时候外界压力过大，甚至会压得你喘不过气。但你千万不要生出后悔之心，这个时候后悔就会意志顿消，意味着前功尽弃，只要未成败局，你就要坚持走下去，胜利很可能出现在最后一个失败之后。

除了以上三个药方之外，按照以下一些告诫办事也可以帮助你少吃"后悔药"或不吃"后悔药"。第一，不要见便宜就上。这就好像买便宜货，当时只看着省钱，买回家去一看却很可能是个废品。不要降低标准。这就像买东西一样，不理想的东西，就不买，不管别人怎样推荐也不要买。不要被外表所迷惑。这也像买东西，不要光看包装，主要看质量。第二，不要超过限度。这就像买东西，过量购买就会造成积压。第三，不要随大流。这也像买东西，别人抢购的东西，你未必就需要。

10. 寻借口

有借口的人不去找，没有借口的人偏偏去找。那些庸碌无为、成就平平的人总能找到一大堆借口来解释自己为什么没有成就，为什么没有做，为什么不能干，为什么不能这样，为什么不能那样。一旦抓住了某个借口，他们就会紧紧地抓住不放，这样就能冠冕堂皇地保住面子，并能心安理得地生活下去。下边就是他们找到借口时的潜台词：

"这件事虽然失败了，但原因并不在我。看，要不是这个原因，我早就……谁让咱倒霉呢！"

寻找借口进行掩饰，这还是"寻借口症"的轻微症状，因为这时候找借口者也知道自己所说的是谎言，并伴有窘迫感和不安感。然而，这种"情绪病"如果不及时治疗，其症状必然会不断加重。失败者每制造一次借口，这个借口就会深深地埋入他的潜意识之中，随着次数的增加，消极的思想就会越来越强烈，虚假的借口在经过多次反复后，会越来越得到他的肯定，最终竟然可以使他信以为真。到了这个时候，他就会真的把这个借口当成阻碍他人生成功的因素了。

参考文献

[1] 李占江，邱炳武，王极盛. 青少年归因风格及其与心理健康水平关系的研究 [J]. 中国心理卫生杂志，2001，15（1）：6-8.

[2] M. E. P. 塞利格曼. 真实的幸福 [M]. 洪兰，译. 沈阳：万卷出版公司，2010.

[3] 周国韬，盖笑松. 积极心理学与教师心理调适 [M]. 北京：中国轻工业出版社，2012.

[4] 刘翔平. 积极心理学（第2版）[M]. 北京：中国人民大学出版社，2018.

[5] 林崇德，等. 心理学大辞典 [M]. 上海：上海教育出版社，2003：1431.

［6］俞国良，辛自强．教师信念及其对教师培养的意义［J］．教育研究，2000（5）：16－20.

［7］柏桦．信念：重建生命新境界［M］．北京：西苑出版社，1999：287－305.

［8］Alice Boyes. 不自信的人常犯的六种思维错误．资料来源：曾攀，雷雳．https：//www. psychologytoday. com/intl/blog/in－practice/201807/6－thinking－mistakes－unconfident－people－make

［9］李亚晖．影响中国人心理的100个观念［M］．青岛：青岛出版社，2014.

［10］麦迪．自招失败的101件蠢事［M］．北京：企业管理出版社，2000.

［11］宗鲁．戏弄人生的九十九种心病［M］．大连：大连出版社，1991.

第四章　积极的情绪

要想获得完满的人生，你必须借助积极情绪的力量。积极情绪会扩展我们的思维和视野，建构帮助我们成功的各项资源。积极情绪为我们带来健康，让我们更加坚韧，并抑制无端的消极情绪。最重要的是，我们可以通过努力来提高自身的积极情绪。你是欣欣向荣，还是衰败凋零？这完全取决于你内心由衷的情绪[1]。

第一节　情　绪　概　述

一、情绪的概念

（一）什么是情绪

情绪是一种对智力活动有显著影响的非智力因素，一般说来，正情绪发挥积极的作用，负情绪起消极的作用。心理学家汤姆金斯把情绪视为第一性动机，生物的内驱力只有经过情绪体系的放大才具有动机作用。如愉快的情绪能鼓舞人去进行活动，甚至忘我地拼搏；而消极的情绪如焦虑、忧伤、失望等则会降低人的活动能力，颓丧斗志，委靡无为。情绪是人对客观事物同自己的需要之间关系的反映。也可以定义为，人对客观事物是否符合自己的需要而表现的态度体验，如喜、怒、哀、乐、爱、恶、惧七情等。对这一定义可作如下分析：情绪是由客观事物引起的，它的产生以需要为中介，是以态度体验的形式表现出来的。综上所述，情绪的产生是由客观事物是否满足需要而定。从这个意义上说，情绪是人脑对客观事物与人的需要之间的关系的反映，正是由于这种反映，人才表现出内心的感受，即体验。一般情况下，情绪与情感可以通用。

（二）情绪情感的功能

1. 情绪情感的信号功能

这是指情感通过表情外显而具有信息传递的效能。表情是情感在我们机体上的外部表现，也是情感这一心理现象所特有的表现形式。它包括面部表情、言语表情和体态表情。现代人类生活赋予表情以传递信息的功能，人们能通过表情表达和了解彼此的情绪体验，乃至思想、愿望和要求。表情也就成为人类社会交往的重要工具，被称为"非言语行为"。由于表情具有上述特性，加之无声的特点，它比言语又有许多独到之处，正如汤姆金斯所说："情感易于被别人理解，而且能以可靠的方式相互交流。"

2. 情绪情感的动力功能

情感的动力性功能指的是情感对于人们的认识和活动的顺利进行具有推动和阻碍的作用。情感对认识和活动的这种动力作用就好比是电机的动力源一样，电机离开了电就无法运转，活动忽视了情感因素也将难以进行。英国哲学家斯宾塞指出："生命的潮汐因快乐而升，因痛苦而降。"这正表明了情感本身具有动力性特征。积极的增力性情感能提高人的活动能力，如愉快的情感能鼓舞人去进行活动，甚至于忘我地拼搏；消极的减力性情感则降低人的活动能力，如忧愁、悲伤、过度的焦虑或灰心失望等会减弱人的活动能力。同时，情感能开启人们的认识和促使认识活动深入，"没有人的情感，就从来没有也不可能有人对真理的追求。"在教学中，许多优秀教师总结出"动之以情"再"晓之以理"的育人经验，这是很有道理的。因为学生得到积极的情感体验，可以促进各生理机能正常运转，并增进生理机能，使身体健康，精力充沛，从而促进学习。人在积极的情感体验中，往往有较强的追求，能够确立较高的生活目标，并有足够的勇气为达到目标而奋斗。而消极的情感体验会使人的生理机能失调，甚至造成心理障碍，如长期悲哀、痛苦，会引起生物性神经紊乱，导致精神分裂，从而对学习造成不良影响。人处于消极的情感体验中，会缺乏上进的勇气，降低人对事物的兴趣。

3. 情绪情感的感染功能

情感的感染性功能指的是情感在一定情境下互相感染和影响。此种以情动情的现象称为情感的感染性。情感的感染性功能主要是通过人的表情动作伴随情绪体验，机体外部发生明显变化来达到的。在交往活动中，交往双方各自的表情动作变化很容易使对方受到感染，或产生共鸣。教学活动从根本上来说是师生间的一种交往活动，它集中反映在师生间知识和情感两方面的交往上。且这种情感的互相感染和影响在教学中的作用是至关重要的。大量的教学实践表明，教师的情感不仅影响自己的教学思路，更对学生的感知、记忆、思维等认识活动产生重要的影响。课堂上师生情感形成直接的交流，喜怒哀乐都能互相感染。

4. 情绪情感的迁移功能

情绪情感的迁移功能指个体对他人的情感会迁移到与他人有关的对象上去的效能。例如，一个人对另一个人爱得很深，那么他对另一个人所经常使用的东西或所喜欢的东西亦产生好感。这种情况，可以用一句很形象的成语——"爱屋及乌"来概括。正如《说苑·贵德》所注：爱其人者，兼屋上之乌；憎其人者，恶其余胥。无独有偶，在英语中也有一相似的谚语："Love me, love my dog"。意思是：爱我，也会爱及我的狗。这其实是一种普遍的情感现象，是情感扩散、泛化的结果。个体情感的发展，也可能从这一功能中找到一部分内在机制。例如，一个孩子对父母有感情，他会从爱父母，发展到爱父母所在的这个家，由家爱及家乡，由家乡扩大到家乡的山山水水、一草一木……直至形成爱祖国、爱人民的高尚情感。

二、积极情绪

（一）积极情绪的概念

早在 1869 年，科学心理学创始人威廉·冯特（Wilhelm Wundt）就提出情绪的维度概念，即愉悦度、唤醒度和紧张度，并认为人类任何情绪都是三个维度的不同组合。也就是说，假设存在一个情绪三维空间，我们就能依照愉悦度、唤醒度和紧张度上的独特表现，来为每种情绪锁定一个专属坐标。积极情绪就属于愉悦度的坐标轴，它反映了主观体验的享乐色调，所以，所谓的积极情绪是指愉悦的、引起我们接近和喜爱行为的情绪。

在此，我们要区分生理快感与积极情绪，尽管二者有时很难区分。生理快感是被动的，与刺激有关，而积极情绪既与生理快感有关，也与心理需求满足或精神活动有关。积极情绪具有主动性，是积极活动的结果。芭芭拉·弗雷德里克森（Barbara Fredrickon）在《积极情绪的力量》中提到，对着丰盛美食大吃一顿，或是享用一次温泉 SPA（水疗）尽情放松身体，这样的生理快感让人感到身心愉悦，并不可否认地将我们引向享乐，但这样的生理快感并不等同于积极情绪，所有食色之欲终会因饱足而生厌，而积极情绪带给个体的心理报偿却要持久得多。这正是因为积极情绪满足了心理需求。"快乐"是人们日常交流中使用频率最高的描述积极体验的词，但弗雷德里克森并不认为快乐是一种特定的积极情绪，因为它的含义太过模糊。人们时常会说"……让我感到快乐"，例如"旧友重逢让我感到快乐""工作晋升让我感到快乐"，这类表述当中所包含的情绪体验完全可以用喜悦、振奋、感恩、爱意等词来进行更为精确的诠释与传达[2]。

（二）积极情绪的种类

在积极心理学诞生之前，情绪研究太过偏重消极情绪。深入探寻积极情绪的类别与机制成为这个时代的特殊需求。那么积极情绪有哪些呢？弗雷德里克森（2009/2010）从对普通民众日常情绪体验的追踪考察中，发现了10种最常见的积极情绪：喜悦（joy）、逗趣（amusement）、宁静（serenity/tranquility）、振奋（elevation）、敬佩（admiration）、兴趣（interest）、自豪（proud）、感恩（gratitude）、希望（hope）、爱意（love）[2]。

1. 喜悦

弗雷德里克森描述喜悦的体验是"既明亮又轻松"，而且只有当周围的一切是熟悉而安全的，情势按照你的预期顺利发展，甚至超出你的预期，出现意料之外的积极结果时，才会心生喜悦。当喜悦产生时，你会忍不住面带微笑，感觉身体轻快，浑身充满活力。理查德·戴维森（Richard Davidson，2010）将喜悦分为两种：一种是达成目标之前的（pregoal attainment）；另一种是达成目标之后的（postgoal attainment）。而这两种喜悦的产生都与大脑的趋近系统有关。当个体在追求某一目标前，大脑中的趋近系统就被激活，每向目标前进一步，喜悦随之增加一分，尤其是当胜利在望，喜悦和兴奋劲儿可能抵达巅峰，促使我们一鼓作气、直奔终点。而达成目标后，我们会在霎时间感到喜悦，但此时趋近系统的活动水平会随着趋近行为的结束而骤降直至平复，此时个体的喜悦之情也就转瞬即逝。

2. 逗趣

逗趣更日常化的表达是搞笑。当我们身处安全轻松的环境中，某些无害但又与惯常逻辑不符的事情在我们毫无心理预期的情况下发生时，这种错位碰撞出强烈的喜剧效果往往令人忍不住地捧腹大笑。

逗趣情境的核心在于逻辑错位。所谓错位就是一种不相符、不一致，即认知失调。心理学家格维斯和威尔逊（Gervais & Wilson，2005）称之为"无伤大雅的社会性不一致"（nonserious social incongruity）。逗趣的"不一致"必须具备两个前提：第一，必须无伤大雅，也就是说在这一情境中没有任何人受伤害或是感到受伤害；第二，逗趣是一种社会性的情绪。倘若一个朋友不合时宜地拿你的私事开玩笑（姑且原谅他是无心为之），让你感觉被冒犯、被羞辱，那么就算他的措辞再怎么趣味横生，你也断然不会觉出丝毫乐趣，这是因为违反了逗趣"无伤大雅"的前提。而逗趣是一种"社会性的情绪"，主要表现在逗趣常常发生在社交情境里。我们自己在独处时偶尔也会发生"不一致"的事件，比方说刷牙时错把洁面乳挤在了牙刷上，这个时候我们最多也就会心一笑，情绪瞬间就溜走了，不会引起太大的内心波澜。可是，如果当时室友恰巧站在一旁，整个画面必定会让两人相视大笑。

3. 宁静

宁静与喜悦一样，带给个体的内心感受都是明亮而轻松，不同的是，宁静的体验不像喜悦那样炽烈、张扬，而是更加沉稳、内敛，弗雷德里克森将宁静比喻为"夕阳余晖式的情绪"，它往往紧接着其他形式的积极情绪而来。宁静通常源于对"当下"的关注，对当前感觉的"品味"。关注的焦点既可以是外界的环境，例如，令人沉醉、心生纯净的静谧风景，也可以是内在的自我，例如，静下心来回想过往人生中的某一幸福事件。当你全身心沉浸于某个当下时，你会感到无比享受和满足，你会希望时间就此停留，一切被定格成永恒。在这种情绪体验下，你整个人的状态会显得从容而安详，没有太过激烈的身体表达，只是不经意间会在嘴角泛起一丝微笑，偶尔也会不由自主地闭上眼睛或是张开双臂，好让身体、心灵都能更彻底地投入当下。

当前社会节奏不断加快，繁忙都市中的人往往表情麻木、步履急促，每个人都朝着自以为是的幸福的方向匆忙赶路，哪有片刻空闲驻足审视、关注当下。然而积极心理学告诉我们，生活需要细细品味，否则我们只会与真正的幸福渐行渐远。

4. 振奋

振奋源于见证了人性的卓越，它是我们看到他人身上闪现了人性的光辉，为此感动并受到鼓舞的积极体验。这些"他人"并不一定是高高在上的"大人物"，日常生活中的平凡人也能爆发出不平凡之举。引发振奋的体验在振奋情绪中，由于受到他人卓越表现的鼓舞与启发，人的内心会生发出提升之感，就好似整个的"身心灵"被一股力量牵引向上，人们会有一种强烈的渴望去亲身实践那些卓越，去让自己具备与"他人"一样的高贵品格。这就是说，振奋情绪能够诱发"见贤思齐"的行为动机，激励个体去追求更高的道德境界。正因如此，弗雷德里克森（2009/2010）也对振奋推崇有加，称许它是一种极为重要的"自我超越情绪"（self – tran – scendent emotion）。

5. 敬佩

振奋乃是源于耳闻目睹了他人卓越的道德表现，而在不关乎道德的情境中，我们往往也会因为他人某种超乎寻常的禀赋、才能或成就而感到惊叹和鼓舞，这种情绪便是敬佩。弗雷德里克森认为，他人任何自我突破的卓越壮举，但凡在你心中引起了深深的共鸣，让你感到这一表现已全然超越了你凭借以往经验所能想象的最高境界，敬佩之情便会在此刻浓烈地生发。除此之外，当面对自然界的某些奇观异景，譬如气势磅礴的高峡飞瀑或是恍若仙境的云海佛光时，我们也能够感受到敬佩。在这种情境下，我们惊叹于大自然包罗万象、幻化无穷的创造力。不论在什么情境下，一旦你内心充盈了敬佩情绪，就会体验到伴随着惊奇的欣赏与敬意，一些以往笃信的"不可能"仿佛奇迹般降临在眼前，彻底颠覆你的经验世界，你会有种被征服的感觉，会真切意识到自己与高于自己的某些所在产生了心理的联系，这正是敬佩的提升性的体现。因此，它与振奋一样，也被称为自我超越的积极情绪。

6. 兴趣

兴趣产生的条件是，你置身于绝对安全的环境之中，但有一些陌生、新异的事物吸引了你的关注，此时你会有眼前倏地一亮、头脑顿时清醒的感觉，心中会对新鲜事物生出无数的好奇和憧憬，进而会在这种美好期待的牵引下去接触并接纳新鲜事物。设想你刚淘到一本情节新奇、引人入胜的科幻小说，于是按捺不住好奇，废寝忘食想要一口气读完它；或者你新涉足一项充满乐趣、富有挑战的休闲活动，你会兴致盎然，甘愿投入大把时间去学习它、掌握它，去享受自己技能不断提升的过程；又或者你热衷于发掘市井街巷的各色美食，每当有新发现，必定满心期待、乐此不疲地去尝新探奇。在这些情境中，你都能体验到同样一种积极情绪——兴趣。

兴趣作为情绪体验具体包含两个动力行为维度：探索（exploration）与专注（absorption）。前者意指兴趣能够诱发个体对于新奇与挑战的强烈渴望，因而也就扩展了注意的广度，使个体能在环境中敏锐感知新奇性/挑战性刺激；后者则是指个体一旦将兴趣

锁定在某项新奇事物或挑战活动上，便会高度集中注意、全神贯注投入其中，这意味着兴趣能够促进注意的深度，从而确保个体最大限度汲取新的知识或技能，可以最大限度地开启人们的智力与潜力。

7. 自豪

相比于其他积极情绪，自豪的与众不同之处在于，它是一种自我意识情绪（self-consciouemotion），就像这一情绪家族中的羞耻、内疚、难堪一样，体验自豪需要个体具备一定的自我反省与自我评估的能力。当我们取得某些成就，并因此赢得了他人的认可和尊重时，我们就能清晰感受到自我价值的极大提升，自豪之情便从心底油然而生。所谓成就，并不一定是惊天动地的，毕竟问鼎诺贝尔奖、摘取世界冠军之类的壮举不是人人能企及的。成就源于日常生活的各个领域。只要人们为一件事投入了辛劳和努力，并且最终有所收获，就是创造了成就，它并不是宣告我们有多优于别人，它真正的意义在于我们超越了以往的自己，实现了过去未曾发掘的潜力。在自豪情绪中，我们不仅会为取得成就感到欣喜，更会由衷地体验到自己是多么了不起，自豪带给个体的感受是其他很多情绪都无法比拟的。

8. 感恩

感恩是当我们感到自己受到某种恩惠时产生的积极体验，大多数情况下，恩惠来源于他人的施予。感恩的前提是他人的施予是无私的、高尚的。倘若你意识到他人的恩惠并非出于仁善的本性，而是一己私利，那么不管他带给你多丰厚的利益，你都体会不到丝毫感恩。只有当你感到他人的动机纯粹只是想帮助你，而且他们的施惠行为在一定程度上牺牲了自己的利益，却增进了你的福祉时，你才会生发出感恩之情。而你感知到的他人的牺牲越大，自己的获益越多，你心中的感恩之情也就越浓。

有些时候，感恩并不源自某个具体的施予行为，而是自己的富有。我们都有过这样的日常经验，会在某一特定时刻，突然感怀自己所拥有的美好事物，例如，幸福的家庭、体贴的爱侣、健康的身体，我们会将这些视为老天的恩赐惠赠，由此而体验到深深的感恩。在这种情形下，感恩的对象是超乎个人的无形所在，这是一种更高层次的感恩情绪。常常体验这种感恩情绪的人，往往有着卓越的精神灵性（spirituality）。

9. 希望

不同于其他的积极情绪大多在你感到心无挂碍、情势合乎预期甚至超乎预期之时悄然而生，希望是在困顿与逆境中孕育而生的。当你面对事态失去掌控、前途晦暗不明，内心充满了对未来不确定性的担忧与惶恐时，倘若此刻你燃烧意志、奋力挣脱这些担忧与惶恐，希望就会冲破束缚热烈绽放。而往往境遇越悲惨，担忧与惶恐越深沉，其中蕴积的希望也就越炽烈。弗雷德里克森

（2009/2010）认为，希望的核心其实是相信无论情况多糟糕的事情总能够好转的信念。在绝望的处境中，希望是你的支撑，事情总是能够好转的信念就像黑暗中的那一丝微弱的亮光，让你不被绝望的黑暗吞没。希望还是一种未来导向的积极情绪，它能够引导你着眼于未来，将注意力放在为未来做规划上，促使你在令人失望的现状中坚持不懈地努力，激发你的潜能去主动创造转机，改变现状，争取更美好的未来。

10. 爱意

爱意是最具有包容性的积极情绪，当你因为生命中的重要他人而感受到上文所提的9种积极情绪（喜悦、逗趣、宁静、振奋、敬佩、兴趣、自豪、感恩、希望）时，它们都能转化为爱意。各种积极情绪可以同时发生，组成人生的精彩。当你还是孩童时，对于每一次取得的成功，父母的认同与欣慰甚至要比成功本身带给你更大的喜悦。每当遭遇挫折，父母的抚慰与鼓励总能让你重燃扬帆起航的希望。这份喜悦或希望承载的是父母深沉的爱意。人生在世不可或缺的当然还有友谊，你欣赏朋友的长处，朋友的成就让你敬佩，也激励你去追求自我的实现；又或者你身边有这样的朋友，虽然平日不常联络，但在你需要帮助之时会为你雪中送炭，朋友这样的支持与付出不仅会唤起你由衷的感恩之情，这种无私义举中蕴含的人性闪光也将深深撼动、振奋你的心灵……无论是敬佩、感恩还是振奋，其中流露出的都是朋友相互扶持的爱意。总而言之，任何积极情绪都能在特定时刻、特定情境下转化为爱意，从这一层面看，爱意应该是每个人一生中体验最多的积极情绪。

第二节　情绪智力及其培养

一、情绪智力（EQ）

（一）情商的概念

长期以来，人们已经习惯于用以推断、想象、领悟和记忆为主要内容的"智力"来预测人的行为，然而这与现实不符，常有"智力"高者，却一事无成。在美国企业界，现在流行着这样的观点："智商使人被录用，情感智商使人得以晋升。"[3]

1995年，美国哈佛大学心理学教授戈尔曼出版了《情感智商》一书，提出了情商的概念。该书 1995 年在美国出版后很快成为畅销书,引起很大轰动,并且在世界各国译成多种文字传播。1997 年我国图书市场掀起了 EQ 热潮,关于 EQ 的书蜂拥而出。1997 年 7 月《情感智商》一书简体中文译本由上海科学技术出版社出版。戈尔曼在致简体中文版读者开头就说:"通向幸福的捷径在哪里?我们如何才能帮助下一代过上幸福安定的生活?决定一个人成为社会栋梁或者庸碌之辈的关键因素是什么?家庭生活美满与否果真全凭运气?显然,单凭学校那些'标准'课程是无法回答这些问题的。其实,所有这些问题的答案都与一个至关重要的因素有关,那就是人们自我管理和调节人际关系能力的大小,亦即情感智商的高低。"

什么叫作情商?情商的内涵与外延是怎样的?人们对此有各种各样的说法。

借鉴戈尔曼、沙洛维关于情感智商的解释,现将情商的成分归纳如下:

(1)了解自我情绪。自我觉知——当某种情绪一出现时便能察觉——乃情感智商的核心。监控情绪时时刻刻变化的能力是自我理解与心理领会学习悟力的基础。也就是能认识自己的感觉、情绪、情感、动机、性格、欲望和基本的价值取向等,并以此作为行动的依据。

(2)调控自我情绪。调控自我的情绪,使之适时适地适度,这种能力建立在自我觉知的基础上。妥善管理自身情绪,是指对自己的快乐、愤怒、恐惧、爱、惊讶、厌恶、悲伤、焦虑等体验能够自我认识、自我协调。有人发现,当自己情绪不佳时,可用以下方法帮助调整情绪:正确查明使自己心烦的问题是什么;找出问题的原因;进行一些建设性引导。

(3)自我激励。指面对自己欲实现的目标,随时进行自我鞭策、自我说服,始终保持高度热忱、专注和自制。如此,使自己有高度的办事效率,即服从于某目标而调动、指挥情绪的能力。

(4)识别他人情绪。识别他人的情绪,指对他人的各种感受,能"设身处地"地、快速地进行直觉判断。了解他人的情绪、性情、动机、欲望等,并能作出适度的反应。在人际交往中,常从对方的语言及其语调、语气和表情、手势、姿势等来作判断。常常真正透露情绪情感的就是这些表达方式。故捕捉人的真实性情绪情感的常是这些关键信息,而不是对方"说的什么"。

(5)人际关系的管理。人际关系的管理,这是指管理他人情绪的艺术。一个人的人缘、人际和谐程度都和这项能力有关。深谙人际关系者,容易认识人而且善解人意,善于从别人的表情来判读其内心感受,善于体察其动机想法。这种能力的具备，易使其与任何人相处都愉悦自在，这种人能充任集体感情的代言人，引导群体走向共同目标。大体而言，人际关系艺术就是调控与他人的情绪反应的技巧。

在生活中，我们常常遇到这样一种现象：一个智商（IQ）很高的人在事业上并无多大的成绩，一个在事业上取得一定业绩的人在一定程度上可以说是一个"人情练达"的人，而一个"人情练达"者必定是"情感智商"（EQ）较高的人。任何人的事业成功，都离不开特定的人际关系，要以创造好的人际关系为中介，进而通过此中介去获得他人的帮助、支持和认可，从而走向成功。

（二）情绪智力的作用[4]

1. 情绪智力影响人的心理状态

（1）情绪智力会影响人的心理健康。情绪智力包括了个体对自己情绪状态的觉知及对情绪的管理等，这会影响个体的心理健康水平。研究结果表明，生活烦恼及情绪智力中的情绪知觉和处理他人情绪的能力与抑郁、无力感和自杀想法有密切关系。情绪知觉高的个体在生活烦恼中容易受到压力影响，有更多的心理不健康症状；有较高处理他人情绪能力的人在面对压力时有更少的自杀想法；认为自己有较高的情绪区分能力和调整能力的个体，社交焦虑和抑郁更少，对人际关系更满意，有更好的心境。

（2）情绪智力水平高的个体较少产生心理疾病。情绪智力水平更高的个体，情绪觉知和情绪控制能力更强，他们在面对压力时很容易摆脱和控制敌对、烦躁、愤怒、沮丧、焦虑等不良情绪，更善于激发自己的积极情绪，因此较少产生心理疾病。而情绪智力水平低的个体缺乏对自己情绪的觉知和控制，他们缺乏自信和技巧来适当地表达情绪和需求，他们不能认识、反省自己的情绪，也不能理解他人的情绪，这会导致他们的高焦虑，于是他们倾向于用暴力解决面对的麻烦，对他人采用挑衅和威慑的行为来获得控制感。这种做法的效果会进一步加深他们的敌对、烦躁、愤怒、抑郁等消极情绪，最终导致心理不健康。

（3）情绪智力会影响人的思维。在以大学生为对象的实验中，首先通过看喜剧电影诱导积极的情绪或用数学电影片段诱导中性情绪。看完电影后，让每个学生坐在一张桌子旁，给他一盒火柴、一盒图钉和一根蜡烛，在桌子上有一块软木板。给每个学生10分钟的时间，来解决如何把蜡烛固定在软木板上，并且当蜡烛点燃后，蜡液不会流到桌子上。看过喜剧的那些学生，更易于恰当地解决问题，即把盒子倒空，用图钉把盒子固定到软木板上，用盒子作为蜡烛的一个平台，很容易地就把问题解决了。这一研究结果的启示是，情绪智力可易化某些任务，情绪智力水平高的人更可能经常处于积极的情绪状态，因此他们的思维更灵活，能够创造性地解决问题。从这一角度来看，情绪智力会影响一个人的思维效果。

2. 情绪智力影响人们取得成就

人们曾经认为，一个人能否取得成就，是由其一般智力所决定，也即由其IQ决定的。人越聪明他未来取得成功的可能性越大。但事实上，仅仅IQ高并不能确保带来未来的成功，情绪智力会较大程度上影响人们取得成就。

（1）情绪智力会影响学生的学业成绩。许多研究者对情绪智力与学业成绩的关系作了探讨，结果发现，情绪智力在学习成绩的作用中起调节作用，即IQ同等水平的个体中，高情绪智力个体的成绩要明显好于低情绪智力的个体。研究还发现，IQ水平一般，情绪智力水平高的学生，在学校中更受欢迎，学习成绩更好。

（2）情绪智力会影响人的工作绩效。相比IQ，一个人的情绪智力对他在职场中的表现有着更为重要的影响。我国研究者以企业员工为研究对象，考察了情绪智力与工作绩效的关系。结果表明，情绪智力高的员工能够获得较高的工作绩效。他们完成任务和处理人际关系的能力更强；他们能够明智地管理和利用情绪，使自己的认知决策更准确，更好地吸收信息作出判断并创造性地解决问题；他们更倾向于采用考虑别人的和适应社会的行为方式，从而更容易适应环境，建立广泛的协作关系，和客户沟通舒畅，并能更好地适应组织变革。因此，他们的工作绩效更高。

（3）不同的情绪智力成分对工作绩效的影响并不相同，其中"情绪理解"对员工工作绩效的影响很显著。现代社会中，员工处在不断变化的组织结构中，他们需要不断地承担新的角色，接触新的合作伙伴，适应变化的环境和工作要求。因此，了解组织中的其他及自己被期望的角色行为就显得格外重要。情绪理解力强的个体能够清晰地感知来自新环境中同事和领导的情绪，理解他人的行事方式，体会他人行为所表达的意思，从而对环境要求特别是别人对自己所从事的工作角色的期望作出准确判断，进而采取符合要求的适应性行为。同时，情绪理解力强的员工能够感受到自己的行为对他人的意义，从而利用这些信息调整自己的行为，做出对他人适宜的反应，能更快、更融洽地融入组织，承担工作角色，实现高绩效。

二、培养情绪智力的方法

情绪健康的重要标志是情绪稳定与心情愉快。情绪稳定表明一个人的中枢神经系统处于相对的平衡状态，意味着机体功能的协调；喜怒无常是情绪不健康的表现。情绪健康的另一个重要标志是心情愉快。快乐表示人的身心活动和谐、满意、充满希望，愁眉苦脸是情绪不健康的表现。如何保持愉快而积极的情绪，减少或消除消极的情绪呢[5]？

1. 积极做人，喜欢学习

生活之道的最佳境界，就是积极参与人类的共同努力，以贡献一己之力。有意识地参与这种努力，自感成为社会的一员，在社会中显示自己的价值，这是成长及身心保健的重要要素。学习、工作是人生的重要组成部分。一个人喜欢工作，领略到做工作时那种自然的愉快，并以对社会有贡献引以为乐。工作是良药，喜欢学习和工作对预防情绪病有特效。林肯说过："悲伤的时候，工作就是良药"。

（1）乐观开朗，坚持始终。要本着"前途是光明的""征程漫漫，终生求索"的信念，欢乐而轻松地度过一生。正如列宁所说，"我对痛苦的看法是自作自受"。一个宽宏大量的人，他的爱心往往多于怨恨，正如孔子所言："君子坦荡荡，小人常戚戚"。一个良好的适应者乃是热爱人生、热爱生活、有崇高的理想、对前途充满信心的人，即使在艰难的环境中，生命之火也不熄灭，因而始终能保持心理健康与长寿。英国有句谚语说得好："一个丑角进城，胜过一打医生。"一个人使自己心情舒畅愉快，不仅有助于身体发育，祛除疾病，而且有利于心理健康发展。

（2）保持兴趣，珍惜时光。居里夫人说她"总是力求在日常的郁闷生活里找出一点小乐趣"。要培养自己对日常简单事物的欣赏能力和乐趣，这样随时随地都可自得其乐。如当烦恼、苦闷时听、看小说，学自己喜欢的科目，做自己喜欢的事。世间最宝贵的就是"今"，人要每天都过得充实，要以有效的方式工作、思索和帮助人，这样生活就会愉快，若总生活在期望之中，老是着眼于未来，愉快也就离自己很遥远，现实只有空虚。居里夫人说："愿你每天都愉快地过着生活……不要把所有特别合意的希望都放在未来。"

（3）勿忧生病，果断行事。高士其说："生活中如果只充满一个'病'字，精神便会空虚和烦恼。"事实表明：一些无关紧要的小病痛，如果不断注意它，必定把它弄成真病，很快就可以加重十倍。国外谚语有云："害怕危险的心理比危险本身还要可怕一万倍。"所以对健康作无谓的操心，不但痛苦、惊慌、恐惧，长期处于应激状态，而且会降低抗病能力，反而损害健康。对问题当机立断，不要为一些小事左思右想。犹豫不决会引起情绪不佳的疾病，凡事优柔寡断，心绪总得不到安宁，没完没了，伤心伤神。

2. 悦纳自己，热爱生活

一个人既不可能十全十美也不可能一无是处。不要老关注自己的弱项和失败，而应将注意力和精力转移到自己最感兴趣，也最擅长的事情上去，从中获得的乐趣与成就感将强化你的自信，驱散你自卑的阴影，缓解你的心理压力和紧张。

（1）认识自己，喜欢自己。俗话说"尺有所短，寸有所长""金无足赤，人无完人"，每个人都有长处与短处，既比上，又比下；既比优点，也比缺点。跟下比，看到自身的价值；跟上比，鞭策自己求进步。最重要的比较，是自己跟自己比。走自己的路，完善自我，放出自己的光和热。另外，怡然自得的人更能承受人生中不可避免的挫折和斗争。喜欢自己似乎很容易，但如何培养真正健全的自尊心呢？自尊心源自合乎实际的目标。对多数人来说，愿望和目标之间总是有差距的，这一差距常引起灰心。只要使愿望更符合实际，就更容易生出满足之心。

（2）证明价值，唯有行动。看一个人有没有价值，根本用不着进行什么深奥的思考，也用不着问别人，有人需要你，你就有价值，你能做事，你就有价值。你能做成多大的事，你就有多大的价值。因此，你可先选择一件自己较有把握也较有意义的事情去做，做成之后，再去找一个目标。这样，你可以不断收获成功的喜悦，又在成功的喜悦中不断走向更高的目标。每一次成功都将强化你的自信心，弱化你的自卑感，一连串的成功则会使你的自信心趋于巩固。当你切切实实感觉到自己能干成一些事情时，你还有什么理由怀疑自己的价值呢？

（3）热爱生活，蓬勃向上。生活包括人的生存和发展进行的各种活动。一个热爱生活的人总是朝气蓬勃、奋发向上的，带给他人一种生活的快乐和希望。此外，还应淡泊名利，随遇而安，千方百计创造"乐"的心境，保持乐观的态度，才能使你始终保持平和的心态。

3. 学会宽容，助人为乐

宽容是酿造生活美酒的蜜，是消除隔阂、沟通感情的法宝。理解他人，豁达大度，就能够保持心理的平衡，在人际交往中获得满足和快乐。否则，紧张

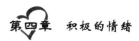

的人际关系必将带来精神和生理上的病变。因此，生活和学习中最明智的选择就是宽容。

（1）学会幽默，假扮快乐。幽默是不良情绪的消毒剂和润滑剂。幽默能引人发笑，增进内分泌系统的功能，使人体内体液循环和新陈代谢发生变化，从而有益于减轻病情。因此，国外有的医院规定病人每天必须发笑15分钟，有的疗养院还定期给病人发放"幽默药品"，如诙谐有趣的图书、诗歌、漫画、电影、喜剧等。同时，对着镜子，咧嘴而笑，再来几遍。实验证明，假扮快乐也有效。你最初也许会觉得那是假造的，但只要多练习，假造的感觉自然会消失。

（2）谦虚谨慎，关心他人。人要有自知之明，多看别人的长处，虚心向他人学习。多称赞别人，使自己的心灵充满喜悦和幸福，才能在工作、生活中充满阳光和希望。多一点奉献精神，少一些私心杂念，关心他人，将使你领悟到天地之宽，助人之乐，心情舒畅，心静坦然。

（3）学会遗忘，知足常乐。沉湎于旧日的失意是脆弱的，迷失在痛苦的记忆里更是可悲的。遗忘是一种成熟而超脱的境界。人人都应主动地忘记生活曾经给自己造成的不幸和痛苦，清除心灵上的暗流，轻松地面对再次考验，充分地享受生活所赋予的各种乐趣。俗话说"知足者常乐"，老是抱怨自己吃亏的人，的确很难愉快起来。多奉献少索取的人，总是心胸坦荡，笑口常开。

4. 学会倾诉，合理宣泄

可以找一个值得信赖的人，向他们倾诉自己的种种烦恼、失望、悔恨，这样做可以使郁闷的心情得到宣泄，有助于使不安的心境平和下来。同时，要为自己的不良情绪寻找合适的出路。如在激动的时候去做体能运动和锻炼；在紧张不安的时候去找好朋友谈谈，尽可能地使郁积在心中的不良情绪宣泄殆尽，避免压抑带来的多种身心疾病。

（1）向人倾诉，自找乐趣。心情不快却闷着不说会闷出病来，有了苦闷应学会向人倾诉。首先可以向朋友倾诉，这就需要先学会广交朋友。友谊是"通心"的良剂，它令人愉快、幸福、得到安慰，是生活中的一盏明灯。正如培根所说："没有友谊则斯世不过是一片荒野——是可怜的孤独。"同时，设法为自己增加愉快的体验。比如，给自己安排切实可行的工作学习计划，使自己能不时看到成绩和进展；培养自己多种兴趣爱好，用来陶冶身心，调节情绪；多和志同道合的同学交流，多参加集体活动，充分感受相互的关怀和友谊。这样，生活中积极愉快的体验就增多了。

（2）不要过谦，敢于说"不"。不要说那些引起别人来欺负你的话："我是无所谓的""你们决定好了""我没有这个本事"等，这"谦恭"的推托之辞就像为其他人利用你的弱点开了准入证。同时，当遇到必须你表明态度的时候，你一定要干脆地表明自己的态度，会使人立刻对你刮目相看。事实上，与那种遮遮掩掩、隐瞒自己真实感受和想法的态度相比，人们更尊重那种毫不含糊的回绝。记住，人们怎样对待你，都最终取决于你自己。

（3）善于斗争，精神胜利。对盛气凌人者也要视情况毫不退让：当你碰到好强词夺理的、令人厌烦的以及让你难堪的欺人者时，要勇敢地指明他们的行为之不合理处，并要板起面孔告诉他们，你对他们不合情理的行为感到厌恶。与此同时，还要有点阿Q精神，如"酸葡萄心理"就是典型一例。狐狸看到架上的已熟透的葡萄很想吃，但又够不着，它只好不情愿地说这葡萄是酸的，会很难吃，把自己没有或得不到的东西说成是毫无价值和不值得争取的。俗话说得好："比上不足，比下有余""知足者常乐"皆是如此心态。

5. **转换思路，控制行为**

任何一件事情，从不同角度去观察，都会给人以不同印象。很多表面上看上去像是引人生气或悲伤的事件，如果换一个角度和观点去看，常常会发现一些正面的积极意义。比如，在爱迪生看来，任何人做事只有结果而没有失败。在日常生活中，用行动来影响心理状态：如怕当众说话时，以轻松的话题入手，为自己创造轻松的环境；从自己最"拿手"的内容讲起；放慢自己的说话速度，以迫使自己的紧张程度放松。

（1）选择生活，丰富创意。从事脑力劳动较多的人可以考虑遵循的生活方式：每天早晨做徒手操、快步走和健身跑，每天进行半小时左右；合理地安排学习和休息，注意劳逸结合，学习之余要保证一定时间的休息和文化娱乐活动；睡前散步，散步后用温水泡脚、洗澡，使四肢肌肉得到放松，以有助于睡眠。培养有创意的生活方式。如果我们能够不受任何干扰地追寻创意性的生活方式，就会经常体会到马斯洛所谈到的高峰体验，生活必将是愉快和充实的。

（2）提高情趣，注重陶冶。第一，音乐陶冶。当你听到一曲优美的音乐，特别是与你自己的情绪完全合拍的音乐时，会感到一种神奇的功效，而使你忘却心中的隐痛，使人变得畅快。第二，书籍陶冶。有益的书籍会使人的灵魂得到净化、升华，冲淡你心中的烦恼，给人以力量和勇气。任何一个想使自己充实地生活的人，都渴望尽可能地从书中汲取营养；任何一个希望自己事业成功的人，都离不开这个良师益友。第三，情趣陶冶。人的情趣来自生活中对美的感受。热爱生活,情趣自然会来到你身边。像爱好音乐、下棋、书法、舞蹈等这些生活中的乐趣,只要自觉培养,人们一定能体会到所选择的爱好给自己带来的美的享受,在自己的精神境界中注入芳香的甘醇。

(3)避免紧张,爱好执着。不盲目地处处与人竞争,以避免过度紧张。事事竞争还会给自己造成过度紧张,心理上承受过大压力,从而对身心健康产生不良的影响。与他人竞争时,应该有所选择和侧重,有所选择是指要注意发挥个人拥有的优势方面,有所侧重是指在竞争中应把主要精力放在对自己有较大意义的方面,而避免分散精力,去做无谓的竞争。另外,人无爱好,生活单调,而且与那些有着一两种令人羡慕的爱好的人相比,心中往往平添几分嫉妒与焦躁。除少数执着追求自己本职事业者外,许多人能培养自己的业余爱好。

第三节 教师积极情绪的培养

一、提升教师职业幸福感——保持积极心态

(一)越放下,越快乐

生活,看似纷繁复杂,处处都得小心翼翼,唯恐一不留神便被别人踩在了脚下。其实生活原本很简单,只是我们的一些生活方式方法不对,所以才把它搞复杂了。生活中,只要学会了该拿起什么,该放下什么,该拿的时候就要拿起,该放下的时候就要放下,生活自然会变得简单。生活简单了,生命自然也会变得透彻明了、愉悦快乐[6]。

1. 忘了名利,才能更专注

多数人活在世俗之中,难免会被名利牵绊。做任何事之前,总是考虑得失多一些,憧憬功成名就多一些。事实上想得越多越犹豫,导致不是半途而废就是索性不敢开始。于是诸葛亮为儿子留下遗训:"非淡泊无以明志,非宁静无以致远。"做不到淡泊名利、清心寡欲,就不能明确和坚定自己的志向,做不到神宁心静就不能实现长远的理想。

那么,怎样才能放下名利呢?

(1)养成正确对待名利的态度。名利本当是对教师所取得工作业绩的自然奖赏,它绝对不应成为教师从事教育活动的出发点和落脚点。对名利的过分追求,常常是在自寻烦恼,因为成绩可以自己干出来,而名利在现实生活中通

常受到多种因素的制约。教师对名利应当保持一颗平常心，来之可喜，去之不忧。实际上，就一个较长的时期来说，社会对于个体付出的回报基本上是公正的，许多杰出教师的成长历程已经证明了这一点。只要你付出了，不追求名利反而带来更多的名利。

（2）潜心感受教育工作的内在乐趣。善于体验教育工作的内在乐趣，是教师基本的心理技能。教师对教育过程之外的名利的过分追求，大多缘于他们难以从教育过程本身获得乐趣，得不到自我肯定、自我赞赏、自我满足和自我激励。其实，教育活动本身充满了乐趣，孕育着多重收获，是教师愉悦心境的不竭之源。当人们陶醉其中的时候，必定会淡化对名利的关注，甚至不惜名利受损。

（3）不断提高自己的精神境界。精神境界并不空洞，它渗透在人们的一言一行之中。精神境界不高的人，低层次需要占优势，即使这些需要已经得到了较好的满足，需要层次仍然得不到提升，趋迎时髦，丧失自我，为世俗的评价标准所导向。在一个物欲横流的时代，这种人必定唯利是图。精神境界高的人，低层次需要基本满足后，高层次需要便占优势，他们有自己的价值追求、奋斗目标和评价标准，在社会时尚面前不丧失自己的独立性，这种人既能有所作为，又不为名利所累。提高精神境界是一个长期的无止境的过程，也难以设计一些操作性很强的练习。因此，对广大教师而言，多交几个精神境界高的朋友、多读几本好书不失为切实可行的提高精神境界的方法。

2. 放下别人的眼光，做回自己

如果被负面评价击垮，不会有人可怜和同情，倒是会有不少人说："看吧，他果然不行。"试着想一想，人们喜欢评论哪些人？"网红"、成绩好的学生、漂亮或英俊的同事、生活富足的朋友……人们只有评论起那些比他们强很多的人时才会兴致勃勃。同样，当一个人成为别人评论的对象时，也一定做了什么与众不同或了不起的事情。不管怎样，都不要活在别人的评价里，别人如何说都不能替代自己过自己的生活。不必过分在乎别人对你的看法，这种多心只能使你步入过分的烦恼之中。只要记住，你只是你就足够了！遵从自己的内心而不是遵从他人的法则和看他人的脸色来行事。

3. 放下无谓的坚持，选择明智的放弃

（1）什么是无谓的坚持？这里的无谓的坚持就是一种固执心理。固执心理是坚持成见、不懂变通的心理现象。在日常工作中表现为缺乏民主作风、一意孤行，只相信自己不相信别人。这类人具有敏感多疑、好嫉妒、自我评价过高、不接受批评、易冲动和诡辩、缺乏幽默感等特点。由于教师行业与其他行业相比，是一个比较封闭、独立的群体，因此教师的交往能力是有限的，更易导致教师的狭隘、固执、自卑、怯懦等不良心理倾向，从而影响心理健康。

（2）为什么要放下无谓的坚持？生活中，我们常常听人说，做人做事要拿得起，放得下。那么到底什么是拿得起，放得下呢？其实答案很简单，究其本质其实就是人生的一种选择。对于有些事，无论拿起来有多大困难，也要把它拿起来并进行下去，但妨碍我们前进的，无论多么难以割舍，也要彻底放下。人生有拿也有放，这是一种选择。面对选择，坚持是一种意志的体现，但是不是放弃就意味着输掉或者失败呢？不是！其实敢于放弃也是一种超人的智慧。该放弃时，就要勇敢地放弃。放弃不是懦夫的行为，而是一种明智的选择。

太过固执于一己之念就很难听进去别人的话，这样的人最终只能在一己之念中奴役自己。人生中有太多的障碍，皆是由于过度的固执与愚昧无知所造成的。有时，我们正是因为固执于一己之念，不肯接受别人的建议和帮助，才把自己置于一种不能自拔的境地。

当有些目标虽经多次努力仍然无法实现时，就应该考虑是否到了放弃的时候。学会放弃并不是一件容易的事，因为人们从小就被教育做事要执着，要坚持不懈、有始有终。一旦放弃原定目标似乎就是退却、认输，总觉得不大光彩。但古人说得好："君子有所为，有所不为。"人生的旅程就是不断做出选择的过程，选择就要有所取舍，选择与放弃是同时并存的。比如，当你选择了教师这一职业时也就意味着你放弃了其他职业，当你选择了你现在的爱人时也就意味着放弃同其他异性相爱结婚的权利。所以，当你发现某个目标实现的概率很小时，就应该毫不犹豫地放弃，这就叫果断。

（3）怎样放下无谓的坚持？固执心理虽然不会给教师的身心带来明显且严重的危害，但如果它在一名教师的心理体验过程中经常、反复地出现，就会使其形成一种狭隘的思维和心理定式，导致对人对事产生多疑、偏执、冷漠、不合群等病态性格，从而影响教师的身心健康。因此，教师要在了解和掌握自己的身心状态、关注自身心理健康的同时，放下固执偏见，从以下几方面做起，自觉抵制固执心理。第一，广闻博见。教师不能仅限于自己的专业、自己的学科，而要在钻研专业知识、提升自身专业能力和素养的同时，养成良好的读书学习习惯，不断丰富自身的知识内容，更新自身的知识结构，开拓自己的思维方式。第二，丰富想象。丰富的想象力是克服固执心理的一剂良药，教师应注重自身想象力的培养，学会从不同侧面、不同角度、不同方式看待问题。这样不仅有利于克服固执心理，更有利于问题的解决和工作的开展。第三，换位思考。要克服固执心理还要学会换位思考，学会站在他人的立场去考虑问题，从而得出更加正确的判断。如教师在与学校领导产生对立抵触情绪时，可以静下心来，站在学校大局、维护大多数教师利益的角度上想一想，做一下权衡，这样就会使我们全面地看待问题，从而缓解对立抵触情绪。第四，理解宽容。"海纳百川，有容乃大"，只有能够理解容纳他人，才能看到他人的优点，包容他人的过失。教师要拥有理解宽容之心，学会从积极的意义上去理解看待他人，只有这样才能不计前嫌，辩证客观接受他人，在与他人相处时消除逆反的现象。第五，要把握自我。古人云："忍一时风平浪静，退一步海阔天空。"学会克制把握自我，遇事三思而后行是克服固执心理的良药。教师要学会多一点冷静、多一点克制、多一点忍让、多一点思虑，更好地把握自我，这样就会避免固执、偏激行为的产生[7]。

4. 不沉溺于过去，活在当下

活在当下，即不沉溺于过去，不妄想未来，而是把握当下，活出精彩。这是十分有道理的。当过去已成为不可改变的历史，未来依旧是不能预知的憧憬，我们唯一能握在手中的，便是现在经历的每一秒钟。只有抓紧现在才能获得成功，创造辉煌。第一，不沉溺于过去。沉溺于过去的失败只会使人灰心丧气、举步维艰；沉溺于过去的成功只会让人骄傲自大、裹足不前。如果勾践沉溺于亡国的耻辱中不能自拔，怎能灭吴称霸。他的成功在于每日的卧薪尝胆，每日的慎重策划，紧紧抓住当下的招兵买马，不断发展壮大，增强自己，削弱敌人，终究成就大业。而吴王夫差则恰恰相反，抓住勾践使其成为阶下囚后，便沉溺在过去的成功中，不加防备，不思进取，一步一步走向灭亡，终被勾践所灭。第二，活在当下。如愚公一般，每日不计较过去搬走了多少堆土，不计算未来还有多少堆土待搬。只是脚踏实地，活在当下。只要有力气便移一堆土，那么王屋、太行两座大山也终究会被移走。活在当下不是目光短浅，而是脚踏实地，活在当下不是忘记伤痛，而是努力进步。千里之行，始于足下。孔子说"逝者如斯"，过去的日子，就像清澈的水，固然清晰得历历在目，可是，若想抓住，却是不可能的。过去的已经过去，未来遥遥无期，不可猜测，为何要傻傻去憧憬呢？未来的梦只有靠今天的努力来实现，只有把握住今天，才能抓住未来。人生在世，许多东西根本没有必要让它在脑子里徘徊，只有懂得该放下时就放下，你才能抓住真正属于你的快乐与幸福。

（二）提升心流体验，获得持久快乐

那些拥有健康、美貌、金钱、权力以及许多其他东西的人，未必能体验到当下拥有的幸福，因为他们不知道，还有比财富、权力更为珍贵的东西，那就是心流体验[6]。

1. 发现心流体验

心流体验这一概念是由著名的心理学家米哈里·齐克森提出的。20 世纪 60 年代，他发现一些艺术家在画画时常常可以废寝忘食、不辞劳苦，始终专心致志，表现出极大的兴趣和坚持力。他想知道，到底是什么东西在激励着这些艺术家如此执着地工作。而且这些艺术家的工作，并没有任何外来奖励进行激励，他们在工作时也没有寄望于自己的作品能够给他们带来财富和荣誉。米哈里·齐克森通过研究，最终将这一有趣的现象解释为：这些人是被绘画本身所激励，也就是说绘画过程本身能给艺术家带来一种积极的情绪，这种情绪如此强烈，以至于能够激励他们持续不断地努力工作。于是，米哈里·齐克森将这样的状态称为"心流体验"（flow experience）。

米哈里·齐克森将心流（flow）定义为一种将个人精神力完全投注在某种活动上的感觉；心流产生时会有高度的兴奋及充实感。具体表现为：全神贯注地投入工作，经常忘记时间以及对周围环境的感知，并在工作过程中获得一种难以名状的乐趣体验。处于心流状态的人几乎都有以下九个特征：体验活动本身成为活动的内在动机；人的注意力高度集中于当前所从事的活动，任何其他的外在引诱最多只可能使之暂时分心；自我意识的暂时丧失，如忘记了自己的身份地位、忘记饥饿疲劳等；行动和意识相融合；出现暂时性体验失真，较典型的表现为觉得时间过得比平常快；对当前的活动具有较好的控制感；具有直接的即时反馈；个体所感知的活动的挑战性和自身的技能水平间具有平衡性；有明确的活动目标。正如一位中学老师所说的那样："三尺讲台，是我生命中最重要的舞台，是我生命旅途中的幸福驿站。不管心情有多么不好，只要一走进课堂，看到学生们那一双双渴望的眼睛，所有的不愉快都会烟消云散。每每在课堂上听到学生富有感情的读书声时，心里便有一种欢喜、一种满足、一种感动。把爱倾注在他们身上，在他们身上才会找到安慰，得到幸福。"

2. 如何提升心流体验

人要进入心流体验，必须投注全部精力，意念完全协调合一，丝毫容不下无关的念头和情绪，此刻自我意识已消失不见，但感觉却比平日强烈，时间感也有所扭曲，只觉得时光飞逝。一旦整个人的身心都发挥到极致，不论做什么

事都会精神百倍，而且生活变得有目的。在身心合一、专注的情况下，生命终将获得极致发挥。

处于心流状态时，我们并不会觉得快乐和幸福，因为要体验快乐和幸福，内心必须专注如一，这样又会让注意力脱离手边的工作。如运动员在比赛中分心感受获奖的快乐和幸福必然会出现严重失误，攀岩者举步维艰时要分心感受幸福则可能葬身万丈深渊。只有在完成任务之后回顾刚才发生的事，才会为这种极佳的体验心生感激，涌现快乐和幸福。唯有来自心流体验后的快乐，才能得以持久，有益个人意识的拓展和人生成长。无论做什么事，若能一面乐于其中，一面不断成长，那就是最佳状态。所以我们有必要采取一定措施提升心流体验。提升心流体验主要有以下措施。

（1）挑战与技能的平衡。米哈里·齐克森在其心流理论中指出，个体的活动技能是否与活动挑战性相符合是引发心流状态的关键，即只有技能和挑战性呈现平衡状态时，个体才可能完全融入活动中获得心流体验。如果感受到挑战的难度过高，人们就容易受挫，然后担心完不成任务，最后怀疑自我的能力，从而产生焦虑情绪。如果感受到挑战太过容易，完成此挑战是轻而易举的事，那么在完成任务的轻松之后，人们只会觉得十分无趣。教师从事具有创造性的脑力劳动，其教学活动非常需要形成心流体验。优秀教师在教学中经常产生新异的心流体验，达到全神贯注的无我之境。没有一种活动可以使人们永远通过同一种方式来获得心流体验。如何持续不断地获得心流体验呢？最简单的答案——学习新技能。心流体验犹如一台学习机，帮助人们发展高超的技巧和卓越的能力，并向高难度的动作挑战。人们一边乐在其中，一边不断成长，因此心流体验对教师的成长和完善是很有帮助的。

（2）建立清晰的目标。作为教师，要想在教书育人的工作中产生成就感，就必须具有明确的目标，达到这个目标，就有可能产生心流体验。第一，提升工作价值。在米哈里·齐克森看来，提升工作价值可以让工作更富意义，从而帮助我们在工作中获得心流体验。为了赚钱而工作，教育工作就失去了意义和乐趣。也许只有在发工资的那一刻你才会觉得满足，在节假日的时候你才会觉得快乐。为了升迁、职称而努力工作，地位的提高似乎能够给你带来暂时满足，一旦升迁停止，工作的意义和价值就消失了。心流体验最重视过程，而不仅关注结果。将工作本身视为目的，视为实现自身能力和价值的过程，才能全身心地投入工作中，从而获得流畅体验。第二，关注学生个体成长。教师可以多花点心思在学生身上，关注学生的整体状况，而非只限于其学习成绩或者课堂表现。例如，在备课中根据目前学生的水平修正教学方案；通过家访、家长会等途径，了解学生的生活环境和家庭教育方式。老师们要从心底认识到，所有看似琐碎的工作，都是培养优秀人才不可或缺的步骤；自己的工作对于学生个体的人生发展具有深远的影响力。如此，教师愿意投注额外的精力在学生身上，自我价值得以提升，便能从中获得更大的收获和满足。

3. 感恩的积极作用

（1）感恩能让人们更幸福。如果教师对学生表达善意、关心和照顾，行为友善，慷慨无私，并被学生感知到，学生会对老师表达感恩，这种积极的情绪如果也被老师感受到了，教师会因此而认为自己是一个善良的人，并且被别人所认同，这种认知促使他保持施惠的行为。而且在多次建立这种刺激—反应链接之后，这种施惠行为会泛化到其他行为或者其他学生身上，良性循环建立之后，积极情绪会持续地被感知到。这样，教师的主观幸福感就会随之提高。所以，感恩作为一种具有持久性的积极情感，可以使教师在获得幸福感的同时，消除消极的情感，更可以使教师的施恩行为泛化到更多的学生身上，从而使整个生活充满感恩的味道。

（2）感恩能增强社会支持。有研究显示，感恩对于社会支持的维护有着很好的作用。教育是一个压力很大的行业，教师自身的工作业绩、学生的学习成绩、各种事务性考核是每一个老师都会面临的，丰富的社会支持可以让教师在应对压力的时候轻松、从容一些。这些社会支持包括家庭的支持、学校的支持、社会的支持。第一，当一名教师具有较高的感恩水平时，他们往往表现得更具亲和力、更加随和，因此更容易与他人产生积极的关系。当教师给予他人恩惠的时候，他人会感知到并做出感恩的回应，这时，教师会在自我评价上，对自己进行积极的评价，认为自己是一个善良的人，同时感受到的感恩也会对这个积极的评价进行验证性的强化。这使得教师更愿意做出亲社会行为，同时愿意泛化到更多的人身上。这会使得他在社会支持系统中稳固自己的地位。第二，那些受到恩惠的人，在接收到教师的恩惠时，会对自己同样做出积极的评价，他会认为这是自己的道德水平高或者人格特征优秀，而应得的恩惠，并且这种积极的自我评价是道德上的积极自我评价，会促使他做出感恩的行为来巩固这种积极评价。

（3）感恩能让人们更健康。第一，感恩让教师更宽容。一个老师如果时刻怀着感恩的心，那么他对很多事情就会有不同的归因，例如，学生有时候会为难老师，上课接话茬，如果教师把这些情况积极地进行外部归因，认为可能是他的家庭教育有缺陷，或者他有控制冲动的障碍，或者只是暂时的冲动行为，而不会认为他就是个品行不良的坏孩子。这种归因方式可以让我们更容易去理解学生的不良行为并产生宽容之心。这样去看学生，教师本身不会产生消极情绪来影响教学，也给学生做出一个榜样，让他们知道即使你为难老师，老师也是宽容的，学生得到了积极的关注，这种索要关注的消极行为也会减少了。第二，感恩让教师睡得更好。睡眠质量与心理健康有着重要的关系。心理学家伍德等人对睡眠与感恩的关系进行了研究，发现感恩水平高的人具有更好的睡眠质量。在生活中，我们也会发现，如果今天的心情不好，睡眠质量就会下降，由于没睡好觉，第二天的心情也会不好，如此恶性循环，生活与健康质量都会越来越差。但是，如果我们能一直保持一颗感恩的心，能对事情抱着宽容的态度，就不会有那么多烦心的事情干扰我们，我们也就更容易使自己平静下来去睡觉了。

4. 做心怀感恩的教师

（1）感恩需要不断练习。记感恩日记是个有效的方法。在日常生活中，感恩之事并不少见，关键在于我们能否细心发现。例如，学生每天见到老师都会鞠躬问好，笑脸相迎，这就值得我们去感恩，因为学生们很尊重老师。或者是学生在课堂上积极地回答问题，这也就值得我们感恩，因为学生们尊重老师的劳动。逢年过节，一张小小的卡片，一只小小的纸鹤，带着学生的祝福，带着学生的愿望，送到了老师手中，这也是值得我们感恩的，因为学生很爱老师。积少成多，日积月累，我们的感恩水平就会逐渐上升，我们被一点一滴的小事感动，也会因此做出让别人感动的小事，良性循环，我们的生活也就充满了感恩与幸福。

（2）感恩需要用行动去表达。感恩不仅需要思想还需要付诸行动。对个体越有挑战性的感恩行为，对个体感恩水平的提高越有作用。作为教师，其实可以做一些挑战性的感恩行为，例如，当众对学生进行感恩表达。这要求教师破除面子问题，真诚面对现实。

我们也可以对自己的父母、自己的同事进行感恩的表达。这样同样可以增强我们的感恩水平，因为这种表达中包含一个非常重要的因素，就是让施恩者知道受惠者因其行为而感动，并愿意付出行动来回报这份恩情。这种刺激强化的过程能很好地提升彼此的幸福感、感恩水平和人际关系的紧密度。教师可以经常做出一些强力的行为去表达自己的感恩心情，让感恩成为一种习惯，让感恩成为一种平常化的表达方式。

（3）感恩需要氛围。感恩的环境有助于人们感恩。每个人都希望自己处在一个感恩的氛围里面，自己感恩别人的恩惠，别人感恩自己的恩惠，良性循环就能进行下去。殊不知，这种氛围是靠我们自己建立起来的。作为一个理性的人，如果你对我施恩，那我也会愿意去对你施恩。如果你总对我表达感恩之情，那我也会慢慢地愿意对你表达感恩之情，这样感恩的氛围也就建立起来了[8]。

二、教师的情感在教学中的作用

（一）教师的感染力及其作用

教师的感染力就是教师以自己的个性去影响学生所表现的情绪力量。有感染力的教师，不仅能使学生更好地接受他在课堂或活动中有意传播的东西，而且也会使他们在无意中接受教师个性的影响等。教师的感染力的作用表现在以下几个方面[5]。

1. 教师的要求较易于转化为学生的需要

通过教师情绪的感染，使学生体验到愉快、振奋的情绪，会引起他们的模仿或重复进行这类行为或活动。教师利用表扬或批评能唤起学生相应的情绪体验，对行为起巩固、调整和校正的作用。特别是教师运用自己的感染力向学生提出要求，使学生感到亲切与善意，就易于为他们所接受，成为他们推动自己前进的动力。许多后进生的转变大多开始于教师"动之以情"，也正说明了教师感染力的重要性与必要性。

2. 使学生更易于积累情绪学习的经验

情绪学习主要是对客观事物的态度和情绪评价的学习。在教学或教育活动的过程中，教师带有情绪的评论，班、组受到的表扬、奖励与批评，竞赛的成功与失败，都会使学生获得各种不同的情感体验的经验。这种经验不仅有助于他们借助情绪记忆的印象去推动学习和提高学习效果，也有助于他们通过迁移来正确地对待交往。

3. 能使学习中的冲突与挫折得到妥善的处理

在学习的过程中，特别是学习一种新材料的最初阶段，学生若是由于迷惑不解而体验到某种程度的紧张并引起不大的焦虑，往往有助于激发积极探索的热情。具有感染力的教师，不仅善于使学生在学习中产生必要的冲突与挫折，而且还会以自己的自信心，克服困难的乐观情绪去启发和感染学生，使他们增强解决问题的勇气和摆脱由挫折造成的消极情绪。教师老是板着面孔，以过分严厉、冷漠的"法官"的姿态出现在学生的面前，他只能制造恐惧与过度紧张的情绪气氛，给学生增添失败感。这是需要避免的一种做法。

（二）教师要发挥情感在教学中的作用

教师的情感在教学中的表现是多方面的，教师的热情能给学生留下深刻而良好的印象。教师的情感处处表现在对学生的负责和关心上，哪怕是一句鼓励的话，对一个心灵纯洁好胜的孩子也是大有鼓舞作用的。大量的教学实践表明，教师的情感不仅影响自己的教学思路，对学生也能产生感染力。所以，在教学中，教师应力求做到：

1. 对教学工作要满腔热忱

教师要发挥情感在教学中的作用，首先必须热爱教育事业，对教学工作满腔热忱，这样才能充分发挥情感的作用。教师若热爱教育工作，其良好的情绪会带来生动活泼和愉快的课堂气氛，并充分调动学生学习的积极性。绘声绘色、妙趣横生的语言就会从感情上叩击学生的心弦。若教师鄙视或不关心教育工作，教师不良的情绪、冷若冰霜的面孔，会引起学生心理烦躁紧张，妨碍学生轻松愉快地接受知识。赞柯夫说："教学法一旦触及学生的情绪和意志领域，触及学生的精神需要，这种教学法就能发挥高度有效的作用。"教师对教学工作要满腔热忱表现在，教师在课堂上要精神焕发，情绪饱满。如此学生听课情绪也会为之一振，并会以高度的注意力、热烈而紧张的情绪听课。假如教师走上讲台时，没精打采、少气无力、口授随随便便、板书潦潦草草，学生也会情绪低落，心不在焉。所以说，教师的课堂情绪直接影响学生心理气氛。如果教师在课堂上情绪失控，动辄发火，或者把自己在校外产生的情绪迁怒、发泄到学生身上，那么课堂上就更不可能出现适度的学习气氛。那种充满火药味的气氛只能扼杀学生的智慧。教师的教学艺术是课堂气氛的"空调"，它决定着课堂气氛的降温与升温，决定着课堂气氛的活跃与沉闷。

2. 要爱学生

教师爱学生的情感一旦投射到学生心灵上，就能使学生产生良好的学习热情和强烈的学习愿望。"亲其师，信其道"而"学其理"，学生乐于跟他喜欢的教师努力学习。教师热爱学生主要表现在以下几方面：第一，关心了解、尊重信任学生。教师要在健康、生活、思想、学业诸方面关心学生，使每个学生都能抬起头来走路，而不要挫伤学生心灵最敏感的角落——学生的自尊心。第二，公平对待学生。热爱学生必须对学生一视同仁，平等对待，不掺杂任何偏见，应把自己的爱倾注到每一个学生身上。第三，严格要求学生。俗话说：

"严师出高徒""松是害、严是爱，不管不教要变坏"。教师要在思想上、学业上严格要求学生，把"严"和"爱"结合起来。第四，充分调动学生学习的积极性，发挥学生的主体作用，使学生在课堂上真正成为学习的主人，这样才可能形成生动活泼、热烈宽松的课堂气氛。第五，学生在课堂上的眼神、表情、动作等是情绪的晴雨表，教师要善于及时捕捉到学生表情的微妙变化，洞察他们思维所处的状态。教师接受到学生发出的情绪反馈信息时，应及时加以调控，改变教学形式，使课堂气氛适时得到调节，始终保持适宜的状态。

3. 要当好"课堂气氛"的调控员

课堂气氛直接影响学生的课堂学习情绪，进而影响学生的学习效率。良好的课堂气氛会使学生得到一种愉快的体验；而不良的课堂气氛又常使学生产生倦怠、烦闷之感。教师要想建立良好的课堂教学气氛，需注意：第一，必须与学生和睦相处，做到心理相容。第二，必须充分调动学生学习的积极性，善于及时捕捉到学生表情的微妙变化，接受学生发出的情绪反馈信息，并及时加以调控，使课堂气氛适时得到调节。第三，教师在课堂上要精神焕发，情绪饱满；不要把在课外产生的不良情绪迁怒、发泄到学生身上，那种充满火药味的气氛只能窒息学生的智慧火花。

4. 注重直观教学

让学生动脑、动口、动手，多种感官参加活动，会增强教学艺术的感染力，唤起学生的注意力和学习兴趣，有助于良好课堂气氛的形成。新颖、灵活的教学方法，使课堂出现讲、读、议、练多层次结构，教学会变得新颖含蓄、耐人寻味、津津有味。要重视教材的处理与知识的难度。"听懂""学会"就有兴趣，课堂气氛就活跃，"糊涂""困惑""听不懂""学不会"，课堂气氛就会沉闷，知识过于简单学生就会感到索然无味。所以课堂学习知识最好是适中。"跳一跳能摘果子"就是说，学生经过努力能够理解和掌握的知识，才能使他们在学习过程中产生积极的内心体验。

5. 教师要讲究语言和非语言的艺术

教师的语言首先要清晰生动、用词丰富准确、声调抑扬顿挫、速度张弛有度。教师的语言应该给学生的听觉造成一种美感，才能渗入到学生的心田。教师讲课要感情饱满真挚，并辅以一些适当的手势动作，来增强语言的感染力，让学生在娓娓动听、情真意切的讲述中接受知识的熏陶。教师还要发挥非言语行为的作用：教师的教学节奏、手势、表情等情感因素，能起到指导和强化学生活动的作用。第一，张弛有效的节奏能在大脑皮层上形成兴奋优势。第二，以生动形象的语言唤起学生的学习热情。第三，恰到好处的手势可以辅助教师作为语言外部的表现形式，唤起学生一系列形象的产生。教师的手势若与教学内容相一致、相配合，根据学生情绪而变化，通过手势使教师所讲内容更生动、更丰富，让学生在形象感受中增强理解的因素。

总之，教师是有感情的人，而不是教书的机器；学生的感情更丰富复杂，决不是接受器。教师在教学中既要以知引人，又要以情感人。

三、引导学生快乐地思考

（一）让学生生活在思考的世界里

行乃知之始，学非问不明。要解决疑问，思必不可少。教师要让学生生活在思考的世界里。许多学校和教师真正可怕的失误，就是他们把学生的主要力量用到机械地掌握知识上去了——让学生记忆教师讲过的现成的东西，死背教科书。当然，学校里完全不要识记和背诵是不行的，但这种脑力活动应当也只能占第二位。一个人到学校里上学，不仅是为了收获一个知识的行囊，更主要的还是为了变得更聪明。学生更多的努力，不应当用在记忆上，而应当用在思考上，真正的学校应当是一个积极思考的王国。教师必须明白、理解、运用这一点。让学生生活在思考的世界里，首先教师要不断地思考。只有教师专业地思考才能将存在于每个年轻心灵里求知好学、渴望上进的火炬点燃。教师的思考可以向学生揭示：思考是多么美好、惬意。只有当教师给学生带来思考，在思考中表现自己，用思考来指导学生，用思考来使学生折服和钦佩的时候，他才能成为年轻的心灵的征服者、占有者。那种热爱自己的事业而又善于思考的教师，才有力量使学生用心地倾听他的每一句话，才有力量激发学生的良心和羞耻心，这种力量才是一种无可争议的权威。教师依靠思考，也只有依靠思考，才能驾驭年轻的心灵。教师的思考能激发学生学习的热望；教师的思考能激发学生对知识的不可遏止的向往。

为此，教师在课堂上不仅要给学生一定范围的知识；更要让学生变得越来越聪明。如果达不到这两个方面的和谐，就会使学生的学习变成一种负担，变成一种苦役，使教室成了钢筋水泥浇注的"监狱"。教师不能想当然地认为：既然学生掌握了知识，他自然就变得更聪明了。这一切远不是这么简单。教师要进行一些专门的工作让学生变得聪明。教师首先应把自己培养成思考者，只有这样才能体会和认识到学习是一种幸福，是一种智力活动。正因为这样，我们才有必要注意：不要把学习局限在教室的四堵墙壁里，不要机械地把事实和规则从教师的头脑里搬到学生的头脑里。在教室的旁边，还应当有一块属于学生的天地，让学生在那里从事智慧的、被某种思考所鼓舞的劳动，让学生能够同时看见、观察和动手。果真这样的话，我们将看到学生生动的思考，看到学生的智慧得到启迪和增长。

智慧的、受到思考和好奇心鼓舞的劳动——这是能浮载思考的大船的深水。智慧的双手能创造智慧的头脑。当一个年幼的人不是作为冷漠的旁观者，而是作为参与者，发现了许许多多个"为什么"，并且通过思考、观察和动手而找到这些问题的答案时，在他身上就会产生独立的思考。让每一个人都有自己的兴趣，而没有兴趣就没有发现的乐趣，就没有才能和爱好，就没有活的灵魂，就没有人的个性。

思考是一件艰苦却又快乐的事情，是在精神的田园里苦耕，也是在无限的时间和空间里遨游。思考是人类进步的阶梯。没有思考就没有人类的进步，没有思考就没有人类灿烂的文明。燧人氏的思考使我们不必茹毛饮血，孔子的思考为我们开掘了文化的源头，爱迪生的思考让地球的黑夜同样可以拥有光明，贝多芬的思考使天籁之声回荡在人间……虽然时过境迁，他们早已离我们远去，但他们用思考给了这个世界最珍贵的馈赠。

（二）让学生在快乐中学习

1. 乐学论

乐学论的基本观点可以概括为两个方面：一是让学生乐于学习，实现由"要我学"到"我要学"的转变；二是要促进学生身心生动活泼地发展。所谓让学生乐于学习，就是调动学生学习积极性和主动性，激发学生的内部动力。乐学论强调：乐学就是通过合理满足学生的各种需要，来调动学生的学习积极性，使学生的学习活动积极化；要以满足学生的认知需要为核心，调动学生的认知兴趣，使学生的学习兴趣由外在兴趣发展为内在兴趣、志趣。乐学思想由来已久，在孔子等著名教育家的教育思想中能找到其萌芽或源头。如《论语》开篇第一句就载有孔子对"乐学"的认识："学而时习之，不亦悦乎？"这就揭示了学习过程本身就应该充满乐趣而让学生从中获得情感的满足。孔子还认识到学习者的兴趣和爱好等非智力因素对学习效果有着不同程度的影响，并将"乐学"作为治学的最高境界："知之者不如好之者，好之者不如乐之者。"

2. 潜能及其特点

（1）什么是潜能？潜能即潜在能力，是指有待开发、挖掘的处于潜在状态的能力。潜在能力与实践能力是紧密联系、相互转化的。具体表现在三个方面：第一，潜在能力是实际能力的基础和条件。第二，实际能力是潜在能力的具体表现。这种表现是借助于对潜能的开发实现的。潜能有了，也未必就能在任何情况下都有相应的实际能力表现。只有通过一定的训练、挖掘、培养，潜能才可以得到充分的展示，负责展示潜在能力的就是实际能力。因此，也可以这样说，潜在能力的开发过程就是实际能力的培养过程。总之，无论如何，当潜在能力得以开发、调动，试图有所表现时，就由实际能力来表现。第三，潜在能力和实际能力在某种情况下可能相互转化。实际能力就转化成了潜在能力；潜在能力被挖掘出来，在某种活动中有所表现时，潜在能力就转化成了实际能力。

　　（2）人的潜能存在的特点。第一，人的潜能的丰富性。如当代脑科学的研究表明：一方面，大脑的信息容量是很大的。美国麻省理工学院的专家们形象地描述大脑可贮存五亿本书的信息。但是到目前为止，每个人的大脑的潜力发挥得还很少。另一方面，人脑两半球的功能是互相补充和协调的。1981年诺贝尔奖金获得者斯佩里等人的研究表明，人脑的左右半球的功能是不对称的。在信息处理上，左半球管理以语言为主，包括说话、书写、计算等抽象功能，处理在时间上展开的串行信息；右半球管理音乐、绘画等形象功能，处理具有空间结构的并行信息。可见，人脑左右半球功能的协调发挥是开发人的潜能的一个重要方面。第二，人的潜能的隐藏性。因为就人的潜能存在方式来说，其大部分是常态下看不到的，而沉睡在人体中不为人们所认识。这就容易使人们错误地认为自己的能力一般，而对自身潜能认识不足，甚至根本忽视了潜能的存在。而这种意识观念反过来又影响了自身潜能的发挥。正如有些人总爱将缺乏能力推诿为遗传素质不好，而实际上正常人之间的天赋差异并不大。一般人都埋怨自己脑子笨、记忆力差，岂不知每个人的记忆潜力都是巨大的，关键是自己的潜能由于种种原因还在沉睡而未觉醒。其实，一般人身上都存在潜能，没有被充分地开发利用，只不过是以隐蔽形式存在着，在常态下不易表现出来。只有在严格要求、提高标准时，或个人在充满信心的时候，才能超常发挥出来。可见，正确地把握人的潜能的隐藏性，有助于我们透过现象看本质，充分认识并致力于自身潜能的开发。第三，学生的潜能的个别差异性。学生的潜能的个别差异性，一般与学生的遗传素质、生理特点、受教育的情况、思维特点及非智力因素等有密切联系。而针对学生潜能的个别差异性，扬长避短、因材施教，即可造就一大批不同类型、不同规格、充分发展的人才。在现实生活中，一个人在这方面能力一般，但在另一方面也许正是其潜能蕴藏所在。所以，作为教育者应注意帮助学生在各方面探寻，找到自己潜能蕴藏的真正所在，以有意识地在此基础上加以必要训练，使潜能充分发挥出来，促进个人的自我实现，也为整个社会做贡献。另外，人的潜能的出现也有早有晚，即潜能表现的早晚差异。第四，学生的潜能的可开发性。实践证明，人的潜能是可以开发的。一般说来，由于长期进行某一方面的特殊训练，可以使脑的某一方面反应能力充分提高。如一个卷烟工人能一把抓起20支烟，黑色织品的工人可以识别41种不同的黑色色度，而一个品酒员的味觉同样是一般人所不具备的。同时，事实也表明，人的潜能的开发不是轻而易举、自然而成的事，一个人的潜能开发的程度往往与他的主观努力程度成正比。这就要求我们注意磨炼自己坚强的意志品质，在克服困难和障碍的过程中，严格要求自己，向高标准看齐，才有可能使人体潜能受到诱发而显示出巨大的能量。

3. 乐学是开发学生潜能的重要手段

对于学生的潜能，如何利用教育手段来有效地加以开发呢？我们认为：乐学是开发学生潜能的有效手段。因为：第一，研究表明，人的潜能在心情愉快、精神放松的状态下能够得到一定的挖掘。现代心理学告诉我们，轻松、愉快、乐观等良好情绪，不仅能使人产生超强的记忆力，而且能活跃创造性思维，充分开发心理潜能。而焦虑不安、悲观失望、忧郁苦闷、激愤恼怒等不良情绪，则会降低人们的智力活动水平。据巴甫洛夫的研究表明，兴趣能增进并引起大脑皮质的活跃状态，心情愉快地去学习，大脑皮层就会产生优势兴奋中心，学习的效果就会很好。第二，实践证明，在心情愉快、精神放松的状态下学习，人的潜能可以得到一定的开发。如在国际教育界引起巨大震动的洛扎诺夫教学法的第一个原则，就是要使学生感到学习是一种快乐，而不要受到任何外部的精神压力。正是在此原则的指导下，他的实验取得了惊人的效果。许多调查研究也告诉我们，在进行教学活动时，要十分注意课堂的情绪气氛，并以控制在中等愉快程度为最佳，在这样的气氛下，学生的学习活动就会特别有成效，就会达到可能的最优效果。第三，事实表明，在乐学过程中的设疑置难对激发人的潜能具有特殊意义。因为思维永远是由问题开始的。而人的创造潜能往往就是在排疑解难的过程中被激发出来的，同时又可使人们由于享受到创造的快乐而使其认知兴趣得到有效强化，构成乐学过程中的良性循环。在设疑置难的同时，注意培养学生的求异思维能力，这也是使用乐学手段激发人的潜能所不应忽视的方面。因为在求异思维中，学生处于一个积极主动的探索状态，正是创造力最活跃的时候，一个人的潜能往往易于在这种状态下迸发出璀璨绚丽的火花。

为了更有效地利用教育教学的手段开发学生的潜能，教育者就应当确认乐学观，这主要从以下三方面着手：第一，确信人的潜能的存在，并致力于学生的潜能开发。现代科学研究表明，每个人都有自己可供开发的潜能领域，从而用乐观的态度来看待学生，即用全面的、发展的观点来认识学生的特点，用信赖的、鼓励的手段来对待学生的发展，而这正是搞好教育工作，开发学生潜能的前提条件。正如苏霍姆林斯基所说："深信智慧的巨大可能性，这是对学生实施有效影响的必要条件"。第二，把学生当作一个完整的、发展的、活生生的人来看待。人本主义心理学家认为，人类具有学习的内在潜能，人类的学习是一种自发性、有目的的、有选择的学习过程。人本主义的学习观把学生看作一个有目的的、能够选择和塑造自己行为并从中得到满足的人。因此，教学的任务就是创设一种有利于学生学习潜能发挥的情境，使学生的潜能得以充分发挥。无论是苏霍姆林斯基的"让每个学生都抬起头来走路"的教育原则，还是维果茨基的"最近发展区"的教育理论；无论是赞科夫的"高速度、高难度"的教学原则，还是布卢姆的"掌握学习"，都从不同的方面、不同程度地认识到学生是有潜力可挖掘的活人，而对学生在教育教学中的地位和作用给予高度的尊重。而所谓"情境教学""暗示教学""问题教学""愉快教学""发现教学"等教育实践领域的新探索，也无不着眼于学生潜能的开发。第三，坚信每个人身上都有着创造潜力，创造性地培养创造型的人才。面对世界范围内新技术革命浪潮的挑战，培养创造型的人才，"为创造性而教"，已成为当前教育界颇为流行的口号。只要具备相应的内外部条件，发展创造性是完全可能的。而要把隐藏有创造潜能的学生培养成为创造型的人才，靠传统的教育方法是行不通的，只有依靠创造性的教育手段才有可能培养出创造型的人才来。这就要打破旧有教育的固定模式，从不断发展着的学生实际出发，不拘一格、灵活机智地因材施教，着眼于学生创造潜能的挖掘，使创造性成为新一代合格人才的必备特点。

参考文献

[1][美]芭芭拉·弗雷德里克森. 积极情绪的力量 [M]. 王珺译. 北京：中国人民大学出版社，2010.

[2]刘翔平. 积极心理学（第2版）[M]. 北京：中国人民大学出版社，2018.

［3］柏桦. 信念：重建生命新境界［M］. 北京：西苑出版社，1999.

［4］周国韬，盖笑松. 积极心理学与教师心理调适［M］. 北京：中国轻工业出版社，2012.

［5］张旭东. 心理学概论（第二版）［M］. 北京：科学出版社，2009.

［6］项家庆. 教师积极心理健康养成［M］. 北京：国家行政学院出版社，2015.

［7］王朝庄. 放下固执偏见［N］. 鹤壁日报，2012 - 05 - 28.

［8］刘翔平. 当代积极心理学［M］. 北京：中国轻工业出版社，2010.

第五章　职业幸福感

尽管每个人由于生活环境、文化教育以及社会影响的不同，对幸福观的理解和认识也各有不同，但是这并不妨碍我们将幸福作为生活追求的最高目标。如果问："幸福对你来说意味着什么？"很多人会不由自主地想，意味着拥有理想的工作、丰厚的薪水、完整的家庭、很多的朋友，等等。可是，仔细观察生活，我们会发现，有些人已经拥有了上述提到的一切，但还是感到不快乐。

第一节　幸　福　感

一、幸福感的概念

（一）什么是幸福感

什么是幸福？当积极心理学运动兴起之后，幸福逐渐进入心理学家关注的视野。研究者们发现，"幸福是什么"这一问题，对每个人来说都有不同的答案。有些人觉得幸福就是兴高采烈、开开心心，但另一些人却觉得幸福代表着平静和安宁。维克多·雨果认为："人生至高的幸福，便是感到自己有人爱。"而卡尔·马克思在谈到幸福时，却只用了"斗争"一词。

由于这些分歧的存在，心理学家最终决定以个体的主观判断为标准来界定幸福，即认为幸福就是个体根据自定的标准对其生活质量的整体性评估。这一观点得到了大多数人的认同，并将其定义为"主观幸福感"（subjective well-being, SWB）。赛利格曼幸福公式为：总幸福指数 = 先天的遗传素质 + 后天的环境 + 你能主动控制的心理力量（H = S + C + V）。

威尔逊（Wilson, 1967）提出主观幸福感个体差异的理论假设：第一，需要的及时满足产生快乐，需要总是得不到满足导致不快；第二，需要满足到什

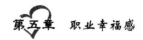

么程度才能带来满足感，取决于个人的适应或期望水平，而这又受过去的经验、同他人的比较、价值观及其他因素的影响。

迪纳（Diener，1984）区分了影响主观幸福感的外部与内部因素。早期理论建构重点在于证明外部因素，如事件、情境和人口统计项目等是如何影响主观幸福感的。这一理论基于威尔逊（Wilson，1967）的第一个假设：人有基本的普遍的需要，若环境使其需要得到满足，他就会感到幸福。许多研究支持外部因素影响理论，但更多研究发现外在、客观的变量对主观幸福感的影响相当小，人口统计项目（性别、收入、智力水平等）只能解释主观幸福感不足20%的变异，外在环境只能解释主观幸福感15%的变异。由于外部因素影响较小，研究者们转向研究内部因素，即威尔逊的第二点假设来解释主观幸福感的变异性：个人内部建构决定生活事件如何被感知，从而影响幸福体验。人们对于幸福的含义有着很多种不同的看法。那么，什么是幸福感呢？无论一个人对幸福的含义有着什么样的理解，他都会对自身生活产生幸福或不幸福的感受，这种感受就是主观幸福感。

（二）幸福感的特点

主观幸福感是指个体对其整体生活状态的判断，具有以下三个特点[2]。

1. 主观性

正如一句谚语所说："幸福如同脚上的鞋，是否合脚只有脚趾头最了解。"个人的主观幸福感也是如此，它存在于个体的经验之中，依赖于个体内定的标准，而不是他人或外界的准则。尽管健康、金钱等客观条件对幸福感会产生影响，但它们并不等同于幸福感本身。由于幸福感完全是一种个人主观体验，因此把它称为"主观幸福感"。

2. 整体性

幸福感不是源自个体对某个生活领域的狭隘评估，而是包括个体对其生活状态的整体评价。成年人的生活内容，包括家庭生活、职业生活、社会生活等多个领域，幸福感不是由某一领域决定的，而是由个体对多个领域的整体生活感受决定的。

3. 两维性

幸福感的一个维度是积极情绪体验（例如兴高采烈、满怀信心、心平气和等），另一个维度是消极情绪体验（例如无精打采、沮丧失望、焦虑烦躁等）。过去人们以为，积极情绪越多的人，消极情绪就会越少，反之亦然。可是，近来的科学研究却发现事实并非如此。人们的消极情绪和积极情绪是两个不同的维度，既可能一个高一个低，也可能两个都高或都低。

正如白岩松的一本书名所说的那样，人可以"痛并快乐着"。

二、影响幸福感的因素

究竟什么使人幸福？关于这个问题有许多的推论和常识性的假设。比如，很多人都说金钱不能带来快乐，但是你真的相信这个观点吗？也有人说"拥有健康，你就拥有一切"，如果你很健康，但却贫穷、没有工作、孤独，那你还会幸福吗？我们时常会听说成为父母是一种幸福、年轻是一种幸福、单身是一种幸福，这些因素真的能带来幸福感吗？近几十年来，心理学家开始用实证研究来验证这些假设，正如你将看到的，许多我们关于幸福感的"常识"是不准确的[1]。

（一）内部因素

1. 遗传

如同心理现象受遗传还是环境作用的争论一样，对主观幸福感的产生基础也存在着类似不统一的现象。然而，心理学家的研究指出，在感受幸福的天赋方面，人类的祖先在遗传上就存在着个体差异，这些幸福基因被选择性地遗传给人们，所以现代人的平均幸福感依然存在着一定的个体差异。这些不同的基因因素影响人的行为，增加人们经历某种生活事件的可能性，在某种情境下使某类独特行为反应更可能发生，从而进一步影响不同个体的主观幸福感。美国明尼苏达大学的心理学教授戴维·吕肯（David Lykken）与其同事对一些出生在明尼苏达的双生子进行了长达10年的幸福感调查，他们认为80%的人在出生时就已有了基本定型的"幸福感"："人一生中的大部分时间能否在快乐的情感中度过，这其中一半取决于他的机遇，而另一半则在母亲受孕时便已决定了。"

一项来自明尼苏达大学奥克·特勒根（Auke Tellegen）等的双生子研究也发现：在不同家庭环境中长大的同卵双生子，其主观幸福感水平的接近程度，比在同一家庭中长大的异卵双生子要高得多，并且40%的积极情感变异、55%的消极情感变异，以及48%的生活满意度变异可由基因解释，而共同的家庭生活环境只能解释22%的积极情感变异、2%的消极情感变异，以及13%的生活满意度变异。由此可见，遗传结构可以作用于人们的幸福感，一个人的平均幸福感在一定程度上取决于他的基因，而不是那些起伏不定的运气。

2. 人格

人格因素是影响主观幸福感的最重要因素之一，大量研究表明人格因素与主观幸福感高度相关。马格纳斯和迪纳（Magnus & Diener，1991，May）的研究表明，人格特质对主观幸福感的影响甚至高于生活事件的影响。外倾者相对于内倾者，更容易对愉快的情绪刺激产生反应；神经质的个体相对于稳定的个体更容易对不愉快的情绪刺激产生反应。迪纳和卢卡斯（Diener & Lucas，1999）认为，外倾者更容易接收到奖励信号，并表现出更强的积极情感，使其接近奖励刺激。由于社会情境比非社会情境更具奖赏性，外倾者的积极情感增强也会引起社会活动增多。阿米拉蒂等（Ammirati，Lamis，Campos & Farber，2015）研究表明，乐观的人格特质与幸福感呈显著正相关。乐观者往往对未来抱有积极的期待，他们坚定地相信未来会有好事发生，这种期待驱使他们行动，并达到目的。[3]

3. 健康

有人把健康比作1，而把其他如财富、成功、名誉、爱情、关貌等都比作0，只有1存在时，其他的加上去，才会成为10，100，1000……但若健康不存在，其他的再多，也还只是0。人类的幸福只有在身心健康的基础上，才能建立起来。随着我们对自身认识的增加，我们愈加感受到，我们的身心并不是两个互相分离、相互独立的系统，而是不可分割的、相互作用的统一整体。当生活的压力过大时，人们的心理负荷就会达到一种临界水平，不但要承受心理压力，而且还会产生身体上的疾病。而那些对自己生活很满意、更乐观的人却可以表现出更少的病症，而且他们的实际患病率也更低。可见，我们生活得越幸福，就会越健康；相反，我们生活得越不幸福，也就越有可能患上疾病。

在成功学盛行的今天，许多年轻人认为自己处于精力充沛、拼命赚钱的好时光，所以终日生活在忙碌之中。大多数白领，生活品质并不是很高。健康是幸福的基石，是一切生活目标的原点。如果没有健康，一切都黯然失色，生活乐趣全无，何谈幸福？健康并不是一切，但是失去健康，就会失去一切。

（二）外部因素

1. 金钱

人们在评价一个人的幸福感时，常常习惯于从一个角度出发，即通过一个人拥有的物质财富的多少来估计他有多幸福。在一个崇拜物质的社会，金钱无疑会被认为是幸福感的重要决定因素，更多的人选择去追求财富。大多数人倒不是排斥幸福，而是认为一旦有钱了，幸福就随之而来。根据塞利格曼的观点，财富只有在缺少时才对幸福有较大影响，一个特别贫穷的人不会感受到幸福，可当财富增加到一定水平后，财富与幸福的相关就小得多了。百万富翁并不一定快乐，中彩票也不能使人长久地幸福，同时也存在一些"快乐的穷人"。经济收入在人们比较贫穷时对幸福感有较大影响，而一旦人们的基本需要得到满足，经济状况对幸福感的影响就较小了。总体来说，人均国民收入与幸福感呈正相关，人均收入越高，人们越幸福。

纵然财富不能带来幸福，但贫困确实会使人不幸福。尤其是在这个穷人周围都是经济条件比较好的人，或者这个穷人同时身患疾病的情况下。财富在哪个方面确实能带来幸福呢？主要在于收入的改变，而不是财富的总量（极度贫困的情况除外）。当人们突然获得一笔意外之财的时候，他们会瞬间体验到强烈的快感。但是一旦他们适应了这种新处境，幸福感就回到先前的水平了。

2. 婚姻

人生真正的幸福和欢乐浸透在亲密无间的家庭关系中。许多研究都证实家庭和婚姻满意度是主观幸福感的最强预测因素。迈尔斯的调查发现，已婚的人比离异、未婚和分居的人更幸福，而最不幸福的是在不幸婚姻中的人。诺费尔·格兰（Norval Glenn）对婚姻与主观幸福感的关系进行了大量的研究，他发现已婚妇女报告的幸福感高于未婚妇女，同时，如果控制了教育、收入、工作、地位等影响因素，婚姻则是主观幸福感的最强预测指标。后来，他还发现再婚者的幸福感不会受他们过去的离婚事件影响。

为什么婚姻会给人带来幸福感？可以从两方面解释。一方面，幸福的人比不幸福的人更容易结婚，因为作为婚姻伴侣，幸福的人比不幸福的人更具有魅力。另一方面，婚姻为人们提供的种种好处让人更幸福。婚姻提供了更好的心理和生理的亲密感，提供了生儿育女、建立家庭的环境，作为配偶和父母的社会角色，以及自我认同和养育后代的生活背景。大多数人能够体验到浪漫的关系给我们带来的愉悦，因此获得一段美满的婚姻是每个人在追求幸福的路上的一个重要目标。

3. 社会比较

我们的主观幸福程度，受到我们对自己的评价和对自己当前处境的评价的影响，这不但包括与我们自己近期的处境相比较，也包括与别人的处境相比较。我们和别人比健康、比个人魅力、比孩子的成绩、比收入、比社会地位、比学术成就等。在现代社会中，电视、电影、杂志、报纸和网络随时都能给我们呈现人群中的典范，他们优越的生活方式、迷人的形体魅力以及在事业上取

得的成功，其实是大多数人永远达不到的状态。当我们用这些不切实际的标准来衡量自己的成就时，幸福感缺失的后果也就不那么令人惊讶了。

根据社会比较理论（social comparison theory，SCT）的观点，主观幸福感的性质与水平是社会比较的结果，经比较得出的结果的好坏与社会比较的方向和内容有关（Diner & Fejita，1997；Eid & Larsen，2008）。还有研究发现年轻人和老年人的主观幸福感同时受到经济地位（如收入水平、受教育程度等）比较和计量地位（如受尊敬程度、影响力大小等）比较的影响。但老年人更看重计量地位，对计量地位进行上行比较更容易给老年人带来主观幸福感的损失，而对于更看重经济地位的年轻人而言，进行经济地位的下行比较会使其更易获得主观幸福感的提升。

幸福的源头在于自己的内心，福由心生！人生在世，重要的不是过得如何舒服，活得多么安逸，而是要活得心安理得、快乐充实，把生命的价值充分地发挥出来。

4. 亲社会互动

研究表明，具有良好社会支持的个体会有比较高的生活满意度、积极情绪和较低的消极情绪。韦斯（Weis，1974）研究发现，个体只有在得到各种社会支持时才能获得较高的幸福感；米汉等（Meehan，Durlak & Bryant，1993）的研究指出，社会支持与个体的积极情感存在正相关。人类生来就是需要其他人的，从一个个体出生起，他在婴儿期到青春期这很长一段时间之内都十分需要依赖他人。即使在成年之后，个体仍旧需要很多来自不同方面的良好社会支持。而这些支持往往在个体与他人之间的亲社会互动中产生。亲社会行为是人际互动中对他人、群体及社会有益的积极行为，是个体获得幸福感的重要途径。但研究表明，只有满足个体自主性需要的亲社会行为才能提升亲社会互动中的行为实施者、行为接受者及旁观者的幸福感（杨莹，寇彧，2017）。

5. 文化

对主观幸福感的跨文化研究表明主观幸福感受到文化的影响。在跨文化情境下研究主观幸福感无法回避文化相对性的问题：如果不同的文化有不同的价值观，那么其民众就会依据不同的标准来考虑和评价其所在社会的成功和价值。幸福感的文化普遍性是指幸福感有一些共同的文化因素。自我决定理论和多维模型都是以人本主义理论为基础，探讨并试图验证幸福感的文化普遍性的理论模型。莱恩和德西（Ryan & Deci，2000）的自我决定理论认为人类有普遍的基础性的三个心理需要，即自主需要、能力需要和关系需要，这三种需要的满足在不同的人生阶段和不同的文化中有不同的实现途径和表达方式。苗元江和余嘉元（2003）提出的多维模型，则认为幸福感的心理机能包括自我接受、个人成长、生活目的、良好关系、情感控制和自主，这些需要得到满足的程度与生活满意度有关。显然，自我决定理论同时考虑到了幸福感的文化共性和特性。在个人主义文化中，个人的幸福感以自身的情绪体验为基础；在集体主义文化中，个人的幸福感与满足他人的需要和期望密切相关。

第二节　提升教师的职业幸福感

一、职业幸福感的概念

（一）什么是职业幸福感

职业幸福感是指员工对工作的满意程度以及在工作中产生的积极的和消极的情感体验。对于成人而言，职业活动是生活中的核心内容，所以如果一个人不能从职业中获得幸福感，其整体幸福感水平都将受到消极影响。员工对工作的满意程度涉及职业声望、报酬水平和福利待遇、升迁发展机会、受认可和赏识的程度、工作环境、领导者素质、政策制度及实施状况、同事关系、服务对象、胜任感和成就感、工作中的独立性、工作强度、工作的变化性和挑战性等多方面的因素。

（二）影响职业幸福感的因素分析

工作动机会影响到职业幸福感水平的高低，人们工作总是为了满足自己特定的需要。对于不同的工作者而言，他们企图满足的个人需要也是不同的。根据马斯洛的需要层次理论，人类的需要可以划分为从低到高的五个层次，只有当低层次需要得到了满足，高层次需要才可以产生[1]。以此为基础，人们的工作动机也可以划分为从低到高的三个层次。

1. 把职业当作谋生的手段

当个人发展需求尚处于以生理需要和安全需要为主要矛盾的阶段时，更倾向于把职业当作谋生的手段。对于这样的人而言，职业活动本身并不包含快乐体验，职业的意义在于获得报酬、维持生活、获得经济上的安全感。

2. 把职业当作获得尊严的手段

当个人基本的物质需求和经济上的安全感有了一定程度上的保障时，则开

始追求较高层次的需要满足。他们希望在工作中建立和谐的同事关系，获得领导的赏识，获得服务对象的认可，获取同行的尊重和赞赏。

3. 把职业当作获得幸福的手段

当个人的前四种需求都获得了一定程度的满足时，则开始产生自我实现的需要。处于这一阶段的人，把工作当作获得人生意义的手段，更容易把职业活动当作获得幸福的途径。他们往往忘我地投身于工作，不只关注工作带来的报酬和名望，更沉浸于工作本身的乐趣。无论是科学研究发现还是身边的经验都告诉我们，不只是衣食无忧或功成名就的人才能够把职业当作获得幸福的手段。事实上，任何职业中都有这样的例子：把职业当作获得幸福的手段，沉浸于工作本身的乐趣，并因而获得了更深刻的人生幸福。

二、提升教师的职业幸福感

（一）幸福教师的共同之处

《安娜·卡列尼娜》中说道："幸福的家庭都是相似的，不幸的家庭各有各的不幸。"职业幸福感也是如此。能在职业生活中体验到更多幸福的人，也有着共同之处。他们都是热爱其职业、热爱其工作对象、热爱其工作材料的人[1]。

1. 对工作性质的爱：爱教育

生活中不乏这样的人：非常厌烦自己所从事的工作，但又不得不将其作为谋生手段。对于这样的人而言，工作仅仅是手段而不是目的。因此，一天的大部分时间都是在不幸福状态中度过，甚至其他时间里也为之而烦恼。幸福的教师把自己的工作看作一种快乐。尽管各种行业都可能发现工作的可爱，但教师职业更可能让人感受到这一点，这是由教师职业的两个重要特征决定的。一方面，教师工作过程具有极高的创造性。与许多行业中日复一日的重复劳动不同，教师每天面对的是一天天成长变化着的学生，每个教育教学目标的实现都需要教师自主的发挥和演绎；另一方面，教师的工作后果具有极高的精神回报。教师行业并不是社会中高收入的群体，然而教师所能获得的精神回报却是任何物质生产领域或流通领域的从业者难以比拟的。教育的功效在于学生的成熟与发展，在于人的素质提高和社会进步。因此，孟子把"得天下英才而教育之"作为人生的三大幸福之一。

2. 对工作对象的爱：爱学生

一个热爱自己工作对象的人，不会把工作当作一种辛劳，反而会从中体验到深刻的幸福。幸福的教师都是热爱孩子的人。教师对学生的爱是人世间最可贵的情感之一，这种爱具有三个特征：第一，教师的爱的无私性。与家长对自己孩子的爱相比，教师的爱更为博大；几乎人人都能做到爱自己的孩子，而教师的爱是指向所有的孩子。第二，教师的爱的无条件性。教师的爱不应是以学生的表现为条件的；一个优秀的教师不仅爱班级中那些成绩突出、品行优异的孩子，也爱那些普普通通，甚至是学习困难和调皮捣蛋的孩子。第三，教师的爱的表达形式的特殊性。教师对学生的爱在表达方式上是特别的，主要不是通过亲昵的行为和话语，更多是通过对成长的精心呵护和严格要求来实现。

3. 对工作材料的爱：爱知识

如果一个语文教师不爱文学，如果一个音乐教师不爱艺术，那么他一定会觉得每日的工作无聊而乏味。一个幸福的教师必定热爱自己的工作材料——相应的学科知识。求知是一种快乐，有好奇心和求知欲的人就拥有更多幸福的来源。一个人读书读到妙处的会心微笑，买到一本好书时的无限满足，与所钟爱的作者在心灵上互动的感受，都构成了人生的幸福时刻。因此，教师要为自己树立终身学习的观念，围绕自己的教育教学工作的需要，为自己设计一条终身学习之路，在求知的道路上体验幸福。

（二）提升主观幸福感的策略[3]

1. 良好的关系

从当前众多的心理学研究来看，良好的人际关系对幸福感的影响很大。故而，要尽力改善人际关系。第一，制订能够与家庭保持亲密接触的生活计划。这种计划既包括年度计划中的各个阶段，也包括生活方式中的长期规划。第二，结交几个要好的朋友并与他们保持密切的联系。如果你想结交好朋友，你选择的工作和休闲娱乐活动应当让你有可能遇到与你兴趣相投、能力相当、境况相似、阅历相仿的人，因为两个相似的人之间的友谊，比两个不相似的人之间的关系要深厚得多。第三，与熟人合作而非竞争。当我们牢记我们将不得不与熟人长期共处，并肩工作会比独自单干带来更多的个人利益时，我们就会更乐意合作。在所有重要的关系中，都应保证自己做出平等互惠的行为而不是自私自利的行为。如果别人给你帮助或恩惠，你要用同等的（不是较少的）恩惠和帮助回报对方。第四，扩大社交圈，做外向的人。尽可能认识不同的人，参加能分享自己兴趣的俱乐部、社会活动或其他团体活动。注意多微笑，使自己更外向些。当微笑所牵涉的面部肌肉活动时，你的情绪会得到改善。微笑

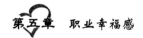

的、友好的人们有吸引力，也更容易结识新朋友。

2. 喜爱的工作

幸福人士的普遍特征是，有一份能带来满足和成就感的有意义的工作。对幸福的人来说，工作本身的奖励比薪水更有意义（Myers & Diener, 1995）。众多研究表明，有职业的人比未就业的人更幸福，而且从事专业技术工作的人比那些从事非技术工作的人更幸福（Argly, 2001）。这可能是由于工作使人们有机会获得快乐，满足他们的好奇心和发展技能，扩大他们的社会支持网络，提高他们的认同感和目标感。第一，找一份令自己满意的工作。在令人满意的工作中，通常有良好的个人—环境适应状态。在从事这样的工作时，人们各司其责，工作环境与他们的技能、天分和爱好相匹配。人们喜欢那些运用自己熟练的技能才能完成的、完全由其内在价值决定的工作和那些能够带来社会收益的工作。其他与工作满意度相关的因素包括清晰的角色定位、支持性的管理、与同事之间交流的机会、有价值的社会地位、身体安全和经济保障（Warr, 1999）。第二，如果你失去了一份喜欢的工作，一份在你长期职业生涯中一直引以为傲的工作，这件事会给你带来很深的伤害。尽可能避免失业，如果无法做到这一点，那就尽可能避免长期失业。

3. 目标与意义

幸福的人与其他人相比，更可能会有一个明确的人生目标。一代又一代的心理学家一再地"重新发现"远大的目标对人的重要意义。这个观点至少可以追溯到阿德勒。阿德勒认为，人的基本动机是"追求优越"，而不同的人会以不同的方式来追求这个目标。人们在达到较高成就目标时的幸福程度，比达到较低成就目标时的幸福程度要更高（Diener et al., 1999）。幸福感提升建议：第一，认识到持久的幸福并不来自财富上的成功。财富就像健康，完全缺失会引起痛苦，但是拥有它（或者任何我们渴望已久的事情）并不能确保幸福。第二，设定目标，努力向前。生活的目标非常重要，而且朝向目标努力的过程与目标实现本身一样重要。有时，目标可能过高，使我们因为无法实现目标而陷入失望，这就首先失去了设定目标的意义。所以，设定一个现实的目标更有助于目标的实现。第三，从事有意义和有成果的工作。选择职业对幸福感至关重要。不要选择只带来财富的职业。很多人选择如法律、工程或计算机科学的职业，结果发现它们没给自己带来什么满足和幸福感。找到你个人认为有意义和有成就的工作。

4. 运动和锻炼

运动和锻炼不仅是增进身体健康的手段，也有助于提升个人的幸福感。短期的锻炼带来积极的情绪状态，长期的锻炼则产生更强的幸福感（Argyle，2001；Sarafino，2002）。Thayer（1989）发现，10 分钟的散步能减轻紧张和疲劳感，并带来随后 2 小时的精力充沛。另外一些研究也发现，锻炼 1 小时之后，被试普遍会感到一整天都精力充沛，而且减少了紧张、烦恼、抑郁、恼怒和疲劳感（Maroulakis & Zervas，1993）。

锻炼的短期效果归因于锻炼导致大脑产生的内啡肽和类吗啡的释放，因为这些物质能使运动者产生一种欣快的感觉。长期锻炼带来的幸福感的持续提升是因为有规律的锻炼减少了抑郁和焦虑，提高了我们工作的准确性和速度，优化了我们的自我概念，促进了心血管的健康和机能。整个成年时期有规律的锻炼能够降低心脏病和癌症的发生率，使人更加长寿。另外，有规律地进行锻炼的人经常和别人结伴运动、愉快交往，因此他们的幸福感也能从这种额外的社会支持中受益。

5. 提升幸福感的其他建议

（1）管理好你的时间。幸福的人总感到能驾驭自己的生活，他们通常从合理支配自己的时间中受益良多。管理自己的时间有助于个人确立目标并把总的目标分解为每天的工作。尽管我们经常高估自己某一天能完成的工作量（这使我们灰心），但我们也总是低估我们一年中能完成很多任务，只要你每天都取得一点进步。

（2）关注当下，投入地生活。幸福存在于当下，而不是不确定的将来。把过去和消极事件都抛诸脑后，不要过分担心明天。如果你现在不快乐，你的未来可能也不会快乐。过幸福的生活就是要学习最大限度地进行内心体验，控制内心的体验，使我们从事某种活动时心情愉快。全神贯注地投入一种活动，会让我们产生圆满的感觉。佛教的一条教义说：如果你在扫地的时候想着休息，那你就没有真正地体验生活本来的样子。如果你扫地的时候就体验扫地的心情，休息时就体验休息的心情，你就能找到一种圆满的感觉！

（3）心存感激。心存感激的人，每天都会反思他们生活的积极方面（健康、朋友、家庭、自由、教育、意义及自然环境，等等），体验到很高的幸福感。关注自我以外的人和事，帮助那些需要帮助的人。当我们向需要帮助的人伸出援助之手的时候，我们常常会有这样一种感觉，觉得自己能够控制周围的

环境。快乐会增加助人行为（好心情做好事），而做了好事也会使人感觉心情好。要是大家都能这么做，我们就可以创造一个积极的社会环境。伸出援助之手，既可以帮助别人，也可有利于提供帮助的人。

第三节 教师专业标准与职业幸福感

积极心理学倡导研究人们优秀、向上的心理品质，帮助人们充满正能量，并用这些正能量去鞭策自己，激发自己的潜在能力，为自己的学习、工作和生活增添光彩。积极心理品质是积极心理学的核心，是指个体在成长过程中与周围环境相互作用所产生的一种持久的、积极乐观的情感体验和态度。

为促进中小学教师专业发展，建设高素质中小学教师队伍，根据《中华人民共和国教师法》和《中华人民共和国义务教育法》，2012 年 2 月 10 日，教育部下发"关于印发《幼儿园教师专业标准（试行）》《小学教师专业标准（试行）》和《中学教师专业标准（试行）》的通知"（教育部文件教师（2012）1 号）。在新颁布的《教师专业标准》（包括幼儿园、小学、中学教师专业标准）中，约百分之四十的标准与积极心理品质相关，故而应该将培养教师积极心理品质作为提高教师抗挫折心理能力的重要内容。

一、教师专业标准

（一）幼儿园教师专业标准（试行）

为促进幼儿园教师专业发展，建设高素质幼儿园教师队伍，根据《中华人民共和国教师法》，特制定《幼儿园教师专业标准（试行）》（以下简称《专业标准》）。

幼儿园教师是履行幼儿园教育教学工作职责的专业人员，需要经过严格的培养与培训，具有良好的职业道德，掌握系统的专业知识和专业技能。《专业标准》是国家对合格幼儿园教师专业素质的基本要求，是幼儿园教师实施保教行为的基本规范，是引领幼儿园教师专业发展的基本准则，是幼儿园教师培养、准入、培训、考核等工作的重要依据。

1. 基本理念

（1）师德为先。热爱学前教育事业，具有职业理想，践行社会主义核心价值体系，履行教师职业道德规范，依法执教。关爱幼儿，尊重幼儿人格，富有爱心、责任心、耐心和细心；为人师表，教书育人，自尊自律，做幼儿健康成长的启蒙者和引路人。

（2）幼儿为本。尊重幼儿权益，以幼儿为主体，充分调动和发挥幼儿的主动性；遵循幼儿身心发展特点和保教活动规律，提供适合的教育，保障幼儿快乐健康成长。

（3）能力为重。把学前教育理论与保教实践相结合，突出保教实践能力；研究幼儿，遵循幼儿成长规律，提升保教工作专业化水平；坚持实践、反思、再实践、再反思，不断提高专业能力。

（4）终身学习。学习先进学前教育理论，了解国内外学前教育改革与发展的经验和做法；优化知识结构，提高文化素养；具有终身学习与持续发展的意识和能力，做终身学习的典范。

2. 基本内容

表 5 - 1   幼儿园教师专业标准（试行）

维度	领域	基本要求
专业理念与师德	（一）职业理解与认识	1. 贯彻党和国家教育方针政策，遵守教育法律法规。 2. 理解幼儿保教工作的意义，热爱学前教育事业，具有职业理想和敬业精神。 3. 认同幼儿园教师的专业性和独特性，注重自身专业发展。 4. 具有良好的职业道德修养，为人师表。 5. 具有团队合作精神，积极开展协作与交流。
	（二）对幼儿的态度与行为	6. 关爱幼儿，重视幼儿身心健康，将保护幼儿生命安全放在首位。 7. 尊重幼儿人格，维护幼儿合法权益，平等对待每一位幼儿。不讽刺、挖苦、歧视幼儿，不体罚或变相体罚幼儿。 8. 信任幼儿，尊重个体差异，主动了解和满足有益于幼儿身心发展的不同需求。 9. 重视生活对幼儿健康成长的重要价值，积极创造条件，让幼儿拥有快乐的幼儿园生活。

维度	领域	基本要求
专业理念与师德	（三）幼儿保育和教育的态度与行为	10. 注重保教结合，培育幼儿良好的意志品质，帮助幼儿养成良好的行为习惯。 11. 注重保护幼儿的好奇心，培养幼儿的想象力，发掘幼儿的兴趣爱好。 12. 重视环境和游戏对幼儿发展的独特作用，创设富有教育意义的环境氛围，将游戏作为幼儿的主要活动。 13. 重视丰富幼儿多方面的直接经验，将探索、交往等实践活动作为幼儿最重要的学习方式。 14. 重视自身日常态度言行对幼儿发展的重要影响与作用。 15. 重视幼儿园、家庭和社区的合作，综合利用各种资源。
	（四）个人修养与行为	16. 富有爱心、责任心、耐心和细心。 17. 乐观向上、热情开朗，有亲和力。 18. 善于自我调节情绪，保持平和心态。 19. 勤于学习，不断进取。 20. 衣着整洁得体，语言规范健康，举止文明礼貌。
专业知识	（五）幼儿发展知识	21. 了解关于幼儿生存、发展和保护的有关法律法规及政策规定。 22. 掌握不同年龄幼儿身心发展的特点、规律和促进幼儿全面发展的策略与方法。 23. 了解幼儿在发展水平、速度与优势领域等方面的个体差异，掌握对应的策略与方法。 24. 了解幼儿发展中容易出现的问题与适宜的对策。 25. 了解有特殊需要的幼儿的身心发展特点及教育策略与方法。

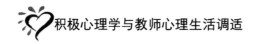

续表

维度	领域	基本要求
专业知识	（六）幼儿保育和教育知识	26. 熟悉幼儿园教育的目标、任务、内容、要求和基本原则。 27. 掌握幼儿园各领域教育的学科特点与基本知识。 28. 掌握幼儿园环境创设、一日生活安排、游戏与教育活动、保育和班级管理的知识与方法。 29. 熟知幼儿园的安全应急预案，掌握意外事故和危险情况下幼儿安全防护与救助的基本方法。 30. 掌握观察、谈话、记录等了解幼儿的基本方法和教育心理学的基本原理和方法。 31. 了解 0～3 岁婴幼儿保教和幼小衔接的有关知识与基本方法。
	（七）通识性知识	32. 具有一定的自然科学和人文社会科学知识。 33. 了解中国教育的基本情况。 34. 具有相应的艺术欣赏与表现知识。 35. 具有一定的现代信息技术知识。
专业能力	（八）环境的创设与利用	36. 建立良好的师幼关系，帮助幼儿建立良好的同伴关系，让幼儿感到温暖和愉悦。 37. 建立班级秩序与规则，营造良好的班级氛围，让幼儿感受到安全、舒适。 38. 创设有助于促进幼儿成长、学习、游戏的教育环境。 39. 合理利用资源，为幼儿提供和制作适宜的玩教具和学习材料，引发和支持幼儿的主动活动。
	（九）一日生活的组织与保育	40. 合理安排和组织一日生活的各个环节，将教育灵活地渗透到一日生活中。 41. 科学照料幼儿日常生活，指导和协助保育员做好班级常规保育和卫生工作。 42. 充分利用各种教育契机，对幼儿进行随机教育。 43. 有效保护幼儿，及时处理幼儿的常见事故，在危险情况下优先救护幼儿。

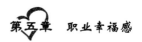

续表

维度	领域	基本要求
专业能力	（十）游戏活动的支持与引导	44. 提供符合幼儿兴趣需要、年龄特点和发展目标的游戏条件。 45. 充分利用与合理设计游戏活动空间，提供丰富、适宜的游戏材料，支持、引发和促进幼儿的游戏。 46. 鼓励幼儿自主选择游戏内容、伙伴和材料，支持幼儿主动地、创造性地开展游戏，充分体验游戏的快乐和满足。 47. 引导幼儿在游戏活动中获得身体、认知、语言和社会性等多方面的发展。
	（十一）教育活动的计划与实施	48. 制订阶段性的教育活动计划和具体活动方案。 49. 在教育活动中观察幼儿，根据幼儿的表现和需要，调整活动，给予适宜的指导。 50. 在教育活动的设计和实施中体现趣味性、综合性和生活化，灵活运用各种组织形式和适宜的教育方式。 51. 提供更多的操作探索、交流合作、表达表现的机会，支持和促进幼儿主动学习。
	（十二）激励与评价	52. 关注幼儿日常表现，及时发现和赏识每个幼儿的点滴进步，注重激发和保护幼儿的积极性、自信心。 53. 有效运用观察、谈话、家园联系、作品分析等多种方法，客观地、全面地了解和评价幼儿。 54. 有效运用评价结果，指导下一步教育活动的开展。
	（十三）沟通与合作	55. 使用符合幼儿年龄特点的语言进行保教工作。 56. 善于倾听，和蔼可亲，与幼儿进行有效沟通。 57. 与同事合作交流，分享经验和资源，共同发展。 58. 与家长进行有效沟通合作，共同促进幼儿发展。 59. 协助幼儿园与社区建立合作互助的良好关系。
	（十四）反思与发展	60. 主动收集分析相关信息，不断进行反思，改进保教工作。 61. 针对保教工作中的现实需要与问题，进行探索和研究。 62. 制定专业发展规划，积极参加专业培训，不断提高自身专业素质。

3. 实施建议

（1）各级教育行政部门要将《专业标准》作为幼儿园教师队伍建设的基本依据。根据学前教育改革发展的需要，充分发挥《专业标准》引领和导向作用，深化教师教育改革，建立教师教育质量保障体系，不断提高幼儿园教师培养培训质量。制定幼儿园教师准入标准，严把幼儿园教师入口关；制定幼儿园教师聘任（聘用）、考核、退出等管理制度，保障教师合法权益，形成科学有效的幼儿园教师队伍管理和督导机制。

（2）开展幼儿园教师教育的院校要将《专业标准》作为幼儿园教师培养培训的主要依据。重视幼儿园教师职业特点，加强学前教育学科和专业建设。完善幼儿园教师培养培训方案，科学设置教师教育课程，改革教育教学方式；重视幼儿园教师职业道德教育，重视社会实践和教育实习；加强从事幼儿园教育的师资队伍建设，建立科学的质量评价制度。

（3）幼儿园要将《专业标准》作为教师管理的重要依据。制定幼儿园教师专业发展规划，注重教师职业理想与职业道德教育，增强教师育人的责任感与使命感；开展园本研修，促进教师专业发展；完善教师岗位职责和考核评价制度，健全幼儿园教师绩效管理机制。

（4）幼儿园教师要将《专业标准》作为自身专业发展的基本依据。制定自我专业发展规划，爱岗敬业，增强专业发展自觉性；大胆开展保教实践，不断创新；积极进行自我评价，主动参加教师培训和自主研修，逐步提升专业发展水平。

（二）小学教师专业标准（试行）

为促进小学教师专业发展，建设高素质小学教师队伍，根据《中华人民共和国教师法》和《中华人民共和国义务教育法》，特制定《小学教师专业标准（试行）》（以下简称《专业标准》）。

小学教师是履行小学教育教学工作职责的专业人员，需要经过严格的培养与培训，具有良好的职业道德，掌握系统的专业知识和专业技能。《专业标准》是国家对合格小学教师专业素质的基本要求，是小学教师实施教育教学行为的基本规范，是引领小学教师专业发展的基本准则，是小学教师培养、准入、培训、考核等工作的重要依据。

1. 基本理念

（1）师德为先。热爱小学教育事业，具有职业理想，践行社会主义核心价值体系，履行教师职业道德规范，依法执教。关爱小学生，尊重小学生人格，富有爱心、责任心、耐心和细心；为人师表，教书育人，自尊自律，做小学生健康成长的指导者和引路人。

（2）学生为本。尊重小学生权益，以小学生为主体，充分调动和发挥小学生的主动性；遵循小学生身心发展特点和教育教学规律，提供适合的教育，促进小学生生动活泼学习、健康快乐成长。

（3）能力为重。把学科知识、教育理论与教育实践有机结合，突出教书育人实践能力；研究小学生，遵循小学生成长规律，提升教育教学专业化水平；坚持实践、反思、再实践、再反思，不断提高专业能力。

（4）终身学习。学习先进小学教育理论，了解国内外小学教育改革与发展的经验和做法；优化知识结构，提高文化素养；具有终身学习与持续发展的意识和能力，做终身学习的典范。

2. 基本内容

表5-2　小学教师专业标准（试行）

维度	领域	基本要求
专业理念与师德	（一）职业理解与认识	1. 贯彻党和国家教育方针政策，遵守教育法律法规。 2. 理解小学教育工作的意义，热爱小学教育事业，具有职业理想和敬业精神。 3. 认同小学教师的专业性和独特性，注重自身专业发展。 4. 具有良好职业道德修养，为人师表。 5. 具有团队合作精神，积极开展协作与交流。
	（二）对小学生的态度与行为	6. 关爱小学生，重视小学生身心健康，将保护小学生生命安全放在首位。 7. 尊重小学生独立人格，维护小学生合法权益，平等对待每一位小学生。不讽刺、挖苦、歧视小学生，不体罚或变相体罚小学生。 8. 信任小学生，尊重个体差异，主动了解和满足有益于小学生身心发展的不同需求。 9. 积极创造条件，让小学生拥有快乐的学校生活。

维度	领域	基本要求
专业理念与师德	（三）教育教学的态度与行为	10. 树立育人为本、德育为先的理念，将小学生的知识学习、能力发展与品德养成相结合，重视小学生全面发展。 11. 尊重教育规律和小学生身心发展规律，为每一个小学生提供适合的教育。 12. 引导小学生体验学习乐趣，保护小学生的求知欲和好奇心，培养小学生的广泛兴趣、动手能力和探究精神。 13. 引导小学生学会学习，养成良好的学习习惯。 14. 尊重和发挥好少先队组织的教育引导作用。
	（四）个人修养与行为	15. 富有爱心、责任心、耐心和细心。 16. 乐观向上、热情开朗、有亲和力。 17. 善于自我调节情绪，保持平和心态。 18. 勤于学习，不断进取。 19. 衣着整洁得体，语言规范健康，举止文明礼貌。
专业知识	（五）小学生发展知识	20. 了解关于小学生生存、发展和保护的有关法律法规及政策规定。 21. 了解不同年龄及有特殊需要的小学生身心发展特点和规律，掌握保护和促进小学生身心健康发展的策略与方法。 22. 了解不同年龄小学生学习的特点，掌握小学生良好行为习惯养成的知识。 23. 了解幼小和小初衔接阶段小学生的心理特点，掌握帮助小学生顺利过渡的方法。 24. 了解对小学生进行青春期和性健康教育的知识和方法。 25. 了解小学生安全防护的知识，掌握针对小学生可能出现的各种侵犯与伤害行为的预防与应对方法。
	（六）学科知识	26. 适应小学综合性教学的要求，了解多学科知识。 27. 掌握所教学科知识体系、基本思想与方法。 28. 了解所教学科与社会实践、少先队活动的联系，了解与其他学科的联系。

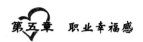

续表

维度	领域	基本要求
专业知识	（七）教育教学知识	29. 掌握小学教育教学基本理论。 30. 掌握小学生品行养成的特点和规律。 31. 掌握不同年龄小学生的认知规律和教育心理学的基本原理和方法。 32. 掌握所教学科的课程标准和教学知识。
	（八）通识性知识	33. 具有相应的自然科学和人文社会科学知识。 34. 了解中国教育基本情况。 35. 具有相应的艺术欣赏与表现知识。 36. 具有适应教育内容、教学手段和方法的现代化的信息技术知识。
专业能力	（九）教育教学设计	37. 合理制订小学生个体与集体的教育教学计划。 38. 合理利用教学资源，科学编写教学方案。 39. 合理设计主题鲜明、丰富多彩的班级和少先队活动。
	（十）组织与实施	40. 建立良好的师生关系，帮助小学生建立良好的同伴关系。 41. 创设适宜的教学情境，根据小学生的反应及时调整教学活动。 42. 调动小学生学习积极性，结合小学生已有的知识和经验激发学习兴趣。 43. 发挥小学生主体性，灵活运用启发式、探究式、讨论式、参与式等教学方式。 44. 发挥好少先队组织生活、集体活动、信息传播等教育功能。 45. 将现代教育技术手段整合应用到教学中。 46. 较好地使用口头语言、肢体语言与书面语言，使用普通话教学，规范书写钢笔字、粉笔字、毛笔字。 47. 妥善应对突发事件。 48. 鉴别小学生行为和思想动向，用科学的方法防止和有效矫正不良行为。

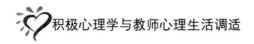

续表

维度	领域	基本要求
专业能力	（十一）激励与评价	49. 对小学生的日常表现进行观察与判断，发现和赏识每一位小学生的点滴进步。 50. 灵活使用多元评价方式，给予小学生恰当的评价和指导。 51. 引导小学生进行积极的自我评价。 52. 利用评价结果不断改进教育教学工作。
	（十二）沟通与合作	53. 使用符合小学生特点的语言进行教育教学工作。 54. 善于倾听，和蔼可亲，与小学生进行有效沟通。 55. 与同事合作交流，分享经验和资源，共同发展。 56. 与家长进行有效沟通合作，共同促进小学生发展。 57. 协助小学与社区建立合作互助的良好关系。
	（十三）反思与发展	58. 主动收集分析相关信息，不断进行反思，改进教育教学工作。 59. 针对教育教学工作中的现实需要与问题，进行探索和研究。 60. 制定专业发展规划，积极参加专业培训，不断提高自身专业素质。

3. 实施建议

（1）各级教育行政部门要将《专业标准》作为小学教师队伍建设的基本依据。根据小学教育改革发展的需要，充分发挥《专业标准》引领和导向作用，深化教师教育改革，建立教师教育质量保障体系，不断提高小学教师培养培训质量。制定小学教师准入标准，严把小学教师入口关；制定小学教师聘任（聘用）、考核、退出等管理制度，保障教师合法权益，形成科学有效的小学教师队伍管理和督导机制。

（2）开展小学教师教育的院校要将《专业标准》作为小学教师培养培训的主要依据。重视小学教师职业特点，加强小学教育学科和专业建设。完善小学教师培养培训方案，科学设置教师教育课程，改革教育教学方式；重视小学教师职业道德教育，重视社会实践和教育实习；加强从事小学教育的师资队伍

建设，建立科学的质量评价制度。

（3）小学要将《专业标准》作为教师管理的重要依据。制定小学教师专业发展规划，注重教师职业理想与职业道德教育，增强教师育人的责任感与使命感；开展校本研修，促进教师专业发展；完善教师岗位职责和考核评价制度，健全小学教师绩效管理机制。

（4）小学教师要将《专业标准》作为自身专业发展的基本依据。制定自我专业发展规划，爱岗敬业，增强专业发展自觉性；大胆开展教育教学实践，不断创新；积极进行自我评价，主动参加教师培训和自主研修，逐步提升专业发展水平。

（三）中学教师专业标准（试行）

为促进中学教师专业发展，建设高素质中学教师队伍，根据《中华人民共和国教师法》和《中华人民共和国义务教育法》，特制定《中学教师专业标准（试行）》（以下简称《专业标准》）。

中学教师是履行中学教育教学工作职责的专业人员，需要经过严格的培养与培训，具有良好的职业道德，掌握系统的专业知识和专业技能。《专业标准》是国家对合格中学教师的基本专业要求，是中学教师实施教育教学行为的基本规范，是引领中学教师专业发展的基本准则，是中学教师培养、准入、培训、考核等工作的重要依据。

1. 基本理念

（1）师德为先。热爱中学教育事业，具有职业理想，践行社会主义核心价值体系，履行教师职业道德规范，依法执教。关爱中学生，尊重中学生人格，富有爱心、责任心、耐心和细心；为人师表，教书育人，自尊自律，以人格魅力和学识魅力教育感染中学生，做中学生健康成长的指导者和引路人。

（2）学生为本。尊重中学生权益，以中学生为主体，充分调动和发挥中学生的主动性；遵循中学生身心发展特点和教育教学规律，提供适合的教育，促进中学生生动活泼学习、健康快乐成长，全面而有个性地发展。

（3）能力为重。把学科知识、教育理论与教育实践有机结合，突出教书育人实践能力；研究中学生，遵循中学生成长规律，提升教育教学专业化水平；坚持实践、反思、再实践、再反思，不断提高专业能力。

（4）终身学习。学习先进中学教育理论，了解国内外中学教育改革与发展的经验和做法；优化知识结构，提高文化素养；具有终身学习与持续发展的意识和能力，做终身学习的典范。

2. 基本内容

表 5 - 3　中学教师专业标准（试行）

维度	领域	基本要求
专业理念与师德	（一）职业理解与认识	1. 贯彻党和国家教育方针政策，遵守教育法律法规。 2. 理解中学教育工作的意义，热爱中学教育事业，具有职业理想和敬业精神。 3. 认同中学教师的专业性和独特性，注重自身专业发展。 4. 具有良好职业道德修养，为人师表。 5. 具有团队合作精神，积极开展协作与交流。
	（二）对学生的态度与行为	6. 关爱中学生，重视中学生身心健康发展，保护中学生生命安全。 7. 尊重中学生独立人格，维护中学生合法权益，平等对待每一位中学生。不讽刺、挖苦、歧视中学生，不体罚或变相体罚中学生。 8. 尊重个体差异，主动了解和满足中学生的不同需要。 9. 信任中学生，积极创造条件，促进中学生的自主发展。
	（三）教育教学的态度与行为	10. 树立育人为本、德育为先的理念，将中学生的知识学习、能力发展与品德养成相结合，重视中学生的全面发展。 11. 尊重教育规律和中学生身心发展规律，为每一位中学生提供适合的教育。 12. 激发中学生的求知欲和好奇心，培养中学生学习兴趣和爱好，营造自由探索、勇于创新的氛围。 13. 引导中学生自主学习、自强自立，培养良好的思维习惯和适应社会的能力。 14. 尊重和发挥好共青团、少先队组织的教育引导作用。
	（四）个人修养与行为	15. 富有爱心、责任心、耐心和细心。 16. 乐观向上、热情开朗、有亲和力。 17. 善于自我调节情绪，保持平和心态。 18. 勤于学习，不断进取。 19. 衣着整洁得体，语言规范健康，举止文明礼貌。

续表

维度	领域	基本要求
专业知识	（五）教育知识	20. 掌握中学教育的基本原理和主要方法。 21. 掌握班级、共青团、少先队建设与管理的原则与方法。 22. 掌握教育心理学的基本原理和方法，了解中学生身心发展的一般规律与特点。 23. 了解中学生世界观、人生观、价值观形成的过程及其教育方法。 24. 了解中学生思维能力、创新能力和实践能力发展的过程与特点。 25. 了解中学生群体文化特点与行为方式。
	（六）学科知识	26. 理解所教学科的知识体系、基本思想与方法。 27. 掌握所教学科内容的基本知识、基本原理与技能。 28. 了解所教学科与其他学科的联系。 29. 了解所教学科与社会实践及共青团、少先队活动的联系。
	（七）学科教学知识	30. 掌握所教学科课程标准。 31. 掌握所教学科课程资源开发与校本课程开发的主要方法与策略。 32. 了解中学生在学习具体学科内容时的认知特点。 33. 掌握针对具体学科内容进行教学和研究性学习的方法与策略。
	（八）通识性知识	34. 具有相应的自然科学和人文社会科学知识。 35. 了解中国教育的基本情况。 36. 具有相应的艺术欣赏与表现知识。 37. 具有适应教育内容、教学手段和方法的现代化的信息技术知识。
专业能力	（九）教学设计	38. 科学设计教学目标和教学计划。 39. 合理利用教学资源和方法设计教学过程。 40. 引导和帮助中学生设计个性化的学习计划。

维度	领域	基本要求
专业能力	（十）教学实施	41. 营造良好的学习环境与氛围，激发与保护中学生的学习兴趣。 42. 通过启发式、探究式、讨论式、参与式等多种方式，有效实施教学。 43. 有效调控教学过程，合理处理课堂偶发事件。 44. 引发中学生独立思考和主动探究，发展学生的创新能力。 45. 发挥好共青团、少先队组织生活、集体活动、信息传播等教育功能。 46. 将现代教育技术手段整合应用到教学中。
	（十一）班级管理与教育活动	47. 建立良好的师生关系，帮助中学生建立良好的同伴关系。 48. 注重结合学科教学进行育人活动。 49. 根据中学生世界观、人生观、价值观形成的特点，有针对性地组织开展德育活动。 50. 针对中学生青春期生理和心理发展特点，有针对性地组织开展有益身心健康发展的教育活动。 51. 指导学生理想、心理、学业等多方面发展。 52. 有效管理和开展班级、共青团、少先队活动。 53. 妥善应对突发事件。
	（十二）教育教学评价	54. 利用评价工具，掌握多元评价方法，多视角、全过程评价学生发展。 55. 引导学生进行自我评价。 56. 自我评价教育教学效果，及时调整和改进教育教学工作。
	（十三）沟通与合作	57. 了解中学生，平等地与中学生进行沟通交流。 58. 与同事合作交流，分享经验和资源，共同发展。 59. 与家长进行有效沟通合作，共同促进中学生发展。 60. 协助中学与社区建立合作互助的良好关系。

续表

维度	领域	基本要求
专业能力	（十四）反思与发展	61. 主动收集分析相关信息，不断进行反思，改进教育教学工作。 62. 针对教育教学工作中的现实需要与问题，进行探索和研究。 63. 制定专业发展规划，积极参加专业培训，不断提高自身专业素质。

3. 实施建议

（1）各级教育行政部门要将《专业标准》作为中学教师队伍建设的基本依据。根据中学教育改革发展的需要，充分发挥《专业标准》引领和导向作用，深化教师教育改革，建立教师教育质量保障体系，不断提高中学教师培养培训质量。制定中学教师准入标准，严把中学教师入口关；制定中学教师聘任（聘用）、考核、退出等管理制度，保障教师合法权益，形成科学有效的中学教师队伍管理和督导机制。

（2）开展中学教师教育的院校要将《专业标准》作为中学教师培养培训的主要依据。重视中学教师职业特点，加强中学教育学科和专业建设。完善中学教师培养培训方案，科学设置教师教育课程，改革教育教学方式；重视中学教师职业道德教育，重视社会实践和教育实习；加强从事中学教育的师资队伍建设，建立科学的质量评价制度。

（3）中学要将《专业标准》作为教师管理的重要依据。制定中学教师专业发展规划，注重教师职业理想与职业道德教育，增强教师育人的责任感与使命感；开展校本研修，促进教师专业发展；完善教师岗位职责和考核评价制度，健全中学教师绩效管理机制。中等职业学校教师参照执行。

（4）中学教师要将《专业标准》作为自身专业发展的基本依据。制定自我专业发展规划，爱岗敬业，增强专业发展自觉性；大胆开展教育教学实践，不断创新；积极进行自我评价，主动参加教师培训和自主研修，逐步提升专业发展水平。

二、教师走向成功的"八诚"[4]

(一) 坚守自己的职业理念

1. 教师的职业理念

社会在不断前进，教师所面临的环境也在不断地变化，作为教师，要坚守职业理念，爱岗敬业。敬业就是能够以尊敬、虔诚的心，甚至敬畏的态度对待职业。只有将自己的职业视为自己的生命信仰，像热爱生命一样热爱工作，把工作作为人的使命，正当地获取财富，实现自我职业发展的人，才可以称得上是掌握了敬业理念的人。第一，理解教育的理念。新课程下，教师要重新理解教育的理念。教师不再是"教书匠"，而是教育者、引导者、促进者。教师既要关注学生对知识的掌握和能力的提高，又要关注学生的学习行为；既要关注学生成长，又要关注学生心理的发展。教师肩负着传播知识、启迪思维、追求智慧和完善人格的重担。第二，树立服务学生发展的理念。身为教师，要把自己的全部生命灌注到自己的职业中，怀着满腔的快乐、热情与学生交往，以学生的主动发展为最高目标，根据学生的个性特征因材施教；以自己崇高的理想、乐观的态度、丰富的阅历、进取的精神为学生服务。第三，不断更新知识。新时代下的教师首先自己就是一位学习者，努力更新、丰富自己的知识，只有这样才能给予学生更新、更广的知识，才能以身作则使学生对知识产生探索、追求的欲望。

2. 教师的职业精神

职业精神是指人们在从事具体职业时表现出来的行为和精神境界，具有专业性、个体性和倡导性，它的核心内容是敬业、奋进、追求和自信。无论身在怎样的岗位，从自身的工作角度出发，尽可能完善教育中的各项工作。在日复一日的教育工作中多一些办法，少一些借口；多一些实效，少一些拖沓；多一些应对，少一些应付；多一些担当，少一些逃避等是职业精神的细化体现。作为一名成功的教师，在他的内心深处，必须具备良好的职业道德意识。信守教师的职业道德对学生负责、对家长负责、对社会与国家负责。用生命抒写职业。人们都知道教师这个职业是神圣的，因为它要求从事这个职业的人投入全部的生命。真正的教师应该是用全部的生命抒写自己职业的人。

(二) 设计自我的发展规划

教师自我发展设计的目标要符合现实，做到知己知彼。教师制订自我发展设计应做到以下要点：

1. 正确评估自我，明确发展目标

要认识自己的人格特质，确认自己的工作价值观，通过不断地自我认识来掌握自我，是自我发展设计的必要手段；对自己的发展机会如实地审视，要考虑教学方法的改善，通过教学研究，增进师生关系之间的融洽，开发新的课程，提高学生的学习效果等，找到适合自己发展的机会。教师确立自我发展目标，对自我未来的发展有了一个清晰的轮廓之后，再设定长期、中期、短期的具体目标。短期目标通常是近期内所能完成的发展目标，中期的发展目标是整个发展规划的中途目标，长期目标是最终追求的结果。确定长期目标要立足现实、慎重选择、全面考虑，使之既具有现实性又具有前瞻性。

2. 客观分析环境，制定行动策略

外部环境分析主要分析包括国家政治、经济、社会、文化因素及所在环境中可能的发展机会、所需的配合条件等对自我发展设计的影响。比如，要分析所在的环境条件的特点、环境的发展变化情况、自己在这个环境中的地位、环境对自己提出的要求，以及环境对自己有利的条件和不利因素等。教师制定自己个人的发展目标以后，就应制定行动策略。没有达成目标的行动，目标就难以实现，也就谈不上事业的成功。在选择行动策略时，应多参考过来人的意见，选择最适合自己的行动。

3. 执行行动策略，评价设计效果

教师要能够对自己的专业发展需要作出诊断，选择恰当的学习形式并把各种行动策略进一步细化为行动方案。在努力实现目标的过程中，要不断地配合外在的情境因素做适当的调整与修正。在不断回顾自己的专业学习、实践过程以及个人标准基础上适时调整，始终把握发展方向。教师自我发展陆续展开与完成后，教师还需要对自己的设计效果进行评价，看看自己是否达到了预定的目标，在发展过程中是否有不理想、欠周到、出现偏差的地方。在这一过程中，可以针对问题和不足加以反思，并设法改善与补救。通过对每一个步骤与目标的实现状况进行相关评价，可以对此过程进行及时的审视，不时地加以调整和修正，这样才能获得最适合的发展，使发展目标更有效地达成。人是善变的，环境也是多变的，成功的自我发展设计需要时时审视内外环境的变化，不断地对自己的设计进行评估和修订，并调整自己前进的步伐[5]。

（三）做一个受欢迎的教师

1. 受欢迎教师的要求

请记住夸美纽斯的名言：在你教鞭下有未来的哲学家、教育家和艺术家。

当你站在讲台上显得十分无奈地去呵斥一个你认为不听话的学生时，你是否想到过：他很有可能就是一位天才，你的呵斥很可能正在压抑一个超乎常理的创造。当你循循善诱地去指出一个学生的过错时，你是否想过：也许你正在孕育一个教育家，因为你的言传身教正在他的身上得到印证，他将终身以你为楷模。做受欢迎的教师，首先要具有吸引人的人格魅力。教师的举手投足对学生产生着不可估量的影响，大到人生观，小到一个表情动作，都渗透着潜移默化的教育作用。好教师的最大特点是教学民主，关爱而不压抑学生，教学有策略，育人有方法。而这一切独特的魅力，都来自于教师对教材的掌握，对学生心理的了解，在课上课下均能游刃有余，育人于无形之中。

要想成为一位受欢迎的教师，既要懂专业又要懂心理。好教师要有很高的专业素质和对学生心理的掌握能力。课堂上学生的一言一行，甚至一个眼神，好教师都能够从其中获取到许多信息，进而诊断分析教学的效果，对教学策略作出调整。好教师要善于观察、学习。在主动学习中，能积极吸收和借鉴先进的教育知识；在实践中，能注意钻研学生的身心特点，认识规律和心理需求，心中、眼中有学生，能够做到换位思考，想学生之所想，只有这样才能制定出最适合学生的个性化的教学方案。

作为一名受欢迎的教师，其人格力量与学术水平和道德情操是完美统一的，以心灵塑造心灵，以人格铸造人格。真心诚意地对待学生、家长及周围的一切，既是教师应尽的职责又是教育的一种有效手段，适时适情而用，必有意外收获。

2. "我心目中的教师" 的调查

我们曾对省市两级重点中学中初三和高二年级 627 名学生进行以 "我心目中的教师" 为中心题目的问卷调查，结果概括如下：

（1）问："您最喜欢什么样的教师？"学生回答：认真负责，与学生和睦相处，公平对待每一名学生，没架子；讲课生动，能够引起学生的兴趣，有较渊博的知识，讲课能旁征博引，使学生受到启发，不拖堂；关心和爱护学生，和蔼可亲，年轻的应该让学生们感到像大哥哥、大姐姐，年长的则应该像慈祥的父母；尊重学生的人格，关心学生的疾苦，能时常了解学生们对他的意见，在学生心理遇到沉重打击时，亲如父母及时关怀；思想开放，不古板，经常与学生交流感情，与学生打成一片；有风度、有吸引人的气质；能指导学生学习方法，定期给学习差的学生辅导；能够理解学生们的某些做法，在大型活动或班级重大问题上处理妥当；工作态度认真，对自己出现的错误敢于承认，不找

任何借口，以身作则，身体力行，言行一致；认真批改作业，作业留得要适量，不要不留，也不要留得太多；照顾全体同学的利益，不要单单使一些学习好的学生听懂，下课时对同学的提问能耐心回答。

（2）问："您最不喜欢什么样的教师？"学生回答：对学生板着面孔，不爱和学生接触，瞧不起学习不好的学生，偏向好学生；上课照本宣科，讲课枯燥乏味、啰唆、声音小；经常考试，作业繁多，改作业不认真；讥笑学生在学习上的错误，当着同学们的面嘲讽学生，学生回答不上的问题，老师当面使其难堪；与学生斗气、使性子，对同学的批评意见打击报复，对有缺陷的同学讽刺、挖苦、鄙视；态度粗暴，体罚打骂学生，或把学生赶出教室，维持不好秩序；没风度，自我陶醉，唠唠叨叨，办事武断，大喊大叫，对学生一有不满就停止讲课，回头就走；总占用课余时间补课，课上总强调课堂纪律；不爱组织学生开展各种有意义的活动，对学生的课外活动不关心、不组织；管理学生的能力不强，偏听偏信，不能妥善处理班级的重大问题。

（3）问："您认为班主任老师应该怎样当才好？"学生回答：对班级各项事情十分关心，认真负责，有强烈的责任心、事业心，经常深入班级了解情况；关心爱护同学，经常为学生排忧解难，平等对待每一个学生，用心感动学生；对学生因势利导，不一味批评，多鼓励，少批评，批评时以巧妙的方法给学生留点面子，对学生的进步及时发现并给予鼓励、帮助，对学生的缺点及时指出，并帮助他们改善；"清正廉明"，对学生能够做出正确评价，客观公正，能一视同仁，不偏袒任何一位；才华横溢，口才不凡，做事干脆利落，说话风趣，但又恰到好处；处事果断，有个性，既给人以严肃感，又不乏亲切感，该严肃的地方严肃，该松弛的地方松弛；知识渊博，使学生佩服，在组织纪律方面有较好的经验；拿得起放得下，做事敢承担责任；为人正直，和蔼可亲，与学生打成一片，使学生们畅所欲言，造成一种民主气氛；为人师表，言谈举止注意自己的身份，言必行，行必果，果求实。

（4）问："老师，我希望您……"学生回答：是一个有感情的人，而不是一台教书的机器；您也把我当人看，而不仅仅是您记分册上的一个号码；多说多做有利于学生成才方面的话和事，能引导我走上正确的人生道路；您经常给我一点帮助，不要让您的要求超过我的能力，多教给我学习方法，帮助我提高学习成绩；您不要单看我的分数，更要看我所做的努力，在我失败的时候，希望老师给我以鼓舞，指引方向；请辅导我学习，教我自己思考，自己判断，而不仅仅背诵答案，能帮我发挥我的特长；只要您能保持公正，请您对我尽量严格，表面上即使我反对您的严格，但是我知道我需要您的严格；不要期待我最喜欢您教的课，至少对我，别的课我可能更加感兴趣；假如我有错误，请不要点名批评我，只要在班上说了这种现象，我就知道了，尤其在大众面前，不要批评我，给我留点面子，课后单独交谈时，您怎么批评都行；在教室内，不要把另一位同学当作我的表率，我可能因此而恨他，同时也恨您。我若有成绩，不要把我当作别人的榜样，因为那样会使我难堪，还会遭来不必要的麻烦；请您记得，不久前，您也是个学生，您是否有时也会忘带学习用品，提问时卡壳？在班上您是否样样第一？

（四）让学生感受到你的关注

1. 让学生感受到你的关注

著名教育家叶圣陶先生说："无论是聪明的、愚蠢的、干净的、肮脏的，我们都应该称他们为小朋友。我要做学生的朋友，我要学生作我的朋友。"教师就是要把学生当作朋友一样对待，尊重学生的个性与人格尊严，多给学生一份关爱，多给学生一份温暖，真正让学生感受到你的关注。第一，人格上尊重学生。教师尊重学生的人格，保护他们的自尊心，这是让学生感受到你的关注的最基本、也是最关键的一点。学生都有很强的自尊心，需要得到他人尊重。当学生有了进步或成绩时，心里总是希望老师给予表扬；当学生有了错误时，一般都害怕老师批评自己；特别是不希望老师在同学们面前批评自己。第二，感情上关心学生。更多的是了解学生，乃至了解学生的家庭状况，关心学生的学习、生活、思想，分享他们的快乐，分担他们的苦痛，排解他们的忧愁。教师要善于发现学生的点滴进步并及时表扬他们，鼓励他们；要及时发现他们的问题。这些问题是多种多样的，如学习遇到困难，由于家庭成员的纠纷而终日焦虑不安，对自己的成绩不满而感到忧虑等。老师要及时有效地帮助他们，使学生切实地、具体地感受到老师的爱，从而在感情上拉近师生的距离。第三，行动中信任学生。教师应大胆地信任学生，给他们为自己做事、做主的机会。老师要相信学生完全可以把自己的事情做得很出色。如果教师管得太宽、太多，不仅压抑了学生的能力，削弱了学生的责任心，有时也会因此造成老师与学生之间关系的紧张，特别是当学生进入"反叛期"以后，大包大揽式的爱，最终很可能导致恨与害。信任是师生心与心的直接交流，无须语言解释，学生心领神会，并能在学生内心产生巨大的动力。教师的信任，是一份尊重，是一份责任，更是一份温馨，一种幸福，一股能够浸润学生心灵的暖流。

2. 让学生感受到你的爱

教师永远应当以和平、愉快、友好和鼓励的方式对待学生。当学生感受到教师的喜爱、信任、关注、赞扬时，就会获得心理上的满足，并在这种满足中发展出自我价值感，激发出上进的力量和信心。久之，这种积极的情感体验能使学生产生相应的情感，使他们形成关心他人、照顾他人，以及朝气蓬勃、积极向上的乐观情绪。

怎样才能让学生感受到你的爱呢？第一，多关心学生。上课或课间多观察学生，发现异常，及时关心。如多招呼学生，嘘寒问暖；多跟学生交流，在日常跟学生聊家常，交流思想；多跟家长交流，经常利用电话、网络跟家长交流，了解并反映学生的思想、学习、生活情况。第二，多正面教育。跟学生谈话时要坚持正面教育，做到语调平和，态度和蔼，循循善诱，注意倾听学生对自己的缺点、错误的认识，指导他如何改正，切勿说出伤害学生自尊心的话。第三，多鼓励学生。如多表扬学生，老师要善于捕捉学生思想、学习上的进步，适时地给予表扬；多辅导学生，根据实际需要，教师要对学生进行个别辅导；当学生体验到成功的喜悦时，他们便会感谢老师的培养，体会到老师那无私的爱[6]。

（五）形成自己的教学风格

1. 教师教学个性化之路

新课程改革强烈呼唤教师的教学个性。倡扬教学个性，其落足点应当是培养创新人才。没有教学个性的教师，难以培养出有个性的学生；没有个性的学生，难有创新型人才。能够彰显自己教育教学个性的教师，才是新课程所需要的教师。第一，厚德博学。教师首先就应该是个乐读好学之人，任何一个教育家都离不开学习。第二，整合创新。教师应该在统摄吸取他人经验教训的基础上，找到适合教师自身特点、适合本地教学状况、适合本班学生实际情况的且用起来确实有效的个性化教学方法。第三，因长施教。教师必须把个性的彰显与自身特长相结合。每位教师就其人生阅历、气质禀赋而言，是鲜有"拷贝"版的，这正如世上绝无两片完全相同的树叶，任何教育者的教学方法都是在自己的实际教学活动过程中不断探索、研究出来的，其形成的过程性本身与它的可模仿性是相抵触的[7]。

2. 形成自己的教学风格

教师的教学风格不是一朝一夕形成的，而是教师富有独创性的较长时期劳动的结果，凝聚着教师的理想和教学艺术的实践。教学美的创造，由呈现在学生耳目中美的表象的刺激，进而使之心理产生愉悦心态。这种心态会使学生内心兴奋，充满信心，思维敏捷，课堂里洋溢着愉快和谐的气氛，教师教得主动，学生学得活泼，使智力因素与非智力因素协调配合，优化教学效果[8]。

（1）教学语言美。教学语言是教师"传道、授业、解惑"的主要工具。它是教学美的最主要的载体。教学语言美要做到：第一，具有准确、简练、逻辑性强的科学美。第二，生动形象、给人以"身临其境，如见其人，如闻其声"之感。第三，音调与语调要和教学内容相吻合。音调要体现出抑扬顿挫，有节奏感。语调上要求教师讲普通话，语速要快慢适中，讲到重点处要有力度。第四，语言诙谐、幽默而不庸俗，寓意深刻给人以启迪。而有的教师不注意教学语言美。满堂高音或一味低吟，音调无变化；讲话中夹杂着方言土语和口头禅；格调低下的脏话。这样的语言不但不美，而且使学生感到乏味、反感，影响教学效果。

（2）教学的体态语言美。体态语言，也称态势语言，是人借助表情、眼神、手势及其他动作姿态来交流信息的一种无声语言。教师恰当地运用这种语言，不仅可以增强教学语言的表达效果，而且还能代替口头语言传情达意。体态语言美要做到脸色和目光的变化适度，表现形神统一的自然美。如上课铃响后，当学生的课前准备工作没做好的时候，教师的目光在教室内向全体学生迅速移动，就在师生的视线瞬间接触时，教师的这种扫视及其意图立即取得一致的效果，学生心领神会。生硬做作的体态语言，师生间很难达到会意，甚至使学生误解教师的本意。

（3）教态美。教态是教师在教学中的表情、姿态与手势这几方面有机结合的外在表现。教态美是由教师美好的表情、潇洒大方的姿态、优美恰当的手势综合表现出来的形式美。教师要做到教态美，重在表情美，表情是情感在面部的外露。所以对学生具有深厚情感的教师，在学生面前的表情才会表现出和蔼慈祥，笑容满面。这就是表情美。教师的这种美在学生心里产生亲切感，缩短了师生间的心理距离，有助于提高教师的威信，增强教师的教学魅力。而有的教师在学生面前总是板着面孔，摆出一副"老阴天""一本正经"的架势。这种表情不但无美感可言，还会使学生产生悖师性。教师还必须善于克制自己，无论在什么情况下，都应始终保持饱满的情绪，排除心中一切忧愁、烦恼，以愉悦的心情、满面春风地走进教室。而在课堂上教师所表现的急躁、慌张、无精打采及手势单一频繁是教态不美的表现。

（4）师生关系美。师生关系是学校中最重要的人际关系。它是师生之间

所表现出来的情感的浓淡，心理距离的大小。师生关系在教学中对知识的传授，对学生能力的形成，创造力的培养等起着潜在的重要影响作用。教师应充分注意运用这个载体实现师生关系美。何谓师生关系美？笔者认为师生关系美是建立在民主的基础上，教师对学生以爱为前提，表现出的情感融洽、互相尊重信任、和谐与亲密的师生关系。年轻的教育改革家魏书生同志的教育思想核心之一就是民主。在他的课堂上总是和学生商量，使学生真正成为学习的主人。他用民主的办法，在师生的心灵之间架起了一座真诚信任的桥梁。因此可以这样说，魏书生与他的学生关系，为我们树立了师生关系美的榜样。师生关系美，教师就会赢得学生的尊重和信任，学生就会努力把教师提出的希望与要求变成学习的动力，这正如《学记》中所概括的"亲其师，信其道"。

（5）课堂板书美。课堂板书是作用于学生视觉的一种语言符号，是学生接受信息的基本渠道之一。板书美要做到写字工整、准确、大小适宜、结构匀称的形体美；板书扼要、醒目的精确美；板书连贯、条理化的清晰美；布局主次分明，疏密得当，板面留有余地的空间合理美。板书美有利于突出教学的重点，帮助学生理清教学内容的脉络，同时也是学生临摹硬笔书法的良机。有的教师不注意板书美，主次不分，写字龙飞凤舞，随意乱运笔，结果密密麻麻，眉目不清。当然，寥寥无几，空空荡荡，只有几个字的板书也是不美的。

（6）课堂结构美。教学结构是指课的基本组成部分及各部分进行的顺序和时间的分配。教学结构美就是在教学中各步骤或环节安排得有条不紊，使理智活动和情感活动交织进行，从而取得审美效果。教学结构美要求教师必须钻研教材，挖掘教材中的审美因素，将教学内容和教程进行整体性的合理组合。什么时候讲新知识，什么时间安排演示或实验，什么时候板书，什么时候练习，都要进行巧妙编排。教师时时要有形象性，头脑中充满着联想与想象。在课堂节奏的设计上，做到疏密有致，疾缓得当，容人思考，加深理解。在教学实践中，有的教师在备课时对课堂结构安排考虑不周，结果出现前紧后松或后紧前松的现象。这种现象迫使学生的思维有时紧张过度，有时思维中断，不利于调动学生的学习积极性和审美积极性。

（六）艺术地表扬与批评学生

1. 欣赏学生

作为一名教师，一定要学会从不同角度去观察、欣赏学生，发现学生的闪光点，应让学生在"我是好孩子"的心态中觉醒，而不是在"我是坏孩子"的心态中沉沦。第一，以公正的态度欣赏学生。每一个孩子都渴望得到教师的关注和赞赏，教师的一次点头、一个微笑、一句表扬就如同一场知时节的好雨，赋予幼苗向上的信心和生长的力量。教师一定要以公正的态度看待学生。第二，以发现的目光欣赏学生。"世上没有两片完全相同的树叶"，同样，生生间的禀赋、品性也各有差异。要使学生的潜能在各自的起点上得到充分发挥，教师就必须用善于发现"美"的目光去捕捉、欣赏学生身上的闪光点。不同的学生需要教师从不同的角度去欣赏。有时欣赏他们微小的闪光点，比呵斥其显著的劣迹更有效。第三，以宽广的胸襟欣赏学生。教育家苏霍姆林斯基曾说："有时宽容引起的道德震动比惩罚更强烈"。可见，宽容绝不是放任自流，而是一种积极的教育手段。以宽广的胸襟欣赏学生，正是为了让学生在获得尊重、信任的同时，得到反思和自省，在"自我教育"的过程中逐步完善自己。

2. 如何有效表扬

教师要对学生良好的行为表现给予经常的关注和及时的表扬。学生的心里渴望着自己的行为引起关注，得到赞许。第一，表扬赞美要发自内心，要有真情实感。教育家陶行知说过："教育是心心相印的活动，唯独从心里发出来的，才能打动心的深处。"无论什么样的评价都要动情。第二，要明确表扬的目标是行为，而不是学生本身。教师要把表扬的注意力集中到学生的行为上。教师不要说："你真是个好孩子。"而要说："你帮助别的小朋友，真好。"或者换个说法："老师喜欢你这样做。"表扬的目标指向学生的行为使他们认识到：做得好就是好学生，做不好就不是好学生。第三，表扬学生的进步，首先要确立一个目标。当学生的行为向这个目标前进时，即使进步很小，都要提出表扬。表扬要及时，当学生表现出了好的或者教师所期待的行为，要马上表扬，及时的表扬才能更有效，对越小的学生越应如此。第四，表扬的方式要适合学生的年龄阶段。比如，对年龄很小的学生在口头表扬的同时有身体接触，如拉一下手等效果将更好。而大一点的学生，表扬的方式应含蓄一些，可心领神会地向他们眨眼睛，或者竖起大拇指表示自己已经注意到他做得不错。教师要不断地尝试，留意哪一种表扬的方式对学生更合适。第四，表扬要针对需要。对学生表扬，无论是精神表扬还是物质表扬都要针对学生的需要进行，这样才能收到更好的效果。发现学生的闪光点并赏识他，增强学生的自信心；对优等生进行表扬时，不妨提出更高的要求，激励他迎接更高的挑战。

3. 如何展开批评

苏霍姆林斯基曾说过："一个好的教师，就是在他责备学生，表现对学生的不满，发泄自己的愤怒的时候，他也时刻记着——不能让儿童那种'成为一个好人'的愿望的火花熄灭，而应'充满情和爱'。"第一，批评来自真诚。态度真诚与否，往往会影响人的认识、情感和意志活动。学生是有思想、有感情、有一定明辨是非能力和分析判断能力的活生生的个体，只有以真诚的态度进行批评，才能唤起被批评者的真挚感、亲切感和信任感，才能打动对方，感召学生，赢得学生的认可，从而愉快地接受教师的批评。诚恳批评的前提是关心爱护，诚恳批评的表现是尊重和信任。第二，批评要准确。教师对学生的批评教育，首要是掌握准确的事实，做到实事求是。不准确或无根据的批评是正确批评的大忌。有些教师一旦发现学生犯了错误，就不分青红皂白地狠狠批评，这样做不但失去了批评的意义，还会引起学生对老师的反感，降低老师的威信。第三，要掌握批评教育的语言艺术。教师对学生的教育应多用肯定、启发、开导的语言和语气；要用赞扬代替批评，改变一味就缺点批评学生的做法，巧妙地指出他们的"美中不足"。如"你这个阶段进步很快，如果你能进一步抓好课堂听课这个环节，相信你会进步得更快"这样的间接提醒，想必比"但是"的间接批评的效果要好得多，学生也乐于接受。第四，批评要讲方法。批评要根据不同对象和不同的情况采取不同的方法。对于善于思考、性格内向、自尊心较强、接受能力强的学生可以采取发问式的批评方法，有针对性地提出问题，把批评的信息传递给他们，让他们自己思考、自己觉悟、自己改正；对反应速度慢、学习虽努力但成绩不是太好的学生则要耐心地指出他们需要改正的地方与方法，切忌急躁；对性情机敏、爱耍小聪明的学生，则应采取暗示和提醒的批评方式；对脾气暴躁、行为易受情绪左右的学生，应采取冷处理、商讨式的批评方法。

（七）做一个用心的倾听者

对许多教师而言，不是不能听，而是不愿听。教师要学会倾听，教师应具备相应的倾听态度。李政涛先生在《倾听着的教育——论教师对学生的倾听》一文中提出，教师倾听的态度包括[9]：接纳和平等，专注和警觉，鉴赏和学习，执着和冷静，参与和体验。倾听并不是简单的听，它是全身心投入、专注的听。首先，在"听"之前，要了解倾诉者"为什么要说"，即了解学生说话的目的。通常，学生想表达的目的有两个：一是想要与人分享自己的心情，以证明自己的存在；二是希望通过说话，来改变别人，因为他们希望让别人为自己做些事情，对别人有所要求。其次，要具备一定的倾听方法，善于引导学生倾诉；最后，还要借助各种技巧，真正听出学生所讲的事实、所体验的情感、所持有的态度，"听"出学生所讲的真正意图。成功的倾听必须做到以下几点：

1. 做一个积极的"听话者"

一个积极的"听话者"不是无动于衷、冷漠的旁观者，而是一个积极主动的参与者，教师倾听时要善于通过自己的体态语言、话语或其他方式给予倾诉的学生以必要的反馈，例如，赞成学生所说的话，可以轻轻地点一下头；对他所说的话题感兴趣时，可展露一下自己的笑容；用"嗯""噢"等表示自己在认真听并鼓励他继续说下去等；不要随意打断学生的讲话。

2. 主动提出问题，积极回应，让学生知道你在仔细地听他说话

在倾听时，通过提问题，如，"你认为还有……吗？""他为什么……？""怎样才能……"让学生对有关问题、事件做出较为明确的反应，可以使谈话更深入地进行下去。要适时引入新话题。为了让谈话深入下去，或更进一步地了解某件事情原委，在学生说话时，可适时地加一句："你能不能再谈谈对某个问题的意见呢？"这样会拓宽他的思路，激发他的思考，有时还会使他产生智慧的火花和新的创意。要尊重学生所讲的话题。一般来说，学生只有对他熟悉的、感兴趣的话题才会滔滔不绝说个不停，所以，在交谈过程中，无论如何想把话题转到别的事情上去，达到对话的预期目的，也要等学生讲完以后再岔开他的话题。

3. 灵活机智，展现教育智慧

要注重一些细节，如，在和学生交谈时，要尽量让学生处于身心放松的状态；尽量让讲话的声音适中，表现出对学生的尊重；采用换位思考的方式，试着多从学生的角度、思维方式想问题；不要急于下结论；学生不愿意说的，不要询问过多。要巧妙地表达自己的意见，不要表示出或坚持明显与学生不同的意见。教师也不能无原则地一味赞同学生的意见而放弃自己的见解，这就要求教师使用一些委婉的言词，既表达自己的意思，又不至于伤害到学生的表达积极性。如，"我同意你的做法，不过我认为，换种方式可能会更好"或"我完全赞成你的看法，但你帮我想想用另一种方法做，有没有可能……"等。要听出言外之意。教师必须通过自己的心理参与，在倾听中认真揣摩和分析其表达实质，推断出学生的未尽之意，这样才能真正理解学生的意图，学生也会因为老师的善解人意而备觉高兴。

（八）做健康快乐的教师

谁都希望自己的生活愉快而充实，但生活中总会有某些不如意的事困扰着

自己，使自己笼罩在阴影之下。诸如理想自我与现实自我的差距；被迫从事自己不感兴趣的工作等。面对不愉快的事，有些人能够妥善地处理，经过一段时间的努力使自己的心态恢复平静；有些人则不能好好处理，要么诉诸愤怒和武力，要么独自哀怨叹息，而这些正是损害人们心理健康的大敌。保持良好情绪的主要方法有哪些呢？

1. 积极做人，乐观开朗

生活之道的最佳境界就是喜欢学习和工作，积极参与人类的共同努力，完善自我、造福人类。喜欢学习和工作对预防不良情绪有特效；一个立志"完善自我、造福人类"的人，一定是一个热爱生活的人，朝气蓬勃、奋发向上的人，带给他人生活的快乐和希望的人。要本着"前途是光明的""征程漫漫、终生求索"的信念，欢乐而轻松地度过一生。正如列宁所说，"我对痛苦的看法是自作自受"。一个宽宏大量的人，他的爱心往往多于怨恨，正如孔子所言，"君子坦荡荡、小人常戚戚"。居里夫人说她"总是力求在日常的郁闷生活里找出一点小乐趣"。要培养自己对日常简单事物的欣赏能力和乐趣，这样随时随地都可自得其乐。如当烦恼、苦闷时听评书、看小说，学自己喜欢的科目，做自己喜欢的事。

2. 悦纳自己，实现价值

俗话说"尺有所短、寸有所长""金无足赤、人无完人"。不要老关注自己的短处，而应将注意力和精力转移到自己最感兴趣、最擅长的事情上去，从中获得的乐趣与成就感将强化你的自信，驱散你自卑的阴影，缓解你的心理压力。一个人能做成多大的事，就有多大的价值。你可先选择一件自己较有把握也较有意义的事情去做，做成之后，再去找一个新目标。这样，你可不断收获成功的喜悦，又在成功的喜悦中不断走向更高的目标。一连串的成功则会使你的自信心趋于巩固。当你确实感觉到自己能干成一些事情时，你还有什么理由怀疑自己的价值呢？

3. 学会宽容，助人为乐

宽容是消除隔阂、沟通感情的法宝。理解他人，豁达大度，会在人际交往中获胜；否则，紧张的人际关系必将带来精神上的压抑。因此，生活和学习中最明智的选择就是宽容。谦虚谨慎，关心他人。人要有自知之明，多看别人的长处，虚心向他人学习。多称赞别人，使自己的心灵充满喜悦和幸福，才能在学习、生活中充满阳光和希望。第一，应树立平等和与人为善的观念。你与同学平等友好相处，实质上也是为自己创造良好条件。要设身处地为别人着想，正确看待自己和他人。高估自己、低估别人，是导致同学关系不和谐的重要原因；要做到"己所不欲，勿施于人"。第二，要克服嫉妒心理。这种心理特点是：别人有长处他看不见，挖空心思地去揭别人的短处。多一点理解和同情，"退一步海阔天"，常言道：二虎相争，必有一伤。何必"火上浇油"呢？再者，能容人处且容人，多一点同情心，自己也多一点欣慰。

4. 学会倾诉，合理宣泄

心情不快却闷着不说会闷出病来，有了苦闷应学会向人倾诉。首先可以向朋友倾诉，这就需要先学会广交朋友。友谊是"通心"的良剂，生活中的一盏明灯，它令人愉快、幸福，得到安慰。给自己安排切实可行的学习计划，使自己能时不时看到成绩和进展；培养自己多种兴趣爱好，用来陶冶身心，调节情绪；多和志同道合的同学交流，多参加集体活动，充分感受相互的关怀和帮助。可以找一个能够信赖的人，向他倾诉自己的种种烦恼、失望、悔恨，这样可以使郁闷的心情得到宣泄，避免压抑带来的多种身心疾病，有助于使不安的心境平和下来。

5. 解除烦恼，讲究方法

关于解除或摆脱烦恼的方法，历来就是人们的一个"热门话题"。结合朱丽华编译的《善待别人，善待自己》一书中的观点，我们提出如下方法，第一，分析烦恼的基本方法。在解决烦恼之前，首先必须分析你的烦恼。这里可用卡耐基在《人性的优点》一书中提到的格兰·李区菲的方法，给自己提出四个问题：第一个问题是，你烦恼的是什么？第二个问题是，你能怎么办？第三个问题是，你要做的是什么？第四个问题是，什么时候去做？另外，别忘带上你的六个"仆人"——何故、何事、何时、如何、何地与何人。第二，消除烦恼的万灵公式。卡耐基先生说："我意识到烦恼不能解决问题。于是，我想出了一个不用烦恼解决问题的方法，结果效果显著。这个消除烦恼的方法，任何人都可以使用，非常简单，可以分为三个步骤：第一步，问你自己，可能接受最坏的情况是什么？第二步让自己接受这个最坏的情况。第三步，有了能够接受最坏的情况的思想准备后，就平静地把时间和精力用来试着改善那种最坏的情况。"第三，摆脱因上下级和同学间关系带来的烦恼。处理上下级关系带来的烦恼的关键是：作为下属应站在领导的角度来设身处地考虑问题；而上级也应站在公正的一面充分体谅下属的苦衷[10]。

参考文献

[1] 周国韬，盖笑松. 积极心理学与教师心理调适 [M]. 北京：中国轻工业出版社，2012.

[2] 刘翔平. 积极心理学（第2版）[M]. 北京：中国人民大学出版社，2018.

[3] 郑雪. 积极心理学 [M]. 北京：北京师范大学出版社，2014.

[4] 刘经华. 教师走向成功的22条"军规" [M]. 长春：吉林大学出版社，2006.

[5] 胡青. 教师自我发展能力培养与提升 [M]. 北京：华龄出版社，2005.

[6] 吴桂红. 让学生感受到你的爱 [M]. 长春：吉林大学出版社，2010.

[7] 程永超. 语文教师，亮出你的个性来 [M]. 北京：人民教育出版社，2006.

[8] 王枬，王彦. 教学人生：优秀教师教学风格个案研究 [M]. 北京：接力出版社，2003.

[9] 李政涛. 倾听着的教育：论教师对学生的倾听 [J]. 教育科学，2001（4）：46-50.

[10] 朱丽华. 善待别人，善待自己 [M]. 北京：中国致公出版社，2003.

第六章　积极的意志

"古之立大事者，不唯有超世之才，亦必有坚忍不拔之志。"人要认识和改造客观世界，与之相适应的人的心理的职能，不仅限于对客观事物的认识过程和产生一定的态度体验，更主要的还表现在人对客观事物进行有意识、有目的、有计划的改造活动之中，这便产生了意志。意志是人类特有的心理现象，是人类意识能动性的集中表现。

第一节　意　　志

一、意志的概念

（一）什么是意志

意志是指人自觉地确立目的并支配和调节其行动克服各种困难，以实现预定目的的心理过程。例如，大家立志考入高等院校深造，这就确定了行动的目的。根据这个目的顽强地学习，克服学习中遇到的各种困难，排除可能产生的思想障碍，使自己成为一名光荣的大学生。意志体现于意志行动之中，是意志行动的主观方面，没有意志行动就没有意志；反过来，意志行动受意志支配，即意志行动必须包含意志，没有意志就没有意志行动。由此可见，人的意志行动具有三个基本特征。第一，明确的目的性。明确的目的性是人在行动之前就对行动的方向和结果有明确而充分的认识。有无明确的目的性，既是人与动物活动的本质区别，也是人的意志行动和非意志行动的区别之一。人的意志行动是以随意动作作为基础的。因此，人的意志行动是有自觉目的的行动。第二，有意识地支配和调节。自身的行动为基础要想实现自觉的目的，必须支配和调节自身的行动。意志对行动的支配和调节既可以表现为发动或进行某些动作或行为，也可以表现为制止和消除某些动作或行为。因此，没有对行动的支配和调节，也就没有意志行动。第三，与克服困难相联系。人的意志行动是有目的的行动。在目的的确定和实现过程中，总会遇到种种困难，因此，克服困难的过程，就是意志行动的过程。

（二）意志过程对客观现实的依存性

虽然在一定条件下，人可根据自己的意愿，自觉地选择目的并发动或制止自己的行动，按某种方式、方法行事，对客观事物产生积极能动的作用，但人的意志行动是由客观现实制约的。只有符合客观规律，目的才能达到，意志才能实现，否则一事无成。人的意志依存于客观现实主要表现在下述两个方面：第一，人的意志行动的目的归根结底是来源于客观的，是具有物质基础的。人的意志行动的目的的确立、人之所以确立这样或那样的目的，是由他的个性、他的观点、信念决定的；而个性或观点、信念是由人的社会生活条件所决定的。第二，人的意志的目的能否达到，行动能否成功，决定性的因素是行动目的是否符合客观规律。只有符合客观规律的目的才能达到，而违反客观规律的目的，是任何人都不可能实现的。

总之，人的意志既是自由的，又是不自由的。人的意志是受客观现实制约的。只有在认识并运用客观规律的范围内才可以说人的意志是自由的。不受客观现实制约，不依存于客观现实的意志、绝对自由的意志是不存在的。意志同其他心理现象一样，依存于物质"脑"，依存于客观现实。

（三）意志与认识、情感的关系

1．意志与认识

（1）认识是意志行动的前提。意志的重要性是具有自觉的目的，目的虽然是主观的东西，但它绝不是头脑里所固有的，也不是凭空产生的。目的是人过去和现在认识的产物。离开了认识过程，意志就无从产生。实现意志行动，还必须采取一定的手段和方法。关于行动手段和方法的知识和技能，也是通过认识活动形成的。人的认识愈是深入和丰富，他所掌握的有关知识和技能就愈多，他在意志行动中对行动的手段的采取和运用就愈是顺利和有效。

（2）意志也给认识过程以巨大影响。人的认识活动是有目的的、有计划的，是需要克服各种困难才能完成的。例如，观察活动的组织开展、解决问题思维过程的展开、创造性想象的实现、有意注意的保持等，都离不开意志的努力。人对客观世界的认识，是在变革现实的实践活动中进行的。而一切变革现实的实践活动都必须受意志过程的支配和调节。因此，没有意志，就不会有深入的、完全的认识活动。同时，意志坚定、有恒心，会促进一个人认识能力的发展；消极、独断则阻碍一个人认识能力的发展。

2. 意志与情感的关系

（1）情感对意志有巨大的影响。其表现在积极和消极两个方面。当某种情绪和情感对人的行动起推动或支持作用时，这种情绪和情感就成了意志的动力。例如，成就感、集体主义及爱情等，激励着人们去努力学习、工作、拼搏。当某种情绪或情感对人的意志行动起阻碍或消极作用时，这种情感就成了意志的阻力。例如，人在行动时的不甚乐意的情绪，如焦虑、彷徨、痛苦的情绪等，都能动摇和销蚀人的意志，妨碍意志行动的贯彻。

（2）意志对情感有调节与支配的作用。对意志行动起阻碍作用的情感，实际上是与意志处于矛盾之中。意志行动最终能否得以实现，取决于各种主客观条件。单就主观条件而言，主要取决于意志分配功能的强弱。如可能是消极情绪战胜意志，否定原来的目的，终止行动计划，使工作、学习、活动半途而废。这两种情况，都是意志不坚强的表现，使意志活动遭到失败；可能是意志战胜消极情感，抑制不利于工作和学习的消极情感，使意志行动贯彻始终。例如，一个遇到不幸而陷于悲痛心境之中的优秀教师，为了不致因此而影响教学工作，凭借意志的力量抑制住哀伤的情感，依然非常成功地扮演教师的角色。这充分地体现出了意志对情绪的控制作用。

二、意志的品质

意志行动过程是由动机斗争开始的，然后确立目的，采取决定步骤，最后克服困难，坚决执行决定。在意志行动的过程中，与之相应的意志品质就有自觉性、果断性、自制力和坚韧性。

（一）意志的自觉性

这是对行动目的有明确而深刻的认识，并使自己的行动符合于行动目的的品质。意志的自觉性受人的信念和世界观的支配和调节，是坚强意志的源泉。具有自觉性的人，相信自己的目的是正确的，行动的前途是光明的，能够抑制与目的相违背的行动，并将全部热情和力量投入到实现目的的行动中去，千方百计克服困难，坚决执行决定，直至最后胜利。具有自觉性的人，有行动的独立自主性，表现为一方面不轻易受外界影响而改变自己的决定，另一方面也不拒绝一切有益的建议而能倾听和接受意见中的合理部分。

与自觉性相反的意志品质是易受暗示性和独断性。易受暗示性是指缺乏信心和主见，毫无分析和批评地接受影响，轻率地改变行动方向；独断性是指坚持己见，一意孤行，刚愎自用，拒绝考虑别人的任何批评和劝告，也不善于吸取经验教训。

（二）意志的果断性

这是关于明辨是非，并迅速而合理地采取决定和执行决定的品质。果断性是深谋远虑与当机立断相结合的品质。具有果断性品质的人，能够清醒地、全面地而又深刻地考虑行动的目的及其达到的方法和所作决定的重要性及其实现的可能性。面临紧急关头，需要立即行动，这时能排除疑虑，毫不犹豫，毫不动摇，用高度的机智判断是非，迅速而合理地作出决定，并立即执行决定。

与果断性相反的意志品质是优柔寡断和冒失。优柔寡断是指在需要作出决定时，总是犹豫不决、瞻前顾后，迟迟不能作出决定；作出决定之后，又迟迟不采取行动。冒失是一种轻率的表现，是指对任何事情都不能深思熟虑，只凭一时冲动匆忙作出决定，有时不计后果。冒失的人懒于思考和情绪紧张，不考虑主、客观条件和后果，就贸然选择以敷衍了事。

（三）意志的坚韧性

这是在行动中坚持决定，百折不挠地克服一切困难去达到行动目的的品质。坚韧性这种品质的特征是在行动中不顾任何挫折和失败，不怕任何困难与障碍，总能以充沛的精力和坚韧的毅力顽强地坚持达到行动的最终目的。

与坚韧性相反的意志品质是顽固性或执拗。顽固性或执拗的人追求的是不合理的或根本不可能达到的目标。他们不能客观地分析外界情况，不能正确地估价自己，只承认自己的意见并以此作为自己行动的依据。他们执迷不悟，一意孤行，甚至明知行不通，也要坚持己见，导致最后的失败。

（四）意志的自制性

这是善于控制自己情感，支配自己言行的品质。自制性这种品质表现在两个方面：一是善于迫使自己去执行已采取的决定，即积极克服执行中的困难。例如，克服懒惰懈怠、兴趣的转移和注意力的分散，严格地执行学习计划和工作计划。二是善于克服自己的消极情绪和冲动的行动，能忍耐克己，克制不利于达到目的的心理障碍。例如，一个学生做作业时，发生困难，不会解答，可能烦恼、急躁，这时自制性强的学生就会抑制这种消极的情绪，克服冲动的行为，注意集中，坚持完成作业，使活动产生较高的效率。

与自制性相反的意志品质是任性和怯懦。任性是对自己的行动不加约束，任其兴致所致；怯懦是在行动时畏缩不前，或因情况变化而张皇失措。这两种品质都是意志薄弱的表现。

第二节　心理弹性

20 世纪 70 年代，一些心理学家和精神病学家开始关注处境不利的儿童群体内部的发展结果变异性问题，从而开始了对心理弹性的研究，心理弹性逐渐成为一个广受各国心理学家关注的心理学领域。然而，迄今为止，对于心理弹性的概念，学术界至今还没有达成共识。

一、心理弹性的概念

（一）心理弹性的起源与内涵

心理弹性研究起源于 20 世纪 70 年代，并逐渐成为一个广受关注的心理学领域。其中，最受关注的是心理弹性发挥作用的过程，前人主要研究心理弹性中的保护性因素是如何构成一个完整的系统，如何与危险性因素相互作用，使得个体在面对危机情境时也能保持良好的适应能力。心理弹性是由挫折感延伸出来的一个概念。Walsh（沃尔什）的研究进一步表明，心理弹性不是在逆境中产生，而是由逆境激发出来的[1]。

综合过去大量心理弹性的研究文献，主要存在三种定义：结果性定义、过程性定义和品质性定义。结果性定义将心理弹性描述为处于高危环境中个体积极的、发展性的适应结果；过程性定义指个体对于重大生活逆境的积极适应；品质性定义将心理弹性看作是个人的一种能力或品质，是个体所具有的特征[2]。与心理弹性的概念复杂性相似，在操作性界定方面也还未形成一个一致的看法，归纳起来，实证研究中心理弹性的操作定义界定大概有三种观点：第一种观点认为，一个人要具有心理弹性，必须符合两个标准：一是经历严重危险的打击；二是个体遭受打击后发展仍然良好。第二种观点认为，只要个体能够良好发展，就被认为具有心理弹性。第三种观点认为，通过考察心理弹性的保护性因素，可以衡量个体心理弹性的高低，如果保护性因素发展良好，就被

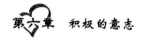
认为心理弹性高[3]。

从进化心理学的角度解读，心理弹性作为人类机体中的一种自我保护的本能，它决定人们能否良好应对过重负性事件、灵活适应外界多变环境[4]。

心理弹性虽然存在不同定义，但各种定义之间并非完全对立。综观各种定义，不管是从结果上来看，还是从发展过程上来看，都可以发现心理弹性的两个核心要素：第一，个体面临压力、威胁或困境等不良情境；第二，尽管这些威胁或逆境对个体发展有重要影响，个体仍可能保持良好发展。对于心理弹性的研究，主要的热点是它的作用机制。

心理弹性（resilience）是指个人面对生活逆境、创伤、悲剧、威胁或其他生活重大压力时的良好适应。Resilience 的中文译法不一，包括"心理弹性""心理韧性""恢复力""复原力""抗逆力"等。在中国文化中，"韧性"被用来形容那些在压力和威胁下百折不挠、坚强不屈的品质，这个词与美国人的resilience 的含义更为相近[5]。另外，由于心理学领域最初是用 resilience 来指心理现象。并且，"韧性"本身与精神、心情有关，所以，很多学者在"韧性"的前面加上"心理"二字，把 resilience 翻译成"心理韧性"。

由此看来，心理弹性似乎在作为威胁或逆境来源之一的负性生活事件与作为个体适应手段的应对方式之间存在着关联性。

（二）心理弹性的国内外研究现状

1. 国外研究现状

国外学者对心理弹性的研究始于 20 世纪 70 年代 Rutter（路特）对母爱剥夺进行的研究，而对教师心理弹性的研究较晚，可以归纳为三个方面：

（1）研究内容。当生活变化对人们造成威胁时，自我保护的生物本能就会展现出来。来自个人、家庭、社会三方面的保护性因素之间会相互作用而组成动力系统，共同抵抗环境的不利影响[6]。对于心理弹性的研究，国外主要有系统性研究和因素研究。系统性研究的代表是夏威夷考爱岛研究；在因素研究方面，主要关注三个方面：个体因素、生活环境因素以及遗传—环境关系因素[7]。而心理弹性另一研究热点，是关于其作用机制。在其研究领域中，其中最受关注的是心理弹性发挥作用的过程，前人主要研究心理弹性中的保护性因素是如何构成一个完整的系统，如何与危险因素相互作用，使得个体在面对危机情境时也能保持良好的适应能力。此阶段中，国外研究者提出了多种心理弹性的作用机制模型，具有代表性的有：Richardson 的动态平衡模型，Mandelco & Peery 的系统模型；Kumpfer 的人 – 过程 – 环境的弹性框架；Garmezy 的理论模型；Rutter 的发展模型[8-11]。

青少年在发展过程中具有安全、爱、归属、尊敬、掌控、挑战、才能、价值等的心理需要，而这些需要的满足依赖于来自学校、家庭、社会和同伴群体的保护性因素或外部资源。[3]美国社会心理学教授 Wiebe D. J. 对弹性人格的成分在压力调节中的作用进行了实验研究，结果显示，弹性人格的控制性和挑战性在压力产生过程中的调节作用更大，弹性人格的人面对工作压力大、人际关系紧张等负性压力事件时，坚持认为自己能够应对、解决问题，能够控制局面，所以总能积极应对，而不会屈服和认命[12]。这说明心理弹性对个体的应对方式有重要影响。

（2）研究方法。第一，具体方法。多采用问卷调查法，也有人用实验法研究心理弹性，如 Masten（马斯腾）认为，在心理弹性研究中存在两种范式，以变量为中心和以被试为中心的研究范式。第二，研究工具。国外流行的有 Wagnild 和 Young 的量表，Block 和 Kremen 以及 Connor 和 Davidson 的量表，Springer 与 Philip 编制的个人保护因子问卷，Bartone 等编制的特质性自我承受力量表，分执行、控制和挑战三个维度；Constantine 等根据自己对承受力的理论构想编制的健康青少年承受力评定问卷，挪威学者 Friborg 编制的成人承受力量表，包括自我效能、对未来乐观的态度、有序的生活、家庭凝聚力和社会支持五个保护因子维度。Tugade 和 Fredrickson 使用自我弹性量表的研究发现，高弹性个体利用积极情绪来调节心理状况，并从消极事件中寻找积极的意义[13]。

（3）模型研究。20 世纪 70 年代，国外研究者提出了多种心理弹性的作用机制模型[1]，具有代表性的有：第一，Richardson 的动态平衡模型[8]，该模型认为心理弹性的获得就是在面对原有生活的瓦解时，生物、心理、社会三方面的危险因素与保护因素的交互作用，最后达到四种不同水平的重新整合。第二，Mandecco & Peery 的系统模型[9]，他们认为心理弹性受到内外因相互作用的影响，并且将内因分为生物因素和心理因素，外因划分为家庭内因素和家庭外因素。各因素间相互作用，从而达到平衡状态。第三，Kumpfer 的人—过程—环境的弹性框架[10]，它建立在社会生态观、系统观的基础之上，包括：外在环境的危险因素和保护因素、个体内部的心理弹性因子及个体的发展结果和对人、环境和结果起中介作用的动态机制。第四，Garmezy 的理论模型，该模型分别为补偿模型、预防模型和保护因素模型，这三种模型描述了强调危险特征和保护性特征之间动力性关系的过程[11]。第五，Rutter 的发展模型，包括危险因素冲击的减缓、负向连锁反应的减缓、促进个体自我效能与自我尊重、机会的开发这四种弹性发展的作用机制。动态模型认为,人们面临生活刺激时,为保持身心平衡,他们可采取各种应对方式来整合身边的可利用资源,有效应对生活刺激,在不平衡中获取成长,增强心理弹性的特质[14]。

近年来的研究证明,心理弹性是个体心理健康的重要保护因子[15-16],使个体具有抗压能力,在压力或挫折下免除身心障碍的危机。心理弹性的调节模型认为[17],当个体心理弹性水平越高时,压力和逆境对个体发展结果的负面影响会越弱。

2. 国内研究现状

在国内,心理弹性研究还处于刚刚起步阶段,公开发表的实证方面的文章也屈指可数。从已有的研究文献来看,15% ~50% 的心理弹性的研究都是对心理弹性的概念加以定义。由于对心理弹性的研究时间比较短暂且不同研究者切入心理弹性问题的角度不同,理解也不同。20 世纪 90 年代以来,国内学者开始对心理弹性进行研究。而对于教师心理弹性的研究才刚刚起步,还是一个崭新的研究领域,无论是理论研究还是实证研究都比较少。主要集中在以下三个方面:

(1)研究内容。于肖楠、张建新(2005)认为[18],要提升教师的心理健康水平,最有效的方法是提高教师的心理弹性;张愫怡(2009)认为,建立积极的认知体系与提高自我效能感是激发和促进心理弹性的关键;皇甫乐观(2010)的研究表明,中小学教师心理弹性在职务、教授年级上有差异;杨彩霞(2007)认为,心理弹性在压力事件和心理健康之间起到部分中介作用;蔡颖、梁宝勇的研究认为,心理弹性对压力困扰具有显著的预测和调节作用;张海芹(2010)研究认为,中小学骨干教师职业压力与心理弹性呈显著正相关;赵颖、桑青松等(2011)研究了农村中小学教师职业压力与心理健康的关系,认为职业压力与心理健康密切相关,工作负荷和自我发展对教师心理健康具有显著的预测作用[19]。

自 1983 年 Norman Garmezy 和 Michael Rutter 对心理弹性作出一个里程碑式的研究之后,国内外学者还未能对心理弹性作出一个统一的定义。于肖楠指出,Werner(沃纳)的研究对心理弹性有重要的影响,他指出心理弹性,又称心理复原力,是个体运用自己具有的各种积极心理资源,通过与个体面临的内外压力事件或困境的积极交互作用,从而获得良好的适应[20-21]。即人遇到挫折之后使心理状态调整到受挫之前的水平的能力。王秀希等人研究表明具有较强心理弹性的人善于通过各种方式灵活处理遭遇的生活事件，从而减少负性生活事件造成的不利影响[22]。这说明心理弹性对负性生活事件产生的负性情绪有调节作用。马伟娜等人认为，心理弹性的作用机制就是要揭示保护性因素在弹性过程中的中介作用。国外的研究者提出了几种心理弹性的作用机制模型。我国对心理弹性的研究尚未成熟，在心理弹性与心理健康的关系方面的研究更是稀少。葛广昱等人认为，青少年的心理弹性是塑造完成人格的重要组成部分，也是加强心理素质教育不可缺少的成分[7]。另外，赵晶等人的研究发现，心理健康与心理弹性的关系呈现正相关，心理弹性高的人，心理健康水平也高[23]。高登峰的研究也发现，心理弹性可以有效预测心理健康的发展，与心理健康的关系相当紧密[24]。

在心理弹性的性别差异上，存在着不同的调查结果。在雷万胜等人的研究中，表明女大学生的心理弹性要高于男大学生，在坚韧维度上的差异达到显著水平[25]。而在 2011 年，蒋玉涵等人的研究结果却是心理弹性强弱并没有显著的性别差异[26]。不统一的结果说明，心理弹性在性别差异上因样本不同而有所差异。

（2）研究方法。第一，具体方法。主要采用访谈法、文献法、问卷调查法，研究对象以儿童、青少年和大学生居多。第二，研究工具。大部分学者是直接引用或修订国外的心理弹性量表，且多是针对儿童、小学生和大学生心理弹性的量表，少有针对高中生特别是中职生心理弹性的量表。

二、提升教师心理弹性的内容与策略

教师心理弹性并非完全源自"自然人"，而是个体作为"社会人"在先天遗传的基础上后天习得的结果。教师心理弹性虽然存在明显的个体差异，但可以通过后天教育与训练得到提高。在现代社会的激烈竞争中如何培养与提升教师的心理弹性，使其以健全的人格面对生活的起伏，以良好的心态面对工作的磨难，积极勇敢地面对逆境挑战，不断提升应对困难和挫折的能力，是当前组织和社会面对的一个重要问题[27]。

（一）提升教师心理弹性的内容

1. 情感与动机维度重在激活教师的个人资源

（1）积极情感是提升教师心理弹性的重要任务。"教学是一种情感活动。它激发并丰富教师和学生的感受。教学中，教师不仅教导学生，还要关心学生，与学生建立关系。教师不断将自己投入其中，比如热情、热爱、关心、智慧、灵感、奉献等，都是教师应该具备的伟大素质[28]。"相较于其他职业，教师工作需要充沛的情感投入，没有情感的教育是苍白的，不可能浸入学生的心田，也就不可能产生教育影响。情感维度涉及七个内容：热爱教育、关心自己、情绪管理、弹性、幽默、不感情用事、应对工作。热爱教育是首要标准，是后面六个内容的基础。热爱教育要以关心自己为前提，只有爱自己、爱生命的教师，才可能爱学生。我们反对奉献教育、放弃自我的倡导，因为这是一种杀鸡取卵的做法，难以支撑教育者持续发展。关心自己的人善于觉察情绪，主动进行情绪管理，能够幽默地化解烦恼，表现出弹性、节制。遇事冷静沉稳，不感情用事，才能妥善处理问题，应对挑战，顺利推进工作。

（2）正向动机是提升教师心理弹性的核心动力。有研究表明，"教师职业动机直接影响到教师的专业承担、专业效能、专业身份以及他在专业发展上的投入程度[29]。""动机是新教师抓住职业机会的关键，与教师个人的目标感、使命感、效能及创造性紧密相关，也是教师心理弹性的核心因素[30]。"

动机维度包括七个内容：自信与信念、期望与目标、喜欢挑战、执着、积极乐观、持久动力与热情、坚持学习与进步。动机源于教师对人生持有的信念，怀有不愿放弃、不肯妥协的目标，对所从事的教育工作有期待、有盼望。不希望平庸、碌碌无为，喜欢挑战，渴望超越。挑战与超越中难免遭受挫败，也能以积极乐观的心态面对，执着于正确的选择。因此，动机积极的教师工作具有持久动力与热情，不断学习，持续充电。学习是为了工作更好，工作是为了学到更多，学习与工作形成良性循环。

提升新教师心理弹性，需要面对的领域与内容很多。即便是教师个人方面，也有品质、性情、能力、兴趣、认知、情感等诸多因素。在此，我们将情感和动机两方面作为激活教师内在资源的根本，既是因为二者的作用事关重大，也希望以此为基础，启动并挖掘更多的外在资源和力量，帮助新教师看到希望，确立信心，自我激励，主动成长。

（3）充分激活教师的个人资源。教师个人资源包括两类：动机资源与情感资源。动机资源有动机、效能、目标意识、使命感、开创意识、高期望；情感资源有乐观、社交与情感能力、希望、共情、价值观、勇气。美国学者马洛伊（Malloy）和艾伦（Allen）研究发现，有利于激活教师内在资源的方式有三种：关怀与支持、高期望、有意义的参与[31]。实际工作中，可以通过以下策略加以操作。第一，落实关怀与支持的方式有：教师选拔务必精心、同事之间相互鼓励、学校环境宽松并鼓励反映问题、为教师们创造相互学习的机会。第二，落实高期望的方式有：管理目标清晰、定期反馈、鼓励尝试、学生行为规则清楚。第三，落实有意义的参与，可以采纳的策略有：发动教师参政议政、鼓励教师与学生家长互动。

2. 专业维度重在优化教师的环境资源

教师个人再努力，信心与信念再执着，个体的力量毕竟是有限的。没有人可以脱离环境而生存，没有人单枪匹马就能成就事业。新教师必须学会与环境打交道，乐于并善于从环境中发现资源，获取资源，与周围的领导、同事、学生、家人建立互通有无、相互支持、彼此分担的关系。

教师在职业分类中属于专业化人才，必须经过专门化、规范化、标准化培养才能入职上岗。教师的本职工作是知识教学和人才培养，没有过硬的职业背景和专业水准，就会影响人才培养的规格与质量。教师水平直接决定学生水平。英国学者戴（Day）主持完成一个大型研究项目，覆盖英国全境，结果显示："在全英学生水平测试中，责任感强、抗逆力好的教师教出的学生，水平普遍高于其他学生[32]。""高品质的教师，无论处于职业发展的哪个阶段，都能持续发展专业能力，通过专业能力最大化提高自己的教学水平[33]。"

专业维度涵盖五个方面：对学生负责、组织和管理时间、有效的教学能力、灵活适应、反思。对学生负责就是对教育负责，没有学生的参与配合，教育教学很难达到预期目标。与学生和谐友好相处，能够赢得学生的支持与信赖，是教师专业能力的重要表现。教育教学不但要调动学生，还要组织教学和管理时间，在规定时间内完成有效教学。教学是一门艺术，针对不同学生、围绕不同内容、讲解不同问题，需要教师灵活机动、有的放矢地讲授和引导，不可千人一面，更不能照本宣科。教师工作法无定法，对教师个人的认知能力、思考能力、表达能力、管理能力、掌控能力都要求极高，且没有固定模式。需要教师时刻保持反思，对自己讲过的课、组织过的活动，多次审视，不断反省，找到进一步改进和提高的路径与方法。

3. 教师自我管理训练

"教师一定要学会照顾自己。这事看起来容易，但是每当老师们被应接不暇的工作包围时，照顾自己最容易被忽视、被忘记[34]。"之所以容易被忽视和遗忘，主要因为教师们习惯于将照顾自己停留于观念层面，只做到了认识上重视，没有掌握具体实在的方法与要领。

自我管理是照顾自己的具体表现。教师工作紧张且规范，容不得一丝一毫的随心所欲或粗心马虎。为此要求教师必须保持高度的事业心、责任心、使命感、道德感和职业素养，才能够在教书育人、人才培养、成就学生等方面不出纰漏，有所斩获。帮助新教师掌握必要的自我管理方法，有利于他们的长久发展。

英国学者特纳（Turner）在教师培训中强调了以下内容：第一，生活管理。全面计划，统筹安排，平衡好工作与生活的关系。在努力工作的同时，保持一些业余爱好。坚持锻炼身体，保持健康和精力充沛。第二，时间管理。制订年计划、月计划、周计划。每日工作进行先后排序，重要工作先做，切记不要只忙于紧迫工作而忽略重要工作。第三，情绪管理。专门留出减压时间，可以听音乐、散步、养花弄草、驯养宠物。主动听取别人意见，定期与家人、朋友沟通思想，表达情绪，释放压力[34]。

（二）提升教师心理弹性的方法

行为科学研究认为，个体的心理弹性不仅取决于挫折情境本身，更取决于个体对挫折情境的认知。

1. 要正确认识挫折的必然性

（1）挫折是普遍存在的。纵观古今中外成大业者，无不历经失败与逆境的磨砺。这一点，在中文语境和中华情境中多有描述。正所谓："天将降大任于是人也，必先苦其心智，劳其筋骨，饿其体肤，空乏其身，行拂乱其所为。"何况"人生不如意十之八九"，因此挫折与失败是生活的必然组成部分，是客观存在的主观感受且不以其主观意志为转移；教师能力越强，面对的问题就可能越多，面临的挑战也就可能越大，即所谓"木秀于林，风必摧之""枪打出头鸟"等。如果员工从事的是一种充满竞争与挑战的高难度职业，工作中遭遇挫折就在所难免。因此，教师参加工作伊始，就应该对工作中随时可能遇到的困难和挫折做好充分的思想准备。

（2）挫折是一把双刃剑。一方面挫折对人有消极作用。如挫折会给人打击，给人带来损失和痛苦，影响人的身心健康。另一方面挫折对人也有积极影响。如挫折能使人成熟，使人"吃一堑、长一智""增益其所不能"。员工固然乐受顺境，但逆境可以砥砺人生，磨炼意志，增长才干。一份责任，一份贡献，也有一份收获。相比之下，挫折的消极面就不值一提了。因此，教师如果能够辩证地看待挫折的两面性，平衡地把握挫折的利弊，就能化工作中的消极因素为积极因素，化工作中的不利因素为有利因素，就能尽快进入角色且找到自己合适的位置。俗话说："吃一堑，长一智"。面对挫折，应抱以积极乐观的态度，"失败乃成功之母"。正确认识挫折的双重性，树立积极乐观的应对态度。挫折是人生的重要组成部分，是人生的必然，挫折不仅使我们获得了宝贵的经验教训，同时，还使我们的生活更加丰富多彩、富有意义。

（3）要控制好教师的"挫折阈"。行为科学研究表明，个体心理弹性与"挫折阈"有关，挫折阈也就是通常说的"挫折敏感度"[35]。类比时下流行的"笑点"，我们也可以把挫折阈理解为"挫折点""受挫点"等。一般而言，挫折阈点位越低，对挫折就越敏感，心理弹性相应就越低；挫折阈点位越高，对挫折就越不敏感，心理弹性相应就越高。挫折阈受个体的个性特征、生活阅历、对挫折的预见性等多种因素的影响，因此教师可以通过后天历练，以平时有意识地容忍和接受一些挫折情境，从心理上做好应付挫折的准备等方式控制好自身的挫折阈。

2. 要保持乐观豁达的心态

（1）教师应多角度、多视野地看待挫折，不要老"盯"住挫折本身不放。当遭遇挫折时，教师也许觉得自己最倒霉、最不幸、最晦气。事实上，只是在某件事上"倒霉"，或者在某一时间段比较"晦气"，其他方面可能依然很幸运。乐观豁达是保持良好心境、改变不利局面的法宝——毕竟事在人为，豁达的心胸来自宽容，来自成熟，来自忘却。教师如果能够尽快消除在某件事情上所遭受的"小"挫折的影响，从事情的积极方面来看待问题，全身心地投入到更"大"的生活、学习和工作中去，或许会有更好的发现。

（2）要调节自我期望的水平。根据公平和期望理论[36]，自我期望是指个体所预设的自己希望达到的目标。在工作中如果教师的期望值高于他自己的实际能力，他就会产生"心想事不成""不满足""不满意""欲速则不达"的挫折感受。相反，教师的期望值很低，目标固然容易达到，但难以给教师带来真正的成就感，反而容易使教师产生消极心理。因此，教师应根据客观条件和自己的实际能力确立自己的行为和工作目标，有时可以适当降低对行为结果的期望，同时加强自身修养和对自己提出严格要求，使自我期望值具有可行性，并不断根据变化了的实际情况对自我期望值进行调适，使自我期望值具有变通性以及与实际情况相协调和一致。

3. 要健全自我调节机制

自我调节是在自我意识的作用下，发挥自身的主观能动性和内在潜力而实现的。任何自我调节活动，必然要有自我认知、自我体验、自我监控参与其中。自我调节是个体根据自己所掌握的心理学知识和生活经验，对自己心理发展过程中所产生的心理困扰进行干预，促使挫折带来的不良情绪得以解脱，保持心理健康发展。

（1）完善自我。第一，要自我分析，达到自我同一。根据自我意识的发展特点，看本人的"自我"是否已具备了"生理我""心理我""社会我"三种成分，三者是否达到了统一，你的自我感觉怎样，是否有能力改善自己。只有通过自我分析才可以清楚地达到自我认识并感受到自我体验，最终做出可能进步的调整。第二，正确认识自我。一个人的真正伟大之处，在于他能够正确地认识自我，深刻了解自我，如知道自己的优点、缺点，自己的现实、潜能；客观地评价自我，如学会正确地认识社会，认识人生，积极地获取信息进行分析、比较，将现实自我与过去自我、理想自我进行比较，扬长避短；经常反省自我，敢于面对客观的我，严于解剖自己，敢于批评自我。

（2）调整心态。调整心态的步骤一般包括以下几个环节：第一，是什么：确定自我心理的困扰，是哪种类型的挫折引发的挫折感。第二，为什么：寻找导致困扰的原因，从主客观两方面分析导致这种或几种挫折的原因。第三，该怎么办：采取合理有效的应对策略。第四，怎么样：监督、巩固心理调适的成效。要注意的是认识到心理问题而不去行动并不能解决问题，只有靠行动，俗话说"上帝只能拯救那些能够自救的人"。即自己做自己的主人，自我观察、自我管理、自我调整、自我监督。

（3）调节情绪。矛盾和冲突的消除，需要大学生有较高的心理调节水平。这是一个以"调"为手段，从"痛"到"通"的过程。由挫折带来的"痛"，即表现在诸如心理矛盾、认同危机、自我意识发展的缺陷、困惑等方面，它是心理受挫的具体体现，要消除"痛"就要用"通"的方法。这就是"调"，它包括生理—心理调节方法和行为控制。因此，调节情绪是一个"痛"为症状，"通"为目标，"调"为手段的有机统一的过程。受挫后的大学生常采用的情绪调节法是：第一，音乐调节法。一个人的精神状态具有神奇的调节作用。第二，书籍陶冶法。有益的书籍会使人的灵魂得到净化、升华，冲淡人们心中的烦恼，给人以力量和勇气。第三，情趣陶冶法。人的情趣来自生活中对美的感受、热爱生活，情趣自然会来到你身边。如进行郊游、听听喜欢的歌曲、下棋、练书法、绘画，等等。

第三节　提高教师的抗挫折心理能力

一、抗挫折心理能力的内涵

（一）抗挫折心理能力的概念

抗挫折心理能力可以界定为：个体遭受挫折后，能够承受挫折情境和排解挫折感的身心组织结构及其水平。抗挫折心理能力是个体保持与环境的良好适应、维持心理健康的重要标志，它主要由挫折容忍力（又称挫折承受力）和挫折复原力（又称挫折排解力）两个部分组成。《心理学词典》将挫折容忍力定义为个体遭遇挫折时免于心理失常的能力，亦即个人经得起打击或经得起挫折的能力[37]。Lazarus（1993）则指出，复原力是个体从消极经历中恢复过来，并且灵活地适应外界多变环境的能力[38]。人们的心理调节能力是通过一些个性特征表现出来的，抗挫折心理能力一方面作为一种心理特质包含在个体内在的心理结构中，另一方面也外显地表现在个体挫折应对的心理和行为过程中。

最早提出"挫折容忍力"这一概念的是美国心理测验专家 S. Rosenweig，他定义挫折容忍力是"抵抗挫折而没有不良反应的能力"，简单地说，是指"个体在遭遇挫折情境时，能否经得起打击和压力，有无摆脱和排解困境而使自己避免心理与行为失常的一种能力[39]"。即个体适应挫折、抵抗和应对挫折的一种能力，故又称挫折承受力。冯江平认为，挫折承受力是"个体适应挫折、抗拒和对付挫折的一种能力[40]"。

挫折容忍力是个体遭遇挫折情境时经受得起打击和压力，保持心理和行为正常的能力。它表现为对挫折的负荷能力，减轻挫折的反应强度。挫折容忍力强的人，在挫折情境面前不过分紧张，没有强烈的情绪困扰，能够找到适应和应对挫折情境的办法，从而保持正常的心理和行为。相反，挫折容忍力弱的人，对挫折情境过分敏感和紧张，一旦遇到挫折便措手不及、惊慌失措，并且容易陷入长时间的不良情绪的困扰中不能自拔。可见，挫折承受力是个人适应环境、应对挫折情境的一种重要能力，是能否经受住挫折情境打击而保持自身心理平衡的一道重要防线。每个人的挫折容忍力是不同的，而且对同一个人来说，对待不同类型的挫折情境的挫折容忍力也不尽相同。

　　挫折复原力（排解力）是个体对挫折感进行直接的调适，积极改善挫折情境、摆脱挫折感的能力。它表现为对挫折情境的改造能力，改变现状、夺取成功。如有较多的挫折经历和应对挫折情境、排解挫折感的技术的人，能够更有效地排解挫折感，因而挫折排解力就强；反之，缺乏这方面的经历和技术的人，其挫折排解力就弱。

　　挫折容忍力和挫折复原力都是对挫折的应对能力，共同组成抗挫折心理能力。应对是一个过程，挫折容忍力和挫折复原力分别表现在应对过程的不同阶段，挫折容忍力是应对的前一阶段，挫折复原力是应对的后一阶段。挫折容忍力是挫折复原力的基础，没有对挫折的容忍力，挫折的复原力也无从谈起，就失去了依托；而挫折复原力是挫折容忍力的进一步发展，是个体应对挫折感的更高阶段。挫折复原力的发展可以增强挫折的容忍力。一般来说，挫折复原力强，挫折容忍力也强。

　　一般来说，抗挫折心理能力好的人，能够忍受重大挫折情境，并以理智的态度和正确的方法对待挫折感，在挫折情境面前能够保持正常的行为能力；抗挫折心理能力差的人，常常遇到轻微的挫折情境就不知所措，以非理智的态度和不正确的方法来应对。

（二）关于抗挫折心理能力维度的研究

　　关于抗挫折心理能力的维度，不同学者根据自己的理解提出了不同的观点。Clifford（克利福德）和McDonald（麦克康纳）（1988）等认为挫折容忍度包含情感与行动两个维度，当遇到学业失败时，挫折容忍度高的会比挫折容忍度低的人更愿意再冒险尝试，且较不易被情绪所困扰[41]。Kuhl（1984）研究发现挫折容忍度包含个体的意志力，当个体相信自己的能力，并认为情况可以控制、后果可以预期时，个体的表现就会好；反之，当个体有不正确或不切合实际的想法时，就会降低对挫折的容忍度[42]。程正方等学者认为构成挫折容忍力的维度有生理因素、情绪状态、个性因素、他人支持、认知因素等[43]。

　　许国彬等研究证明[44]，大学生心理挫折产生的客观原因主要有：自然因素、物质因素、社会因素；主观条件因素主要有：生理因素与心理因素，其中心理因素主要包括个性不够完善、自信心不足、个体抱负水平过高、心态失衡、动机冲突。马建青认为[45]，挫折承受力是指个体对挫折可忍耐、可接受的程度，又称耐挫力、容忍力等。挫折承受力的大小，往往直接决定个体能否经得起挫折打击。挫折承受力是一个人心理健康水平的主要标志之一。心理卫生学认为，一个人的耐挫力要受到很多因素的影响，具体包括：生理条件、生活经历、思想基础、个性特征、挫折准备、期望水平、挫折判断和防御机制等。樊富珉认为[46]，挫折承受力标志着一个人适应环境的能力，这种能力不是先天就有的，是后天学习、实践、锻炼的结果。一个人的挫折承受力受多种因素影响，主要有生理因素、思想境界、性格特征、生活阅历、资源条件、目标理解和目标距离。冯江平认为[40]，挫折承受力是指个体遭受挫折后，能够忍受和排解挫折的程度，也即个体适应挫折、抗御和应付挫折的一种能力，影响挫折承受力的因素主要有：生理条件、过去的挫折经验、挫折的频率、认知因素、个性因素、社会支持。李海洲、边和平认为[47]，挫折承受力是指个体在遭遇挫折情境时，能否经得起打击和压力，有无摆脱排解困境而使自己避免心理与行为失常的一种耐受能力。影响挫折承受力的因素有生理条件、生活经历、挫折频率、期望水平、心理准备、挫折认知、思想基础、个性特征、防卫机制和社会支持。

总之，抗挫折心理能力是一个多维度的复杂结构；在遭遇挫折时，个体抗挫折心理能力的强弱不仅影响到个人对当前挫折事件的认知态度和行为反应，也对其心理健康具有重要的影响。

二、抗挫折心理能力指标体系

（一）心理承受水平

心理承受水平即人们对内外刺激的反应水平。如果一个人对弱小刺激的反应很强烈，说明其反应水平较高，相应地心理承受水平就较低，即承受强烈刺激的能力较差。因此，心理承受水平和人们对刺激的反应水平成反比例关系：心理承受水平 =1/心理反应水平。

1. 挫折容忍力

挫折容忍力：个人遭受挫折时能承受精神上的打击而免于心理或行为失常的能力，是个体在社会化过程中发展起来的一种对挫折的自我张力或适应能力。其可避免遭遇到挫折时痛苦、沮丧、悲观、失望而引起粗暴对抗的攻击行为，可给人以教益，砥砺意志，使人更成熟、坚强。受人的生理条件、气质类型、挫折经验、人生观、价值取向及对挫折的主观判断等因素的制约。一般健康者、具乐观精神者比体弱多病或生理有缺陷者、抑郁者、软弱者更能容忍挫折。提高这种能力的主要方法：采取宽容态度；改变挫折情境；采用精神宣泄；进行心理咨询。最重要的是要有正确的世界观和远大的理想。

2. 生涯规划能力

对未来目标的期望水平和打算，是否有明确的目标和长远的打算与抗挫折心理能力相关。对目标的期望水平越高，目标不能实现时所感受到的挫折也就越大，亦即抗挫折心理能力就低。大多数个体都应对自己有适当的期望水平。"凡事预则立，不预则废"，在没有事先的计划和准备的情况下，如果期望值又比较高，那么遭遇挫折就是必然的事，在教育中应着重培养学生正确评价自我和科学规划未来的能力。

3. 心理准备

对挫折的产生有心理准备的人，比对挫折毫无防备的人更能承受挫折。心理准备就是面对挫折的准备，也许面试中你会因一个条件不符被淘汰下去，也许会因考官的好恶、偏见而被排挤掉，倘若因一次的失败而气愤、沮丧，甚至打退堂鼓都是没有做好心理准备的表现。

4. 挫折经验

抗挫折心理能力与受挫的频率有着密切的关系。一个人对于挫折的容忍力再大，也难以承受接踵而至的挫折，尤其是重大的挫折；相比之下，饱经风霜、阅历丰富，有过成败、苦乐等生活体验的人，对挫折的容忍能力比涉世未深、从小娇生惯养、生活道路平坦的人要高。现实中多数个体能够认识到人生道路上挫折存在的普遍性，这是个体对挫折正确认知并提升抗挫素质的前提。学生的生活经历简单，阅历较浅，缺少调整自己情绪的方法。这些提示我们在教育中应加强对学生的行为训练，教会其调节情绪、摆脱烦恼的方法。

5. 归因能力

遭遇挫折时，能否正确归因对于是否能战胜挫折影响很大。如果把遭遇挫折的原因，从主客观两个方面实事求是地进行分析，将有助于摆脱挫折带来的困扰。归因是人类的一种普遍需要，每个人都有一套从其本身经验归纳出来的行为原因与其行为之间的联系的看法和观念。引导学生形成积极的归因方式并进行归因训练就是教育的一个重要方面，积极的归因方式有利于动机的激发、自信心的培养，而消极的归因有时会挫伤学生的积极性和上进心。

（二）心理调节水平

心理调节水平即人们对自己的心理状况的调节能力。调节对象包括三个方面：一是自己活动的方向系统，包括目标的确定，计划的制订，以及目标、计划的改善和变更。二是自己的动力系统，包括自己活动的动机和情绪等，调节的目的是保证个体投入适当的力量。三是对行为的调节，包括自己的言语和动作。这种调节的目的是使人们做出适当的行为。

1. 挫折复原力

它亦称"挫折排解力"，指个体遭遇挫折后对挫折进行直接的调适，积极改善挫折情境、摆脱挫折心态的能力。挫折排解力的强弱有四个主要标志：解除挫折冲突时间的长短、解除方式的性质、挫折解决的结果、排解挫折的经验和技术。

2. 信心

当一个人遇到挫折时，仍对未来充满信心，相信"只要我继续努力、我一定会得到应有的报偿"，这样的人会较缺乏信心的人更能战胜挫折。良好的人际关系对于抚慰受挫的心灵，增强战胜挫折的信心，更好地适应环境，有着十分重要的意义。

3. 挫折认知水平

挫折认知是个体对于挫折情境的认识和评价，个体对挫折的容忍力和复原力不仅取决于挫折情境本身，更重要的取决于个体对挫折情境的认知。大多数大学生有较好的认知挫折的能力。

4. 人际交往能力

一般来说，人际关系相对好些的人，较易战胜挫折。良好的人际关系会带给人们战胜挫折的信心、勇气和力量。当一个人遭遇挫折时，是否得到亲朋好友、教师同学、父母的支持和关爱，对于他应对挫折事关重大。大多数大学生认识到良好人际关系的重要性，但其人际关系状况令人担忧。社会支持是一个人通过社会联系所获得的能减轻心理应激、缓解紧张状态、提高社会适应能力的影响，其中社会联系指来自家庭成员、亲友、同事、团体、组织和社区的精神上和物质上的支持和帮助。美国成人教育家戴尔·卡耐基曾经说过："一个人的成功，只有15%是由于他的专业技术，而85%则要靠人际关系和他的做人处世的能力。"

5. 意志品质

意志品质指一个人制订计划和坚定不移地实施计划的自觉性、果断性、坚韧性和自制力。良好的意志品质有助于抗挫折心理能力的提高。良好的意志品质是保证活动顺利进行、实现预定目的的重要条件。如"我不会因一时受挫折而自暴自弃""偶尔做个败北者，我也能坦然接受""我有'从哪里跌倒就从哪里爬起来'的信念""我认为自己是个强者"。

三、中小学教师挫折感的成因与调适

教师的挫折感是指教师在通向目标的道路上遇到自感不能克服的阻碍时所产生的一种沮丧、失意、焦虑、紧张或愤怒的心理状态[50]。中小学教师在事业上和生活中遭遇挫折情境、产生挫折感是在所难免的,如何帮助教师预防和调适挫折感,化消极因素为积极因素,应成为学校管理者高度重视的课题。本节从环境因素、个人特征和工作压力三个方面入手,阐述中小学教师挫折感形成的原因,并在此基础上有的放矢地提出行之有效的应对策略。

(一) 中小学教师挫折感的成因分析

研究表明:面对同样的挫折情境,并非人人都会产生挫折感,或者不会产生同等强度的挫折感。中小学教师遭遇某种客观的挫折情境后,是否随之就一定会产生带有主观体验的挫折感,要取决于受挫教师是否有正确的认知、较强的抗挫折心理能力、良好的群体氛围以及应对方式的有效性等因素。

1. 环境因素

学校、家庭和社会环境因素是中小学教师挫折感形成的外部源泉。

(1) 面对学校环境——喜忧参半的教师生涯。中小学教师的教育教学活动主要是在学校环境中进行的,学校环境不佳极易引起他们的挫折感。喜的是,面对未来的国家栋梁——中小学生,多数教师能够欣然地从事教育教学工作。忧的是,学校组织环境不佳,如学校管理者的作风、管理方式不当,管理模式行政化,缺少以人为本的氛围;学校教育教学工作考核越来越严而评价失真、赏罚不明,校风、教风、学风不正;工作环境、住房条件、工资福利较差;缺少进修提高的机会,未能做到人尽其才;诸如此类情况都可能造成中小学教师的挫折感。

(2) 面对家庭环境——无可奈何的教师生涯。家庭是人们赖以生存而又无法回避的生活场所,对于每一位中小学教师的影响都是很大的。一些中小学教师面对家庭出现的变故,如夫妻、婆媳关系不睦,家庭成员健康不良且矛盾冲突不断,家庭经济状况不佳等主客观因素无可奈何。这些因素会带给他们消极情绪体验,当他们带着如此情绪从事教育工作或走进课堂,必然会给自己和他人带来"不该发生的故事"。遭遇此种情况的中小学教师,怎么可能心安理得地支持学校的工作呢?怎么会心平气和地从事教育教学工作和生活呢?怎么可能避免挫折感的产生呢?

(3) 面对社会环境——默默无语的教师生涯。进入社会转型期的 30 余年

来，政治经济变革、教育教学改革给中小学教师带来的压力与困扰是巨大的，市场经济改革的不断深化使得他们默默无语地适应社会、面对现实。在肯定40年来改革开放巨大成就的同时，中小学教师也认为"人们都在一切向钱看""道德水准在下降""腐败陋习此起彼伏""贫富差距越来越大"；对社会风气的强烈不满导致理想与现实的冲突加剧，中小学教师心理压力、职业倦怠也越来越普遍，这必然导致部分教师产生挫折感。

2. 个人特征

德才问题、亚健康态和个性不良等个人特征是中小学教师挫折感形成的内部诱因。

（1）德才问题——忧虑忙碌的教师生涯。忧虑主要表现为部分中小学教师个人的认知方式不正确，由于知识经验、从业经历、价值观、心理成熟度、个性特征不同导致认知方式的差异，因而同样的挫折情境，对每个人造成的挫折感是不同的。富有正确认知方式的中小学教师不易产生挫折感。忙碌是由于专业素养欠缺、个人修养不够，有的中小学教师不努力钻研业务，自由散漫、不能自觉地遵守学校的规章制度，跟不上教育教学改革的步伐。当中小学教师的思想道德、职业理想与社会的道德标准不一致时，就可能产生挫折感。

（2）亚健康态——忽视健康的教师生涯。事实证明，中小学教师身心健康普遍处于亚健康态。首先，生理疾病或缺陷原因。如身体缺陷与疾患、容貌欠佳、运动机能差都会影响中小学教师的心态和教育教学工作效果，进而使他们产生挫折感。其次，中小学教师抗挫折心理能力较弱。抗挫折心理能力强的人，能够忍受较重大的挫折情境，并以理智的态度和正确的方法对待它，在挫折面前能够保持正常的行为能力；抗挫折心理能力弱的人，则常常遇到较小的挫折情境就不知所措，以非理智的态度和不正确的方法应对。

（3）个性不良——彷徨郁闷的教师生涯。个性倾向性和心理特征不良，如性格孤僻、猜忌、妒忌、心胸狭窄、急躁易怒的中小学教师的挫折容忍力较差，当他们遭遇挫折情境时，较易使用自我防御机制，结果是"雪上加霜"，彷徨不知所措。另外，各种潜在的心理冲突，如中小学教师角色与现实状况的冲突，自尊心与自卑感的冲突，教师高抱负与失落感的冲突，成就需要与满足可能性的冲突，渴望提高待遇与现实可能性的冲突，以及他们与领导、同事、学生家长的矛盾冲突等，都会使他们感到郁闷，更容易体验到挫折感。

3. 工作压力

日常工作压力、职业倦怠和人际交往困惑是中小学教师挫折感的直接

根源。

（1）面对日常工作——困顿烦恼的教师生涯。调查显示[48]，近70%的教师每日工作时间超过 8 小时，有的教师日均在校工作时间长达 15 个小时；近80%的教师处于疲劳状态，近75%的教师不支持加班；近60%的教师对工资待遇不满意。另外，在日常工作中还要处理纠结的人际关系。在一个关系冷漠、互相戒备、钩心斗角的环境中，有的中小学教师得不到理解、同情和关心，遭遇挫折情境的机会增加，有时紧张的人际关系还可能直接导致挫折感的产生。

（2）面对职业倦怠——进退两难的教师生涯。部分中小学教师正在面临着职业发展历程中的最大障碍——职业倦怠。职业倦怠指个体在工作重压下产生的身心疲劳与耗竭的状态，它并非因身体劳累所致，而是源自心理的疲乏。中小学教师长期从事教师职业，日复一日、年复一年地单调重复工作，渐渐会产生出一种疲惫困乏的心态，总是难以聚精会神、兴致勃勃，只是依仗着一种"惯性"来工作，失去了原有的工作热情和创造性[49]。

（二）中小学教师挫折感的预防与调适[50]

1. 中小学教师挫折感的预防

在学校管理工作中，应采取预防为主的方针，尽量减少教师挫折感的产生，做到防患于未然。

（1）提高管理水平，优化组织环境。教师产生心理挫折，学校管理工作出现失误和漏洞是个重要原因。为预防教师出现心理挫折，作为管理者必须做到：第一，知人善任，民主管理。对教师的工作安排、评优、晋级等要公正、科学、合理。要做到识才、爱才，用人之长，唯贤用人；要职责明确，赏罚分明，坚持民主管理，评优、晋级时要多听取群众意见和学生的反馈信息。第二，关心支持，满足需要。学校管理者要想方设法满足教师的基本需要，使他们在学校里产生温暖感，从而提高工作积极性，减少产生心理挫折的可能性。要帮助教师解决种种难题，指导他们提高业务水平，改善教师的生活和工作条件。

（2）创设民主氛围，改善人际关系。学校管理者要真正做到人尽其才，充分发挥每个教师的才能和智慧，使绝大多数教师能保持心理平衡。第一，以身作则，树立威信。作为学校管理者，事事应身体力行，先人后己。若教师对领导者有成见，应以宽阔的胸怀耐心地听取他们的意见和建议，对他们所表现的失落情绪和行为设身处地予以理解，对他们提出的意见有则改之，无则加勉，对他们提出的好建议尽量采纳，使教师产生主人翁责任感。第二，重视交往，融洽沟通。教师在一个充满团结友爱、轻松愉快的集体中工作，一人有难，大家帮助。一个人即使遭受一点挫折，也能从大家的关心和爱护中获取感情上的补偿，从而增加克服困难的勇气和力量。相反，在一个关系冷漠、充满敌意的环境中，一个人受到挫折得不到关心和同情，挫折感就会大大加深。有时紧张的人际关系也可能直接导致挫折的产生。因此，建立良好的校风，形成良好的心理气氛，创设一个轻松愉快、友爱温暖的心理环境是预防教师心理挫折的重要措施。

（3）超然对待名利，准确把握自我。第一，知人者智，自知者明。自负与自卑的自我意识极易导致心理挫折的产生。要避免由不正确的自我意识导致挫折感的产生，就要有恰当合适的自知。一是用他人对自己的评价来调整自我评价。二是与周围的相似者相比较来调整自我评价，最终能自尊、自知、自信、自制。只要选准适合自己的目标，定会成为一个正视自身价值的自信者。第二，淡泊名利，人生常乐。人的很多心理挫折往往是源于把名利看得太重而又满足不了时产生的。因而，每位教师应在物欲上知足，而在精神上、知识上、人生境界上要知不足。知足与否无非涉及物质与精神两方面。若能在物欲上知足常乐，又能在精神上知不足以常自更新，到了这种知足与知不足的大境界，想有一次心理失衡都难。

2. 中小学教师挫折感的调适

教师的挫折感形成后，学校管理者要想方设法消除教师的挫折感造成的消极影响，减少不良后果。

（1）正确面对现实，真诚善待教师。第一，澄清认识，加强指导。教师受挫折了，这是他个人成长的必经之路，应给予正确的认识。对受挫教师表现出的失常行为和情绪应予谅解。学校管理者必须有宽阔的胸怀，较强的忍受力。灵活而机智的容忍态度是管理水平和能力的表现。也只有这样，才能创设解决问题的气氛。第二，真诚相待，解脱烦恼。创造和谐的学习和工作环境，良好的心理氛围能够让人有一种安全感和归属感。教师如果处在一个充满互相关怀、互相学习、互相沟通气氛的集体中，不仅能减少产生挫折感的可能性，也有助于教师经受挫折后尽快地解脱烦恼，重新振作精神，积极工作。学校管理者的责任之一就是和教师建立命运共同体，形成一个相互学习、各取所长、相互合作、真诚相待的学习型组织。第三，公平合理，激励内因。对于教师可能因校内因素而产生的挫折感，首先，要注意教师工作量和质的考核与评定要

合理，为评先进、评职称等提供客观依据，做到让人口服心服。其次，要注意克服平均主义思想。不应为了迁就教师的心理平衡，而搞大家轮流坐庄。平均主义不能满足教师的成就感，不利于调动积极性。另外，对于教师因社会因素产生的挫折感，管理者要尽可能帮助解决。当管理者与教师有同样的需求时，管理者能主动谦让，这对教师是最有说服力的教育。

（2）补偿升华自我，加强自我调节。人生受挫折是不可避免的，问题看怎么应对。对于教师个人来说，遇到挫折后，一定要妥善处理，确定正确的挫折观。第一，启发疏导，自我激励。学校管理者对受挫折教师要帮助其端正态度，启发其正确理解动机与效果的关系，分清是非，选择符合社会要求的行为目标；对受挫折的教师要给予关心、理解、同情和体贴。同时，管理者一方面要帮助教师正确分析受挫原因，让他们形成对挫折的解析能力，另一方面要帮助他们确立适当的目标，使他们感受到教育工作的兴趣和价值。第二，补偿升华，争取成绩。教师在遇到挫折时，要能自我控制，让理智、意志去摆脱或消除因挫折而引起的消极情绪。补偿是指为个人所追求的目标、理想信念受挫，或因自己的缺陷而失败时，选择其他能够成功的活动来代替，借以弥补因失败而丢失的自尊和自信。升华是改变不被社会所接受的动机、欲望，使之符合社会规范和时代的要求。尤其是在遇到严重挫折时，能将原有内部动机升华为更高的社会性动机。第三，明确责任，调节自我。首先要有乐观向上的生活态度，树立必胜的信心。其次是培养义务感。鼓励自己干一行爱一行，从学生取得好成绩中得到乐趣，相信一分付出会获得一分报酬。作为教师，应有点甘为"孺子牛"，愿作"春蚕""蜡烛"的精神和品质，甘为人梯、诲人不倦。这样，挫折感和压力就会减少或消失。

（3）合理宣泄释放，保持健康心态。实践证明，针对教师心理挫折的成因或表现，有的放矢地采取"合力"教育，他们就能够自觉地克服心理障碍，摆脱挫折感带来的烦恼，为完成教书育人的重任而努力奋斗。第一，提供机会，释放积怨。在心理治疗中经常采用疏导和宣泄的方法。一个人在受挫折后，在未弄清主、客观原因的情况下，往往会找客观理由，抱怨、感到有苦无处诉，一旦遇到自认为有机会可以诉说时，发出的怨言多是激烈的，并伴随一定的情绪，会说出平时不敢说的带有攻击性的、不合理的话语。学校管理者要让其发泄和释放不满的情绪。然后，再指出其合理的和不合理的部分，指出哪些是他自己应负的责任，哪些是组织上或领导应负的责任，从而引导其积极工作。第二，减轻压力，防止疲劳。教师的心理压力可能来自社会，升学率仍是教师的主要心理压力。有些教师长期超负荷工作：白天，教师之间抢时间、争课时搞课外辅导；夜里，备课、分析试卷、批改作业，造成身心过度疲劳。究其原因，仍是受应试教育的影响所致。因此，学校管理者和教师要端正教育思想，向教育科研要质量，向45分钟要质量；要实行科学管理，合理安排教师的时间，保证教师有足够的休息、学习、教研和备课的时间。经常开展文体活动，促进教师的身心健康。第三，投身实践，锤炼意志。教师可以走出课堂，到大自然中去；或与亲朋好友促膝长谈，倾诉心中的不快；或常听欢快的乐曲，让音乐轻轻地抚摸受伤的心灵。教师还应在教学、生活实践中锤炼坚忍不拔的意志品质，这样，在挫折面前才会有强的挫折承受力，保持沉着、冷静，采取积极的行为补救，才能愈挫愈奋、百折不挠。

参考文献

［1］Walsh, F. Strengthening family resilience ［M］. New York：Guilford Press, 1998.

［2］阳毅，欧阳娜. 国外关于复原力的研究综述 ［J］. 中国临床心理学杂志, 2006, 14 (5)：39 – 541.

［3］李海垒，张文新. 心理韧性研究综述 ［J］. 山东师范大学学报 (人文社会科学版), 2006 (3)：149 – 152.

［4］杨欣，陈旭. 从进化心理学的角度解读心理韧性 ［J］. 心理学探新, 2009, 29 (5)：18 – 21.

［5］刘取芝，吴远. 压弹：关于个体逆境适应机制的新探索 ［J］. 湖南师范大学教育科学学报, 2006, 4 (2)：111 – 115.

［6］Tugade M M, Fredrickson B L. Resilient individuals use positive emotionsto bounce back from negative emotional experiences ［J］. Journal of Personality and Social Psychology, 2004, 86 (2)：320 – 333.

［7］葛广昱，余嘉元，安敏，等. 中学生心理韧性与学业水平的关系研究 ［J］. 赣南师范学院学报, 2010 (1)：114 – 118.

［8］Richardson, G. E. The metatheory of resilience and resiliency ［J］. Journal of Clinical Psychology. 2002, 58：307 – 321.

［9］Mandleco, B. L. & Peery, J. C. An organizational framework for conceptualizing resilience in children. Journal of Child and Adolescent Psychiatric Nursing, 2000, 13：99 – 111.

［10］Kumpfer, K. L. Factors and processes contributing to resilience：The resilience framework. In M. D. Glantz & J. L. Johnson（Eds.），Resiliency and development：Positive life adaptations. New York：Kluwer Academic, 1999：179 – 224.

［11］马伟娜, 桑标, 洪灵敏. 心理弹性及其作用机制的研究述评［J］. 华东师范大学学报（教育科学版）, 2008（1）：89 – 96.

［12］魏真. 心理韧性：大学生教育的重要维度［J］. 河南社会科学, 2011, 19（4）：161 – 163.

［13］于肖楠, 张建新. 自我韧性量表与 Connor & Davidson 韧性量表的应用比较［J］. 心理科学, 2007, 30（5）：1169 – 1171.

［14］Rabkin JG. &Struening EL. Life events, Stress and illness［J］. Science, 1976, 194：1013 – 1020.

［15］Tugade M M, Fredrickson B L, Barrett L F. Psychological resilience and positive emotional granularity：examing the benefits of positive emotions on coping and health［J］. Journal of Personality, 2004, 72（6）：1162 – 1190.

［16］Masten A S. Ordinary magic：resilience processes in development［J］. American Psychologist, 2001, 56（3）：227 – 238.

［17］Garmezy N, Masten A S, Tellenge A. The study of stress and competence in children：a building block for development psychology［J］. Child Development, 1984, 55（1）：97 – 111.

［18］于肖楠, 张建新. 韧性（resilience）：在压力下复原和成长的心理机制［J］. 心理科学进展, 2005（5）：658 – 665.

［19］徐慊, 郑日昌. 国外复原力研究进展［J］. 中国心理卫生杂志, 2007（6）：424 – 427.

［20］胡月琴, 甘怡群. 青少年心理韧性量表的编制和效度验证［J］. 心理学报, 2008, 40（8）：902 – 912.

［21］席居哲, 桑标, 左志宏. 心理弹性（resilience）研究的回顾与展望［J］. 心理科学, 2008（4）：995 – 998.

［22］王秀希, 许峰, 任云, 等. 复原力在大学生负性生活事件与心理健康间作用机制的探讨［J］. 教育与教学研究, 2010（9）：59 – 69.

［23］赵晶, 罗峰, 王雪. 大学毕业生的心理弹性、积极情绪与心理健康的关系［J］. 中国健康心理学杂志, 2010（9）：1078 – 1080.

［24］高登峰. 大学生学习压力、心理弹性、心理健康的关系研究［D］.

硕士学位论文，2008.

[25] 雷万胜，陈栩，陈锦添. 大学生心理韧性研究 [J]. 中国健康心理学杂志，2008，16（2）：155－157.

[26] 蒋玉涵，李义安. 高中生心理韧性与主观幸福感的关系研究 [J]. 中国健康心理学杂志，2011，19（11）：1357－1360.

[27] 蔡宁伟. 员工抗逆力问题研究 [J]. 管理学刊，2013（1）：38－45.

[28] Hargreaves, A., Fullan, M. Mentoring in the new mil－lennium [J]. *Professionally Speaking*, 1999（12）：19－23.

[29] Morgan, M., Kitching, K., O'leary, M. The psy chic rewards of teaching：Examining global, national and local influences of teacher motivation [J]. *Online Submission*, 2007：19.

[30] Hong, J. Y. Why do some beginning teachers leave the school, and others stay? Understanding teacher resilience through psychological lenses [J]. *Teachers and Teaching：Theory and Practice*, 2012：18（4）：417－440.

[31] Malloy W W, Allen T. Teacher Retention in a Teacher Resiliency：Building Rural School [J]. *ural Educator*, 2007, 28（Winter）：19－27.

[32] Day, C. Committed for life? Variations in teachers' work, lives and effectiveness [J]. *Journal of Educational Change*, 2008, 9（3）：243－260.

[33] Mansfield, C. Building Resilience in Teacher Education：An Evidenced Informed Framework [J]. *Teaching and Teacher Education*, 2016, 54：77－87.

[34] Turner, S., Braine, M. Embedding Wellbeing Knowledge and Practice into Teacher Education：building emotional resilience [J]. *Teacher Education AdvancementNetwork Journal*, 2016, 8（1）：67－82.

[35] 陈志成. 抗逆力：公务员能力建设的关键 [J]. 中国行政管理，2005（6）73－76.

[36] [美] 斯蒂芬·P. 罗宾斯. 组织行为学 [M]. 北京：中国人民大学出版社，2005.

[37] 宋书文，孙汝婷，任平安. 心理学词典 [M]. 南宁：广西人民出版社，1984：207.

[38] 陈建文，王滔. 关于大学生心理承受力的几个基本问题 [J]. 现代教育学，2004（4）：72－74.

［39］张旭东，车文博．挫折应对与大学生心理健康［M］．北京：科学出版社，2005：62－63．

［40］冯江平．挫折心理学［M］．太原：山西教育出版社，1991：78－90．

［41］Clifford M M, Kim A, Mcdonald B A. Responses to failure as influenced by task attribution, outcome attribution, and failure tolerance［J］. Journal of Experimental Education, 1988 (57): 19－37.

［42］Kuhl J. Volitional aspects of achievement motivation and learned helplessness: Toward a comprehensive theory of action control［M］. B. A. Maher (Ed). Progress in Experimental Personality Research. New York: Academic Press, 1984 (13): 99－171.

［43］程正方．现代管理心理学［M］．北京：北京师范大学出版社，2004：416－417．

［44］许国彬等．大学生心理挫折的类型、原因及其处理方式［J］．广东外语外贸大学学报，2003 (4)：84－88．

［45］马建青．大学生心理卫生［M］．杭州：浙江大学出版社，1992：91－92．

［46］樊富珉．大学心理学［M］．北京：北京师范大学出版社，2001：371．

［47］李海洲，边和平．挫折教育论［M］．南京：江苏教育出版社，1995：72－76．

［48］栗文敏．中小学教师心理健康影响因素研究［J］．太原大学教育学院学报，2009 (2)：26－28．

［49］吴新春，张军．教师职业倦怠预防［M］．北京：中国轻工业出版社，2008：8－17．

［50］张旭东，何宏俭．中小学教师挫折感的预防及调适［J］．中国教育学刊，2007 (8)：76－78．

第七章　积极的人格

积极心理学强调，人们应该关注人格中的积极特质，对积极特质加以培养和发展，通过这种方法使人格中的消极因素被消除或抑制。一个人格健全的教师不仅能教给学生知识，而且能对学生健全人格的养成产生积极的影响。在教师的各种心理素质中，对学生成长影响最大的就是教师的人格。良好的教师人格不仅影响教师教书育人的效果、教师自身的身心健康以及教师的专业发展，而且对学生的学业成绩、自我概念以及人格塑造等均有不同程度的影响[1]。那么到底什么是积极人格？什么又是教师人格？

第一节　积极人格概述

一、积极人格

（一）什么是积极人格

积极心理学对于人格的产生和发展也有独到的观点，认为人格的形成不应该像传统的人格理论那样，过于强调先天遗传因素的作用，而是认为人格是先天生理机制、外在行为和社会环境三者交互作用的结果，并且特别强调社会环境对于人格塑造的重要影响[2]。

高尔顿曾经指出，人的鲜明特征是他个人的东西，从来不曾有一个人和他一样，也永远不会再有这样一个人。把人作为一个单独的个体存在，他所表现出的行为特点以及心理反应都是个性化的，也是独一无二的，这就是我们所谓人格的最初来源。伯格（Jerry M. Burger）认为，人格是稳定的行为方式和发生在个体身上的人际过程。它包括两方面的内容：一方面是稳定的行为方式。我们可以通过不同的时间和不同的情境来鉴别这些稳定的行为方式，针对不同的人和不同的事情，我们可以作出初步的匹配的判断，类似于"这个肯定不是他做的"的判断，实际上都是对性格上稳定性的一种认可。另一方面关注的是人际过程，它发生在人与人之间，影响着我们怎样行动、怎样感觉所有的情绪、动机和认知[3]。

人格是个体在对人、对己、对事反应时所显示出的特有模式，这个模式构成一个人思想、情感和行为的稳定而统一的品质。

积极人格是积极心理学的核心研究领域之一，它被定义为反映在个体的认知、情绪以及行为等各个心理层面的积极特质。实际上，心理学对于这些积极特质的关注由来已久，比如，乐观、感恩或创造力都是流行多年的研究主题。问题是，以往研究者是将这些积极特质视为独立的变量，彼此孤立开来进行研究。而今，积极心理学创造出"人格优势"这样一个整合概念，林利等认为这使得心理学家得以在一个系统框架下重新理解这些优秀的人格特质。

（二）积极人格的研究过程

心理学家通过文献法和调查法将品格力量分为6种美德24项优势。这些美德或优势就是对个人幸福最有影响力的生活态度。一个人越多地具备了这些优势，也就越多地具备了品味深刻幸福的潜能。每一种美德包含2~7种品格优势，下面具体解析这些品格优势[4]。

第一阶段，Peterson 和 Seligman（2004）全面提出了积极人格优势理论。他们基于文献综述提出了6种广泛存在的美德，又为各种美德提出了相关的人格优势，从而构成完整的积极人格理论。他们依照美国心理学会编制《精神障碍诊断与统计手册》（*Diagnosticand Statistics Manual of Mental Disorder*）关于心理疾病的分类方式，对积极品质和美德进行分类和界定，并将自己的书命名为《人格优势和美德手册及分类》（*Character Strengths and Virtues：A Handbook and Classication*）。这是积极心理学反思传统人格研究过于关注消极人格因素而带来的一种新的尝试。

第二阶段，Peterson 和 Seligman 首先对文献进行综述，同时考虑到了跨文化一致性，包括中国的儒家和道家文化、南亚（印度）的佛教及印度教文化、古埃及文化、基督文化和伊斯兰文化。在这些传统文化中寻找最早的、最具影响的关于美德的论述，特别关注那些进行列举的，尤其是那些明确地提出美德的数目的文献。然后，对收集到的美德词汇，根据语意相似性进行归类与精简，提炼出核心美德。最后，他们将很多积极心理学家集中到一起，使用头脑风暴法提出了6种被各种文化共同接受的美德，分别是智慧、勇气、人性、公正、节制和超越。

第三阶段，Peterson 和 Seligman 在提出美德后，他们又规定了各种美德所包含的特定的人格优势，遴选出了24种积极人格优势：智慧包括好奇心、好学、思维开阔、创造力、洞察力；勇气包括勇敢、恒心、正直和活力；仁慈包括善良、爱和社会智力；正义包括公德心、公正和领导才能；节制包括虚心、自我节制、谨慎、宽容和审美能力；卓越包括感恩之心、希望和幽默。本节将对美德与人格优势作详细介绍[5-7]。

二、积极人格特征

心理学家通过文献法和调查法将品格力量分为6种美德24项优势。这些美德或优势就是对个人幸福最有影响力的生活态度。一个人越多地具备了这些优势，也就越多地具备了品味深刻幸福的潜能。每一种美德包含2~7种品格优势，下面具体解析这些品格优势。

（一）智慧维度

智慧和知识的优势（strengths of wisdom and knowledge）包含获得和应用知识从而获得美好生活的积极特质，属于认知的力量。有很多人格优势具有认知成分，如社会智力、公正、希望、幽默和灵性等，这也是很多哲学家认为智慧是主要的美德、是其他美德的基础的缘由。心理学家通过研究发现，有5种人格优势具有显著的认知特征，它们分别是创造力、好奇心、思维开阔、好学和洞察力[5]。

1. 创造力

创造力是指个体不受成规的束缚而能灵活运用知识、经验，产生新思想，或发现和创造新事物的能力。作为其重要成分的发散思维，在一定程度上反映创造能力的高低。不仅包括传统意义中的科学创造或艺术创造，更是指日常生活或职业活动中表现出的实用智慧。作为一种个体差异，创造力必须具备两个本质属性：第一个标准是原创性，一个具有创造性的人必须能产生原创性的思想或行为，生成新奇的、惊奇的、不寻常的思想或行为；第二个标准是可适应性，即原创性的行为或思想必须能够转换成对个体的生活或对其他人的生活有积极作用。

2. 好奇心

好奇心是指寻求新奇、求知的心理倾向；包括活动认知、追求以及个体对

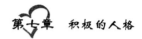

于挑战机会的反应经验的控制。好奇心、兴趣、追求新奇和经验开放都表示一个人对于经验和知识的内在渴求，对所有的经验都有兴趣，具有探索和发现精神。好奇心的情绪动机状态能够激起积极情绪，如兴奋、喜爱、注意，有助于复杂决定的作出和目标的坚持。好奇心强的人有两个特点：一个特点是对新鲜经验持开放性的态度；第二个特点是难以容忍模糊不清或者模棱两可的信息。

3. 洞察力

洞察力指的是有远见，是人们对个人认知、情感、行为的动机与相互关系的透彻分析；是指一个人具有丰富的实践经验，并能够利用这些经验为自己或别人提供明智的指导。洞察力能够给他人提供明智的忠告，能够看清世界对于自己和他人的意义。大多数心理学家对于明智的定义不外乎以下三种：明智的过程，明智的成果，明智的人。

4. 开放的思想

开放的思想是指一个人喜欢用不同的方法解决问题，能从多角度思考、考证事物，当要作出一个决定时，会考虑每个选择的好处和坏处。愿意听取别人的意见，作决定前喜欢征求别人的意见，作最后决定前会考虑所有的可能性，经常能想到令所有人都满意的解决问题的办法。开放的思想表现在思维开阔上，指的是全面、透彻地思考问题，不急于下结论，寻找和现有的信念、计划、目标相反的证据，面对证据能够改变观点，尊重事实，有将新的证据和原有的信息一视同仁的意愿。它的反义词是固执己见。思维开阔的人有以下特征：摒弃原有观念是强者的表现；经常思考和自己的信念相违背的证据；在面对新的证据时，信念能够转变。

5. 热爱学习

热爱学习的人能够在没有外部诱因的条件下，出于内在动机去学习。他们在学习活动中体验到知识的满足感和智慧的愉悦感。好学与好奇心有关，但除此之外还描述了一种系统性扩充自己的知识的倾向。好学描述的是从事的活动内容无法立即得到结果或者是在学习上取得好成绩不会立即带来利益。好学指的是一种被新信息和技能吸引，并且生成能够对抗挫折和挑战等消极反馈的积极情绪的过程。一方面，这种人格优势在动机定位和学习目标上具有个体差异；另一方面，大多数个体多少都会有一些这种人格优势，他们至少在某些方面有一些发展良好的兴趣。好学能够预测心理和生理幸福感。好学者更倾向于欣赏他们所学的内容。

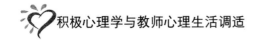

（二）勇气维度

勇气优势（strengths of courage）是指不畏内在或外在压力，决心达成目标的积极特质，属于情绪优势；是指在不利的条件下，仍然可以为达到目标而奋斗，包括真诚、勇敢、毅力和热忱等[5]。

1. 真诚

真诚体现在实话实说，真实地面对生活，不虚伪，为人真诚。正直、可靠、诚实都用于描述一种人格特质，个体真实面对自己，在私人和公共场合准确表达自己内心的状态、意愿和承诺。正直的人能够坚持事实，敢于说出真相，不找借口，愿意对自己的情感和行为负责任，并因此获得利益。正直必须符合以下行为标准：具有一种稳定的行为模式，能够坚持自己的价值观，说到做到；符合公众标准的道德观，即使这种道德观不流行；耐心对待他人，帮助需要帮助的人，对别人的需求敏感。

2. 勇敢

勇敢是指在危险随时可能出现的环境里，努力去获取或坚持自己认为是好的事物或他人认为是好的但是却没能实现或获得的事物。在这个过程中个体可能惧怕，但不因此而退缩，并且这种行为是自愿的。勇敢的价值在于使人们抑制对于危险的即时反应并且评估行为的可接受性。勇敢的人是能够将恐惧的情绪与自己所应当采取的行动分离开的人，他会抗拒自己要逃跑的冲动，勇敢面对令自己恐惧的任务，不去理会心理上的主观反应或生理上的紧张不适。胆大妄为和冲动并不是真正的勇敢，虽然害怕但仍能够面对危险才是勇敢。现代意义上的勇敢已经超越了战场上的拼杀，更多的是指道德上的勇敢和心理上的勇敢。勇敢的人能够泰然地、甚至愉悦地面对危险、逆境、压力，不为此丧失尊严或丧失成长的机会。

3. 坚持（毅力）

有毅力的人通常表现为有始有终，能承担困难的工作并把它完成。即使这个工作的某些部分是单调、枯燥、长时间的，或者这个工作将充满艰难、未知的挑战，他们都能顽强地面对。毅力并不是不顾一切地追求不切实际的目标，他们是有弹性的、务实的，而不是完美主义者。事实上，完美主义的人往往是缺乏毅力的，因为他们常常预料到事情结果不能十全十美，所以选择了半途而废。

4. 热忱

热忱指的是充满热情、全心全意地投入生活和工作之中。热情而有活力的

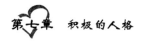

人是精力充沛的和功能完善的，是一种动态的现象，包含生理和心理两个方面的功能。热情而有活力指的是人们感到有生命的、热情的和有精神的。在身体层面，活力指的是身体健康，身体功能良好，远离疲劳和疾病；在心理层面，活力反映的是意志、效率和个人及人际整合经验，心理紧张、冲突和压力会减损活力经验。

（三）人性维度

人性优势（strengths of humanity）是指，关心与他人的关系，乐于助人的积极特质，属于人际优势，包括三种优势：社会智商、爱和善良[5]。

1. 社会智商

社会智商是指个体了解他人及与他人相处的能力。具体指能体察自己与他人的动机与情绪，能觉察自己和别人的动机和情感，知道在什么场合做什么事，知道怎么激发他人。具有社会智慧的人能够注意到人和人之间的不同点，然后针对这些不同作出恰当反应。高社会智商的人表现出对于情绪特殊的体验和处理能力。他们能从人际关系中觉察到情绪，敏锐地理解与他人的情绪性的人际关系以及情绪在人际关系中的意义。

2. 爱

爱指的是珍视与他人的亲密关系，特别是彼此分享、相互照顾。爱是对他人的认知、行为和情感态度，具有三种典型的形式：第一种是普通人之间的积极的、关心的情感，也可以称为友谊，人希望被爱的人获得幸福，并在情感和精神上需要这个对象；第二种形式是保护与被保护的爱，叫作亲子之爱；第三种叫作情欲之爱，是性或身体的吸引导致的激情，也叫浪漫之爱。在与相爱的人相处中，我们感受到无拘无束的安全感、无条件的信任等，可以无条件地奉献，身心相融，感受到放松、欣赏与满意，充满了希望和幸福。

3. 善良（友善）

善良是指对他人表现出的仁慈、慷慨、乐于帮忙。重视别人的利益和幸福，理解别人的难处，同情他人的苦难，甚至有时会为了帮助别人而把自己的利益放在一边。友善的意思是乐于助人、关心他人，是与唯我论相对的一种取向。友善和无私的爱是一种人道主义的主张，不出于任何功利主义的目的而认为别人本来就是值得被关注和爱的。

（四）公正维度

公正优势（strengths of justice）具有广泛的社会性，与个人和群体或社区

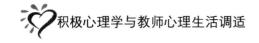

之间的最优互动有关，是健康社会的文明优势[5]。

1. 合作力（团队精神）

合作力也称团队精神，是指个人作为集体的一分子，对集体利益的关心以及相应的责任感，忠于所在的集体，富有团队协作精神。具有团队精神的人：能融入团队，有凝聚力，有归属感，为团队建设尽心竭力；忠于团队，自觉维护团队利益，并积极、主动、认真、负责做好本职工作；尊敬领导，但不会愚昧而自动地顺从他人，这种人也有自己的想法和思维，但会考虑大局；尊重团队目标，虽然有时大团队目标会与自己的目标不同，但仍然尊重并重视团队的目标。

2. 领导力

领导力是指有很好的组织才能，在乎团体的共同利益，鼓励团体的集体情感，主动参与设想所在团队的未来目标愿景，组织同事共同为之努力，并能监督任务的执行效率；能够去影响和帮助他人，指导和激发他们获得集体成功。领导力的本质就是影响力，影响力的 ABC 理论：态度、行为、认知；领导力包括权力影响力和非权力影响力。

3. 公平

公正是指不让个人感情影响自己的决定，平等地看待所有人，一视同仁，不受个人感情影响。公正是道德判断的产物，道德判断让个体知道什么在道德上是对的，什么是错的，什么是道德禁止的。虽然道德包含了道德判断、道德发展和道德理解等，但是我们更加认同心理学家所认为的，将道德推理看成道德发展和建立道德行为的准则。道德推理可以分为两类：正义推理和关心推理。

（五）节制维度

节制优势（strengths of temperance）是抵制过度的积极特质，指适时适度地满足自己的欲望。节制的人并不是完全压抑自己的欲望，只是他们要把握时机和程度，以免对自己和他人造成伤害。节制的美德包括四项品格优势：宽容、谦虚、谨慎、自律。宽容和怜悯可以抵制过度的仇恨，谦虚可以抵制过度的自大，审慎可以抵制带来长期负面效果的短期愉悦，自我节制能够抵制各种使人动摇的极端情绪[5]。

1. 持重（自律）

持重是指自我约束，人能反思并压制自己在第一时间内自发产生的第一冲动，并策划和启动自己经过反思后深谋熟虑的行动计划，包括对自身需要的节

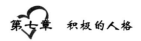

制、对自己情绪的调节、对自己观点的反思、对自己行动的控制等。

2. 谦虚

谦虚是指不自满，乐于接受别人的批评意见，不以自我为中心，能够倾听别人，包括对自己的优点和成就有适当的估计。谦虚的人不过分表现自己，不吹嘘，不喜欢出风头，能够巧妙而适宜地应对别人对自己的夸奖和赞扬。

3. 宽容

宽容是指原谅那些曾经冒犯过我们尊严或者侵犯过我们利益的人。与宽恕相反的人生态度是仇恨。仇恨只能让我们生活在由悲伤或者耻辱情绪所笼罩着的阴暗回忆之中，而宽恕则能够冰释过去的不美好记忆，使人轻松地投入新的生活。宽容可能发生在我们和一切人的关系中，包括同事之间、师生之间，甚至陌生人之间。宽容即允许别人的不利行动或判断，耐心而毫无偏见地容忍与自己的观点或公认的观点不一致的意见。宽大有气量，不计较或不追究；宽容那些犯错误的人，原谅别人的过失，给他人第二次机会。

4. 谦虚（或谨慎）

谦虚的意思是不以自我为中心，能够倾听别人，包括对自己的优点和成就有适当的估计，同时也包括适当的着装和社会行为等其他一些表现。Tangney 定义了具有谦虚人格优势的人的一系列关键特征：对于个人能力和成就的准确认知；意识到自己的错误、不完美、知识不足和局限的能力；对于新思想、矛盾的信息以及建议的开放性；保持对个人能力和成就的洞察力；相对较少地关注自我或者说是具有忘了自我的能力（不以个人为中心）；欣赏所有事物的价值，欣赏人们和事物用各种不同的方式对我们的世界作出的贡献。

（六）超越维度

超越优势（strengths of transcendence）是使自己与全宇宙相联系，从而为生命提供意义的积极特质，卓越是指个人超越了自身狭隘的生活世界，将个人的存在与更宏大的事物相连接，在更广泛的关系中（包括与他人和社会的关系，与自然的关系，与生命中时间之流的关系）获得生命的意义。主要表现为对美的欣赏和品味（美感）、幽默、热忱、宽恕、感恩、希望、信仰七个方面。其中，对美的欣赏和品味、幽默、热忱是人对当下的积极态度；宽恕和感恩是人对过去的积极态度；希望和信仰是人对未来的积极态度。包含五个方面：希望、幽默、感恩、审美、信仰[5]。

1. 希望

希望指的是一种指向未来的认知、情绪和动机，是指对未来怀有美好的憧憬，期待未来会更好，并为了实现这一目标而积极地筹划和行动。另一方面，希望也是指对未来可能发生的糟糕结果有充分的预料，不是悲观地等待和感叹，而是乐观地设想糟糕结果发生之后的应对和处理。因此，无论发生多么糟糕的事情，乐观的人永远能从打击中发现新的希望，而不会陷入绝望。

2. 幽默

幽默是指比滑稽含蓄，比讽刺轻松和温和，带有快乐的色彩，常使人微笑、苦笑或会心地笑。幽默包含三种意思：第一，一种戏谑的认知、快乐、创造的不协调；第二，展示逆境的积极面给人看，让人们有个好情绪；第三，让别人欢笑的能力。幽默的人不但追求让自己快乐，也追求让别人愉快。即使是从事一件平凡而枯燥的工作，幽默的人也努力让周围与他一起工作的人体验到快乐。真正的幽默，是无论处在什么情境之中，总能发现事情之中光明的一面。

3. 感恩

感恩首先是指人对身边那些曾经帮助过自己的人们的感激之情；再进一步，也包括对于那些无意中给自己带来积极影响的人们（既可能是熟识的，也可能是仅有一面之缘的，甚至可能是远方的陌生人）的感谢；更进一步，还包括对命运（无论是顺境还是逆境）的感激和对生命的珍视。与感恩相反的特征是抱怨，爱抱怨的人不是勇敢地担负命运的责任，而是把一切过错归因于他人、世界以及命运。

4. 审美

审美能力是指对美与卓越的欣赏，欣赏美、才能以及所有生活领域的熟练表现。关注并欣赏所有生命领域的美、卓越和技巧表现，从自然到艺术，从数学和科学到所有日常生活领域。审美能力是发现、识别存在于自然和社会上的美好的事物，体验到由此带来的快乐。具有审美人格优势的人经常能够在一些日常的活动中感到敬仰和一些相关的情绪（如钦佩、向往和高尚）。

5. 信仰

信仰是指信服、崇拜并奉为准则和指南的事物，个体对生活准则的某些观念抱坚定的确信感和深刻的信任感的意识倾向。对生活有目标感，是经过对人生意义、人类本性、价值观等诸多问题进行漫长的艰难探索而逐渐形成的一种终极的人生追求。心理学研究中把人们的信仰划分为外源性价值和内源性价

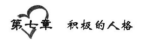

值。外源性价值是指那些依赖于外部因素才能获得的东西，包括金钱、权势、美貌、名声等；内源性价值是指那些依赖于自我的修炼才能达到的境界，包括个人知识能力的提升、品格的完善、对他人的贡献、对真理的追寻、对美的欣赏，等等。持有外源性价值观的人，其幸福感更多地依赖于外在因素，因而更加不可控。持有内源性价值观的人，其幸福感更多地依靠自身的努力，因而更可控，也更稳定。

第二节　教师人格及其培养

一、教师人格

（一）什么是教师人格

所谓的教师人格，到目前为止还没有一个能够被学术界公认的定义。戈塞尔斯（J. W. Getzels）与杰克逊（P. W. Jackson）认为，教师人格指的是一个教师的全部行为，包括行为认识和情态两方面的因素，诸如态度、价值、兴趣、判断和需要等。王荣德认为，教师人格是教师作为教育职业活动的主体，在其职业劳动过程中形成优良的情感意志、合理的智能结构、稳定的道德意识和个体内在的行为倾向性。刘维良则更关注教师在适应社会角色规范的过程中在自己个性的基础上形成并表现出来的心理和行为特征。王少华认为，教师人格是教师认知、情感、意志、信念、习惯及其过程的集合体。还有很多由此衍生出来的名词，类似于教师的人格特征、教师的个性特征、教师素质、教师心理素质、教师职业人格倾向性、教师的品质等概念，使得教师人格概念更趋复杂。

综合以往的文献研究，我们认为教师的人格应该包括三方面的基本内涵：第一，具有显著的教师职业特性；第二，是教师各种心理特质的和谐统一；第三，对学生身心发展具有深远的影响。基于此，教师人格可以定义为：教师个体在教育教学活动中逐渐形成、发展并外显出来的心理与行为上的综合个性品质，并对受教育对象的身心发展具有深刻的直接影响。具体而言，教师人格是教师在教育教学过程中表现出来的能力、情绪、需要、动机、兴趣、态度、价值观、气质、性格和体质等多方面的和谐、统一、稳定的心理与行为模式[5]。

（二）教师人格的特征

有很多研究者对教师群体的人格特点进行了研究。早期的研究大多是从特质论的角度出发，目的是从人格特质上区分好的教师和差的教师。拉什顿（J. P. Rushton）等根据学生对教师讲课效果的评价结果总结出，能够在教师这个行业取得成功的人必须具有的人格特点是成就动机强烈、人际关系良好、具有一定的魅力和组织才能。成就取向指的是要具备一定的管理能力、智力和责任感，人际关系取向指的是要具有影响力和自我同一性。这与教师所处的工作环境和需要在学生当中树立一定的威望有很大的关系。莱恩斯（D. G. Ryans）也通过大规模的研究结果发现，成功的教师具有温和、理解人、友好、负责、有条不紊、富于想象力和亲切热忱等特征。

国内的研究者曾经使用艾森克（H. J. Eysenck）人格问卷成人式（EPQ）对 1679 名中小学与幼儿教师的人格特征进行了测量，结果表明，好的教师往往具有良好的情绪稳定性、主导性、社会外向性和社会适应性，无神经质。除了特质论这个角度之外，还有研究者从质性研究的角度来探索优秀教师的人格特点。如，通过分析优秀教师、模范班主任的优秀事迹材料，得出一些典型的心理品质；用问卷调查的方式分析全国骨干教师、优秀幼儿教师的人格特征。概括而言，国内研究者对优秀教师的人格特征概括为：热忱关怀，真诚坦率，胸怀宽阔，作风民主，客观公正，自信心强，耐心细致，坚忍果断，热爱教育事业[2]。林崇德教授将教师人格的个性特征分为自信型、思考型、安静型、严肃型、谨慎型、活泼型和自我型七种类型，这七种不同人格的个性特征都能培养出德才兼备的学生。

综合国内外的关于教师人格的研究结果与取向，一般认为，优秀的教师人格特征应包括如下四个特征：第一，教育使命感。第二，丰富的情感。林崇德认为，教师最重要的人格品质之一是"爱学生"，师爱就是师魂。教育必须通过爱才能够有效传递人类的文明和文化的成果。这就要求教师具备丰富的情感和爱心。没有爱就没有教育；失去了对学生的爱，教师也就失去了人生的乐趣[8]。第三，自我效能感。教师的自我效能感指的是教师在执行教育活动过程中对达成教育目标感受到的胜任感。自我效能感的核心是自尊、自信，既相信自己一定能教出好学生，又相信学生一定有成长和发展的潜能。第四，教育的智慧。教师教育的智慧集中体现在传授知识的方式和师生关系的处理上，即教师如何挖掘教育机会，如何开发和利用丰富的教育资源，如何与学生进行心灵的沟通，如何激发学生的成就动机等。

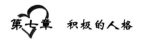

二、提升与完善教师人格的途径[9]

（一）提升与完善教师人格的原则与基础

1. 提升与完善教师人格的原则

（1）主体性原则。人格是主体意识的集中表现、凝结和升华，教师是自身人格构建的主体。伴随素质教育进程的推进，以人为本的教育理念已使人们充分关注到了学生的主体性，而教师的主体性却被长期忽略。教师的内在价值取向、成就动机、自我实现的价值目标等与其人格有关的主体性特征并未受到真正的关注。关注教师的主体性，充分发挥教师的主体能动性，不但可以提高教师的育人水平，还可唤起教师对人生境界更高层次的追求，自觉地用人类文明的精华和时代精神塑造自己的人格，在能动的实践活动中不断追求和实现自身价值，完善自身人格。

（2）实践性原则。教师健康人格的形成是一个由知到行的转变过程。一个人只有使自己的认识应用于实践，并形成具有一定倾向性的行为特征，才算是具备了某种人格素质。教师人格的提升与完善应紧密结合教师的本职工作进行，教师应积极投身于教育、教研工作，在实践中发现自身的不足，并努力在实践中克服和纠正，进而不断完善自身人格，以人格的完善来促进自身的发展，在健全人格的引导下更好地从事教育工作，如此循环往复，使自己成为一名优秀的教育工作者。

（3）全面性原则。教师人格是教师在履行其教师角色的责任和义务中逐渐形成的比较稳定的心理倾向和行为特征的总和，由需要、兴趣、动机、理想、信念、价值观、世界观、能力、气质和性格等多种成分组成。人格的各种心理特征之间不是相对孤立的，而是相互联系、相互制约的。人格完善过程中个体应注意人格各方面的全面发展和协调统一，及时修补自己人格结构中不适应、不合理的成分，任何一方面的落后或者不协调，都可能阻碍教师健全人格的塑造。

（4）示范性原则。教师人格完善的过程必然通过教师的言行表现在日常的教学中，对学生的人格塑造产生示范效应。"随风潜入夜，润物细无声。"教师身教重于言教，一个有着健全人格的教师在课堂上或在平时与学生的交往中，会用自己诚实、敬业、严谨、务实、坚强的毅力等品质去影响学生；学生受到这种特征潜移默化的影响，他的人格特征也会向好的趋势发展。良好的教育效果会进一步促使教师产生积极的情感体验，激发教师进一步完善人格。

（5）长期性原则。教师人格完善是一个长期的过程，不可能一蹴而就。从教师人格完善的内在过程来说，教师人格完善需要经历自我认识、自我约束、自我激励、自我提高四个环节。从外界环境对人格发展的影响来说，教师人格完善的过程也是一个不断适应社会发展、时代要求的过程，需要不断赋予新的内容，不断调整和升华。因此，教师在人格完善的过程中，需要树立长期修炼的思想准备，发挥锲而不舍、持之以恒的精神。

2. 提升与完善教师人格的基础

创设适宜环境是教师健康人格提升与完善的基础。人格的形成是先天的遗传因素和后天环境、教育因素相互作用的结果。人格发展受个体的生活史以及社会历史条件的重要影响。许多心理学派对此有共同的看法。精神分析学派的埃里克森说：人在生长过程中有一种注意外界的需要，并与外界相互作用，而个人的健全人格正是在与环境的相互作用中形成的。行为主义学派的班杜拉指出：一个人的行为的获得是对他人的行为、态度和各种反应的模仿和认同。人本主义学派的罗杰斯强调自我概念及其与现实的协调，认为理想的自我概念是个体所希望的自我形象。人格很重要的方面是自我与现实之间的和谐以及自我和理想的自我之间的和谐。我国古人所说的"近朱者赤，近墨者黑""染于苍则苍，染于黄则黄"也蕴含了类似的含义。可见，要塑造教师健全的人格，需要创设适宜人格提升与完善的环境。如社会环境指学校以外的、影响教师人格完善的一切条件和因素的总和。具体包括家庭、社区、社会生产力发展水平、政治经济制度、国家教育政策、大众传播媒介等。这些社会环境尽管存在于学校之外，却每时每刻都在影响着教师的活动。

（二）提升与完善教师人格的关键

辩证唯物主义理论告诉我们，外因是变化的条件，内因是变化的根据，外因通过内因而起作用。可见，教师健全人格塑造的关键在于主观能动性的发挥，加强自身修养是提升与完善教师健康人格的关键。

1. 坚定教师职业信念

信念在人格中占有重要地位，它能调控人的情绪，坚定人的意志。教师在树立坚定的职业信念时，应注意两个方面：第一，教师要有奉献精神。教师是太阳底下最光辉的职业，教书育人是一个长期缓慢的过程，在教师的职业生涯中，奉献应该远远大于索取。这种奉献不仅表现在严谨的治学态度上，而且表现在对学生的无私给予方面。具有这样的认识，教师才能安贫乐道，专心从事

自己的事业，才不会为了追逐利益而趋炎附势，他们会自觉地追求人间的真、善、美，体悟人生价值的高层次追求，达到超功利的人格审美境界。第二，教师要严于律己。教师作为最受学生关注的人物，他的言谈举止会对学生产生深刻的、长远的影响。正如苏联教育家加里宁所说："教师的世界，他的品行、他的生活、他对每一现象的态度都这样或那样地影响着全体学生。但还不仅如此，可以大胆地说，如果教师很有威信，那么这个教师的影响就在某些学生身上永远留下痕迹。"因此，教师要时刻严格要求自己，不断完善自己的人格，真正做到"恭德慎行，为世师范"。

2. 不断学习，拓宽视野

信息时代，科技知识发展日新月异，知识和信息的质和量呈现不断更新和扩展的趋势，对教师提出了更高的要求。教师应注意以下几方面知识的学习：第一，人文知识。人格核心是人的内在素质，即人的精神境界、思想意识，而这些又与人文知识关系密切。第二，专业知识。教师应该全面系统地钻研掌握本学科的专业知识，根据不同教育对象的智力发展水平，选择有效的教学方法进行教育。同时，及时了解自己所教学科及相关领域的最新研究和发展趋势，广博地吸收相关学科知识，把握各学科知识纵横发展的立体网络结构。第三，教育、心理学知识。教育学知识的掌握有利于教师改变传统教育观念，树立正确教育观念。心理学知识的掌握有利于教师掌握学生心理特点，准确分析教育问题，有效地实施教育教学。同时，心理学的学习对于教师预防心理疾病、保持健康心态具有积极意义。

3. 反思激发创新人格

我国著名心理学家林崇德教授提出"优秀教师＝教学过程＋反思"的成长模式。叶澜教授曾指出："一个教师写一辈子教案不可能成为名师，但一个教师写三年教学反思就有可能成为名师。"教师反思既是教师发现问题、分析问题、提出假设、验证假设的无限反复的创造性过程，又是教师专业能力得以持续发展的过程，更是教师人格不断提升的必经之路。

教师要反思的内容很多，以下几方面是反思的重点。第一，反思成功之处。如教学中达到预先设计的教学目的、引起师生共振效应的做法，课堂教学中临时应变得当的措施，课堂上一些精彩的师生对答、学生争论等，教学思想方法和教学原则运用的体会，教学方法上的改革与创新等。这些可供以后教学时参考使用，有不断改进和完善教学的作用。第二，反思失误之处。侧重审视自己课堂教学的失误之处以及解决问题的办法、对策。例如，问题情境的创设有没有给学生思考的空间；学习活动的组织是否有利于学生的自主学习；小组合作学习有没有流于形式；是否关注学生的情感、态度、价值观的发展；学生学习的兴趣如何，等等。对它们进行回顾、梳理，并做出深刻反思、探究和剖析，使之成为以后教学时的借鉴，同时找到针对问题的解决办法和教学新思路，写出改进的策略和"二度设计"的新方案。第三，反思学生的见解。学生的一些独特见解犹如智慧的火花，不仅能启发同伴，对教师的教学也有开拓思维的良好作用。课堂上学生的独特见解、学生的精彩回答、学生的创新思维等都源于学生对世界的独特感受，是十分丰富的可贵的课程资源，也是教师可利用的宝贵教学资料。第四，反思学生的问题和建议。学生在学习中肯定会遇到很多困难，也必然会提出各种各样的问题，有些是个别的，有些是普遍的，也有些是教师意想不到的，还有一些是富有创新性的。可能有的问题一时难以解答，教师应及时记录下来，并及时反思，以便在今后的教学中对症下药。这样做，一方面可以丰富自己的教学思维和教学经验；另一方面也能促进自身教育科研水平的提高。同时，还关注了学生，充分发挥了学生的教学主体作用并体现了教学民主意识。

4. 自我激励不断超越

研究表明，一个人在通过充分的激励后，所发挥的作用相当于激励前的 3～4 倍。那么，教师应如何进行自我激励呢？第一，确立奋斗目标。一个明确具体、切实可行的目标，能够起到唤起希望、鼓舞人心、激励精神的作用，推动人为实现目标倾注高度热情并付出行动。教师要进行自我激励，必须为自己确定长远、中期、近期目标。只有通过确立目标，自觉追求各层次目标的实现，才能在教育活动中催生出强大的进取力量。第二，立即开展行动。自我激励目标设定之后，克服惰性心理的最有效措施就是在心理上以积极热情的心态与情绪来引导自身潜在的力量。立即付诸行动是实现这一转折的关键。人们的心理随着已经开始的行动，兴奋会逐步扩散，热情会越来越高，干劲也就越来越大。这是进行自我激励的最好开端。第三，正确认识困难。在实现激励目标的过程中，会遇到各种各样的困难，因此要形成对困难的正确认识。孟子说："天将降大任于是人也，必先苦其心志，劳其筋骨，饿其体肤，空乏其身。"应该认识到困难往往蕴含着机会与成功，要想获得非凡的成功，必然要经历非同一般的苦难。克服困难本身也是一种学习和成长的过程。有了这样的认识，在遇到困难时才能产生一种自我激励的力量，促使自己发奋努力，勇敢地克服困难，达到预期的目标。

第三节　寻找乐趣与教师心理生活调适[10]

一、生活乐趣与教师心理生活调适

（一）缺憾之乐——人有悲欢离合，月有阴晴圆缺

每个人都想争取一个完满的人生。然而，正如苏东坡所言的"人有悲欢离合，月有阴晴圆缺，此事古难全"。积极心理学认为：不完美才是真正的人生。

1. 世界并不完美，遗憾催人奋进

人的一生总会发生一些难以预料的事情，面对生活的不完美和不如意，我们既不能放弃自己，也不能苛求自己更完美。我们所能做的就是勇敢地接受自己不完美的现实，不抱怨，不懊恼，怀着一颗包容的心看待生活给我们的不如意。在轻松、满足的环境中我们才能生活得更好，刻意地追求完美只会使我们的生活越来越艰难。事实上，我们每一个人都有缺点和不足，这是正常的，我们必须学会接受它们，顺其自然。如果非要和自然规律抗衡，必然是自讨苦吃。所谓"世界并不完美，人生当有不足"，留些遗憾，反倒可使人清醒，催人奋进。要知道，鲜花不是因为芬芳而圆满，而是因为既有芬芳又有凋谢才圆满；彩虹不是因为绚丽而圆满，而是因为经历了风雨，终现缤纷的色彩才圆满。

2. 立足不完美，找寻你最可能实现的愿望

积极心理学认为：立足不完美，找寻你最可能实现的愿望，这才是获取成功、获取幸福的最佳途径。在我们的生活中，有很多人有着宏大的愿望，把自己的生活按照打造帝国的标准来过，最终在遗憾和不甘中度过一生。其实，我们不妨换个角度思维，先去实现那些容易实现的愿望。这样一来，既能获得成功的喜悦，又能不断接近那个远大目标。我们应该摆正自己的位置，调整好心态，以自身条件为前提，找到那些离自己最近、最容易实现的愿望，然后尽力去实现它们。一次走一步，一步一个愿望，这样就可以增强你的自信心和成就感，减少挫折感，让自己活得充盈。每一个幸福的人生，精彩的生命，都是从最可能实现的愿望开始，进而一步一个脚印地走向属于自己的成功的。

（二）知足常乐——欲望极简，宠辱不惊

积极心理学认为：欲望往往是祸患的根源，当我们懂得适可而止时，欲望

就像一个洁白的天使，引领我们一步步走向成功；而当我们贪婪无度时，欲望就像一个丑恶的魔鬼，破坏我们的每一步行动。

1. 降低一分欲望，提升一分幸福

积极心理学认为：容易满足的人，是因为给自己设置的幸福底线低：欲望越大，越难知足的人，可能会丢掉了手中原本最为珍贵的东西。到了这一阶段，我们已经不是在追求幸福了，只不过是让自己的欲望无限膨胀而已。真正聪明的人，是不会舍近求远，去定什么幸福大目标的，他们随遇而安，让心情放松，享受生活，让自己快乐，也让亲人幸福。假如这山望着那山高，终会一无所得。

修剪欲望，让生活变简单。我们要尽量将自己的生活简单化，减少对物质的过多依赖，简简单单的生活会让人觉得神清气爽。我们可以在简化自己生活的过程中，减少自己的欲望。即使我们缺少一些东西，生活还是一样会过得很好，甚至更快乐。当生活越简单时，生命反而越丰富，尤其是少了欲望的羁绊，我们越是能够从世俗名利的深渊中脱身，感受到自己内心深处的宽广和明净。

2. 适可而止，过犹不及

有人曾经将财富贴切地比作成海水，喝得越多就会越觉得渴，而越渴就越想再喝。因此，适度很重要。漫漫人生旅途中，充满了灯红酒绿的诱惑，面对这些诱惑，许多人都无法自控，他们想要得到的往往比自身真正需求的多得多。倘若一时得不到，有些人便可能会铤而走险，结果断送自己的前途。

生活就像是一杯水，不论你用的是玻璃杯还是水晶杯，甚至是陶瓷杯，都不能说明什么，因为杯子里的水对于每个人来说都是一样的。每个人都有权利往杯子里放入一些东西，可以是任何东西，只要你喜欢。不过需要注意的是，必须适可而止。毕竟杯子的容量是有限的，你加得太多，水就会溢出来，导致你失去更多。所以，不要计较太多的得与失，也不要让自己有太大的心理包袱，好好享受成功和努力的过程就好。

二、工作乐趣与教师心理生活调适

(一) 理想之乐——无梦则无望，无望则无成

积极心理学认为：人和其他生命的最大不同之处，就在于人懂得利用自己的力量去改变所处的环境，而不是一味地屈服和等待外来的帮助。在人生道路上，无论是我们追逐梦想、建立事业，还是经营感情，都要明白救命的稻草掌

握在自己手里。不要一味环顾左右，不要一味等待伯乐出现，而应埋头沿着自己的跑道一步一步扎扎实实地前进，才能建立起自己坚不可摧的人生堡垒。

1. 做好人生十字路口上的选择

积极心理学家说：世界上最快乐的事，莫过于为理想而奋斗。许多人都将自己不能成功的原因归结于没有一个好的平台，因为环境不佳，所以跳不高、飞不远。认为不是自己不愿付出努力，而是因为始终都得不到一个飞翔的机会，才慢慢地变成了无法飞行的鸟。对于我们而言，梦想就像是翅膀一样，你的梦想有多大，你的未来就有多宽广。

积极心理学家认为：选择对于我们未来的生活起着重要的作用，而人生十字路口处的重大选择，更是决定着我们的命运。一个人的选择不同，就注定会拥有不一样的人生。在这条单行线上，我们没有任何从头再来的机会。

2. 梦想与理想并存

积极心理学认为：梦想有远有近，只有离我们最近的那个梦想才是最现实的。远处的风景是梦想，近处的风景是理想，相比于那些虚无缥缈的东西，可以抓住的眼前的一切才是我们应该把握的事。如果一味地好高骛远，盲目地将眼光盯在虚幻的目标上，却忽视眼前的工作，只会让人疲于应付，最终一事无成。做自己力所能及的事情，就是简单而有效的选择。若是失去了一切，我们确实可以从头再来，但我们的生命是有限的，有时你未必有大把的时间去重新起跑。人生理应有远大的理想，但理想永远不能脱离现实，要着眼实际去选择。成功是一步步积累出来的，你若是只知不切实际地幻想，不知道为此付出努力，那么最终你仍将一无所有。选择眼前能够帮你接近目标的事情努力，最终你会发现，自己的理想会像阳光一样照进现实。人生的方向盘掌握在自己手中，要对自己的人生负责，做出足够的努力，我们无法指望别人出手相助。当你觉得梦想遥不可及而原地踏步、一心希望有伯乐相助的时候，你不知道，别人已经在一步步攀爬通往成功的高峰。

3. 叫醒最初梦想，照亮无悔青春

积极心理学认为：人应该学会把自己的感觉叫醒，放开心胸，放下种种担心和顾虑，勇敢地向着梦想前进。我们总会听到有人抱怨，如果当初怎样，现在就能如何。可是，时间的大门一旦关闭就不可能再开启，人生就是一场单程的旅途，没有回头的路。人生太短暂，时间不等人，有些事情现在不做，就再也没有机会做了。世界上有很多事是互相矛盾的，而有时我们会陷入这种两难的抉择当中。这个时候，选择的结果很难以对错来评价，人生若是一条路，选择就是岔路口，无论你怎样选，最终的终点都一样，当然，你的一个选择会改变你的人生。

人可以平凡，却不能平庸，即便你没有什么鸿鹄之志，你也该有着自己的幸福和未来。坚持是一种不放弃的毅力，说来简单做来难。虽然你通过努力、坚持不一定能够成为伟人，但一定不会成为庸人。你是自己人生的创造者，这种喜悦是别人羡慕不来的。人生的成功贵在争取，不论生活给了你怎样的磨难，只要你坚持不懈，最终成功一定会对你露出笑脸。

（二）行动之乐——业精于勤荒于嬉，行成于思毁于随

行动的力量是巨大的，有时候它可以把人们一贯认为的"不可能"变成可能。积极心理学认为：行动是成功的必经之路。假如你连行动的前提都没有，那就谈不上成功。不管是什么样的道路，都要有一个开始，行动就是赋予成功的那个开始。

1. 有计划理所应当，能执行才算可贵

积极心理学家说：人生中总是有好多的机会到来，但总是稍纵即逝。我们当时不把它抓住，以后也就永远地失掉了。你不要认为那些取得辉煌成就的人，有什么过人之处，如果说他们与常人有什么不同之处，那就是当机会来到他们身边的时候，立即付诸行动，决不迟疑，这就是他们的成功秘诀。具有坚定信念的人，眼光盯着自己的目标，不以一时一事动摇自己的决心。这样，将逆境闯过去，在顺利时求发展，自然能一步一步地走向成功。积极心理学的案例也告诉我们，敢想敢做敢于尝试，才能取得成功。如果想成为一个成功者，就必须具备坚强的毅力，以及勇气和胆略。

2. 青春学会选择，选择铸就成功

积极心理学认为：当你有一个大目标时，一下子实现并不是那么容易，所以你要化整为零，将大目标分解为小目标。这样把一个个小目标实现了，那么离大目标也就越来越近了。有人说："我们老得太快，却聪明得太迟。"人生漫长而又短暂，能够决定一个人一生命运的，其实只是那么几步而已，而且也就是在一个人年轻的时候。当我们不会选择的时候面临多种选择，而当我们满腹经纶、有能力选择的时候，其实已经没有多少可以选择的机会了。这种激励也存在于人们的体内，它推动一个人来完善自我，以追求完美的人生。一旦你有幸接受这种伟大推动力的引导和驱使，你的人生就会成长、开花、结果。反之，如果你无视这种力量的存在，或者只是偶尔接受这种力量的引导，就只能使自己变得微不足道，不会取得任何成就。这种内在的推动力从不允许人们停

息，它总是激励着一个人为了更加美好的明天而努力。人的一生中要面临的十字路口有很多，每一条路的尽头都是我们未知的结果，所以，一定要根据自身的价值取向，盯准一个方向，勇敢地迈出自己的第一步，让青春学会选择，让选择打造成功，让成功引领人生。

三、交往乐趣与教师心理生活调适

（一）朋友之乐——所交皆君子，同道方为朋

学历、金钱、背景、机会……也许这一切你现在还没有，但是你可以打造一把叩开成功之门的金钥匙——朋友。在这个朋友决定输赢的年代，你不要奢望自己像武侠小说中的高手，靠一身武功就能称霸天下，而应该把自己打造成站在巨人肩膀上的英雄。

积极心理学认为：人生离不开友谊，但要得到真正的友谊很不容易；友谊总需要忠诚去播种，用热情去灌溉，用原则去培养，用谅解去护理。

1. 把握分寸，智慧交友

积极心理学认为：和"比我们高"的人站在一起，能从他们身上学到成功的秘密，从他们那里汲取到更多有利于自己成长的东西。的确，朋友之间的相互影响，会有潜移默化的作用。一个人生活的环境，对他树立理想和取得成就有着重要的影响。周围的环境是愉快的还是不和谐的，身边有没有贵人经常激励你，常常关系到你的前途。所以，我们要想"抬高"自己的价值，就必须往"比我们高"的人身边站。

大部分人交朋友都"弹性不足"，因为他们交朋友有太多原则：看不顺眼的不交、话不投机的不交、有过不愉快的不交。这种交朋友的态度也没有什么不好，但在交友之中，实在有必要更有弹性一点：你看不顺眼，或话不投机的人并不一定是"小人"，甚至还有可能是对你有所帮助的"君子"，你若拒绝他们，未免太可惜了。在校园里建立起来的友谊之所以被认为是没有功利性的，也是因为沾染物质上的利益少，但是其感情的因素却是很重的。

2. 与其锦上添花，不如雪中送炭

一般说来，对别人的帮助要恰到好处，更要落到实处。我们常常用两肋插刀来形容朋友之间很深的情谊，当朋友有难时，我们能够不顾一切地去帮助他，这才是真正的帮助。可见，帮助别人也是有技巧的。所谓"千里送鹅毛，礼轻情意重"，说的就是这个道理。通常，人们最重视雪中送炭，而非锦上添

花。

积极心理学家说：人的一生不可能总是一帆风顺，难免会碰到失利受挫或面临困境的情况，这时候最需要的就是别人的帮助，这种雪中送炭般的帮助会让人记忆一生。每个人活在这个世上，都不可能不有求于人，也不可能没有助人之时。当你打算帮助别人的时候，请记住一条规则：救人一定要救急。其中的道理很简单：如果他人有求于你，这说明他正等待着有人来相助，如果你已经应允了，那就必须及时相助。如果他人没有应急之事，也不会向你求助，因为一般人不愿求人。一旦你答应帮助他人，他心存感激之余当然会把希望完全寄托在你的身上，如果你最后帮得不及时或者没有去帮，反而会遭到怨恨。

在生活中，锦上添花，不如雪中送炭。当他人口干舌燥之时，你奉上一杯清水便胜过九天甘露。如果大雨过后，天气放晴，再送他人雨伞，这已没有丝毫意义了；如果人家喝醉了，再给人敬酒，这未免太过于虚情假意了。我们在帮助别人时一定要注意这些。

"患难之交才是真朋友"，这话大家都不陌生。我们总会在现实生活中遇到一些困难，遇到一些自己解决不了的事情，这时候，如果我们能得到别人的帮助，我们将会永远地铭记在心，感激不尽，甚至终生不忘。

3. 灵活交友，求同存异

积极心理学认为：我们不必一味追求所谓的"没有任何功利色彩的友情"，也不必抱怨那种"划分等级交朋友"的人势利。从这一点出发，朋友可分为"刎颈之交级""推心置腹级""可商大事级""酒肉朋友级""点头哈哈级""保持距离级"等。如果根据这些等级来决定和对方来往的密度和自己心窗打开的程度，就可以在生活中和职场上最大限度地保护自己。做人本来就是很辛苦的，但要做一个好人就是要有这样的功夫，并且不会让他们感觉你在"应付"他们。要做到这样，唯有敞开心胸，别无他法。因此，在交朋友的过程中，要牢记以下几个弹性的原则：第一，不是敌人就是朋友，俗话说，人无千日好，花无百日红。没有永远的敌人，也没有永远的朋友；敌人会变成朋友，朋友也会变成敌人，这是社会上的现实。第二，别感情用事。在工作中当我们想要帮助同事的时候，一定要征求对方的意愿，并遵照对方的意见帮忙，千万不要贸然行动。

（二）助人为乐——广结善缘，百事好办

在生活中，收获固然是一种幸福，但付出又何尝不是一种幸福呢？付出时间能够收获希望，付出劳动能够收获果实；付出真心能够收获真情，付出爱心就能够收获整个世界。

1. 善心结人缘，助人就是助己

积极心理学告诉我们：没有人富有得可以不要别人的帮助，也没有人穷得不能给他人帮助。关心和帮助身边的每一个人，会让你的心灵得到成长。第一，真诚地助人一臂之力，这会在不知不觉中为自己存下一份善果。人们常说"投之以桃，报之以李""滴水之恩，当涌泉相报"。从博弈论角度看，这种最自然不过的对他人的反应，就是一种被称为"一报还一报"的最佳策略。一般来说，一个人总是做对他人有利的事，他便更有可能获得意想不到的好报。第二，无信不立，别答应你无法兑现的事。"君子一言，驷马难追"，讲的是做人要守信。一个不讲信用的人，是为人所不齿的。积极心理学认为：人无信不立。信用是个人的品牌，是办事的无形资本。有形资本失去了还可以重新获得，而无形资本失去了就很难重新获得了。办事要量力而行，不要做"言过其实"的承诺。平时可以办到的事，由于客观环境变化了，一时又办不到，这种情形是常有的。当你无法兑现诺言时，不仅得不到朋友的信任，还会失去更多的朋友，所以要提前说明。

2. 真正成功的人，道德与智慧并存

积极心理学认为：一个人智商再高，如果失去了做人的道德标准，他将失去一切。在社会生活中，人际关系常常表现为一种感情上的联系和心理上的相互吸引。第一，人的一生需要源源不断的支持才能成功。你要提高自己的德商，就要光明磊落、心地纯洁、公正无私、宽厚仁爱。只有这样你才能真正拥有健康、成功和幸福。陶行知先生说："千学万学，要学会做人。"德高才能望重。其实，一个人是否能成才成功，智力因素往往仅占15%，而另外起作用的85%是人格因素。良好的品德是人格的重要组成部分。如果忽略了品德培养和健康人格的构建，就容易造就一些智商很高、成就很小的人，甚至有的智力优秀的人成了"歪才""邪才"。真正大成的人，是道德与智慧并存的。第二，不是因诚实出彩，就是因谎言出局。如果你是个诚信的人，同事和上司就会了解你、相信你。不论在什么情况下，他们都知道你不会掩饰、不会推托，也不会为自己的行为辩解；他们了解你说的是实话。那些取得巨大成功的人士有许多共同的特点，其中之一就是诚实。一个人之所以能拥有很好的人际关系，是因为他的人格魅力征服了身边的人，人们愿意与这样的人成为朋友。积极心理学认为：一个人在社会交往中德商越高，建立起来的人际关系就越好，他的朋友就越多，就越能使自己得到温暖、勇气，增加自己的智能和力量。

3. 施恩勿图报，享受付出的快乐

积极心理学认为，一个人是否富有，并不在于他得到多少，拥有多少，而是看他为他人、为社会奉献了多少，因为生命中最重要的不是得到，而是要懂得付出。一个懂得付出的人，才能够懂得快乐的道理。第一，在生活中，收获固然是一种幸福，但付出又何尝不是一种幸福呢？付出时间能够收获希望，付出劳动能够收获果实，付出真心能够收获真情，付出爱心就能够收获整个世界。我们不要把人情总挂在嘴上，那样会显得你小气。做足了人情，给够了面子，等别人获得成功再来感谢，但千万不要夸大其词，最好不夸功，甚至假装不记得。帮了别人，还要管好自己的嘴巴，事情已经过去了，该怎么做还是怎么做，总有一天，真正的朋友会好好回报你。如果对方无意回报，即使你每天对他说一百遍，也无益处。第二，人生那么长，适当吃亏是必修课。积极心理学家认为：在人生的历程中，吃亏和受益是一种互为存在、互为结果的东西。能吃亏是做人的一种境界，会吃亏是处世的一种智慧。老子说，祸兮福之所倚，福兮祸之所伏。就是说事物的发展能产生两个极端的转化，世上的任何事情都是有失有得。真正有智慧的人，不在乎表面性吃亏，而是看重实质性的"福利"！

一个人不能事事只想着受益，有些事情当时即使真的受益了，最终导致的结果仍有可能是吃亏；我们更不能时时怕吃亏，有些事情当时可能是吃亏了，但事后仍有可能会出现一个受益的结果。无论哪一个人，无论哪一件事，没有永远的受益，也没有永远的吃亏。只要我们留心一下历史和身边的人就不难发现，那些取得了巨大成就的人，无一不是胸怀宽广、能吃亏的人。吃亏者，能让人们觉得他有度量而加以敬重。这样，吃亏者的人际关系自然就比别人好。当他遇到困难时，别人也乐于向他伸出援救之手；当他干事业时，别人也肯对他给予支持，给予帮助，他的事业自然就容易获得成功。因为"吃亏"就是一种投资。

参考文献

[1] 俞国良，宋振韶. 现代教师心理健康教育 [M]. 北京：教育科学出版社，2008：94 - 96.

[2] 蔡岳建，谭小宏，阮昆良. 教师人格研究：回顾与展望 [J]. 西南

师范大学学报（人文社会科学版），2006（6）：15－18.

[3]［美］Jerry M. Burger. 人格心理学［M］. 陈会昌，等，译. 北京：中国轻工业出版社，2000：2－13.

[4] 郑雪. 积极心理学［M］. 北京：北京师范大学出版社，2014.

[5] 周国韬，盖笑松. 积极心理学与教师心理调适［M］. 北京：中国轻工业出版社，2012：32－41.

[6] 克里斯托弗·彼得森. 积极心理学［M］. 徐红，译. 北京：群言出版社，2010.

[7] 阿兰·卡尔. 积极心理学：关于人类幸福和力量的科学［M］. 郑雪，等，译. 北京：中国轻工业出版社，2008.

[8] 林崇德. 教育的智慧［M］. 北京：开明出版社，1999：34－37.

[9] 许燕，王芳. 教师健康人格促进［M］. 北京：中国轻工业出版社，2008：245－268.

[10] 周一帆. 积极心理学：人生中容易被忽略的 10 种乐趣［M］. 北京：台海出版社，2018.

第八章 积极的关系

卡耐基曾说过："一个人获得成功，百分之十五靠自己的能力，而百分之八十五靠人际关系"。所以，从一定程度上可以说，人际关系主宰成功，有什么样的人际关系，就有什么样的结果。对于中小学教师而言，建立良好的人际关系不仅有利于提高工作效率，赢得他人与社会的认可，使自身才能得以充分发挥，还能在人际交往中享受乐趣，感受幸福，更能够为构建和谐社会添砖加瓦[1]。

第一节 人际关系概述

一、人际关系的概念

（一）什么是人际关系

人际关系是指人与人在相互交往过程中形成和发展的心理关系，涉及认知、情感和行为三方面。对于教师而言，其人际关系主要包括亲属关系、朋友关系、学友（同伴）关系、师生关系、同事及领导与被领导关系等。虽然每个教师个体均有其独特的思想、背景、态度、个性、行为模式及价值观，但是人际关系对每个教师个人的情绪、生活、工作都有很大的影响，甚至对组织气氛、组织沟通、组织运作、组织效率及个人与组织的关系均有极大的影响[2]。

（二）人际关系的原则

处理人际关系，世界上普遍认同两个基本法则，即"黄金法则"和"白金法则"。黄金法则的精髓是："你想人家怎样待你，你也要怎样待人。"白金法则的精髓是："别人希望你怎么对待他们，你就怎么对待他们。"现代人际关系的原则方法很多都源自这两个法则。建立良好的人际关系，教师应该遵循

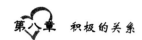

以下人际关系的原则[3]。

1. 平等——尊重原则

每个人都最关心自己，也最希望看到别人关心自己、尊重自己。然而世界是平等的，世界上没有无缘无故的爱，也没有无缘无故的恨，要想别人喜欢你，尊重你，首先你要喜欢别人，尊重别人。任何良好的人际关系都应该让人体验到自由、无拘无束的感觉。如果人际交往中的一方受到另一方的限制，或者一方需要看另一方的脸色行事，就无法建立起高质量的人际关系。奥地利心理学家阿德勒在《人生对你的意义》一书中说："对别人不感兴趣的人不仅一生中困难最多，对别人的伤害也最大，人类的所有失败，都出自这种人。"平等与尊重是人际交往的前提。作为一名优秀的教师，平等和尊重就是你最好的教育。真正做到平等和尊重，是从对别人感兴趣开始的。真正对别人感兴趣，发自内心地去了解他人，平等对待他人，关心别人，尊重别人，这是你与人成功交往的前提。

2. 理解——宽容原则

"海纳百川，有容乃大"，在人际交往中，需要有海纳百川的容人度量，否则很难容忍他人的缺点及对自己某些利益的损害，容易自觉不自觉地造成人与人之间的隔阂与不快，有时处理不当，还会造成自己与他人更大的损失。第一，理解与宽容从换位思考开始。所谓换位思考就是把自己假想成对方，站在对方的角度、位置、立场、角色思考问题。理解与宽容表现为：对非原则问题不斤斤计较，能够宽以待人，求同存异，以德报怨。在人际交往中，由于个体差异或不可预见的阴差阳错，因误会、不理解而产生矛盾不可避免。第二，理解与宽容要讲究策略。"大度能忍，方为智者本色"。作为一名优秀的教师，要学会理解他人，保持宽广的心胸，学会调整和掌控自己的情绪。理解与宽容是无私的，但不是无限度、无原则的。对错误和不良现象，该批评教育的，一定不能放任自流。不过这种批评教育也不能走极端。即使有些事情让你发怒，但是怒过一定要学会安慰。"近因效应"理论告诉我们，批评教育过程，难免会情绪化，盛怒之下，势必会给他人造成伤害，我们要学会在怒过之后要收回来，对对方予以安慰。如在批评之后，结束语要妥帖，给予对方积极的心理暗示："刚才我的话讲得重了一些，响鼓还要重锤，希望你理解我的一片苦心。"有了类似安慰性的语言，就会使对方感受到勉励之意，认为这番批评或许严厉了一些，但是出发点是为了自己好。这样双方都容易理解与宽容，彼此的情绪就会好起来，心态也会积极起来，工作自然也会事半功倍。

3. 诚信——友善原则

"诚信、友善"成为"社会主义核心价值观"24个字中的核心词。诚信与友善不仅是每一个公民应当遵循的道德和价值准则，也是教师在人际交往中必须遵守的一个重要原则。第一，在生活中，有许多善良的教师用他们的时间、精力、金钱、智慧去帮助那些需要帮助的人，他们默默无闻、不求回报，他们是这个世界的施爱者、施信者、施善者，也正是因为他们的诚信与友善，他们的人际交往的世界才会更加充满爱意、温情与感动。第二，诚信友善是人际交往得以延续和深化的保证。在交往中，只有彼此抱着心诚意善的动机和态度，才能相互理解、接纳、信任，感情上引起共鸣，使交往关系巩固和发展。作为有师德、有社会责任心的教师，要积极修身自律，躬行实践，使善言善行、真诚守信成为一种习惯，让诚信友善成为教师最亮丽的一张美德名片。

4. 合作——互利原则

一个善于交往的人必定是一个善于合作的人。我们要多一些配合，少一些拆台；多一些协商，少一些固执；多一些沟通，少一些封闭[3]。第一，合作与互利是人际交往的基石。人际交往永远是双向选择，双向互动。你来我往，交往才能长久。人际交往的过程实际上是相互希望获得需求满足的过程，表现为感情互相慰藉、人格互相尊重、目标互相促进、困难互相帮助、过失互相原谅等多种形式。第二，交往中互利给予的并非都是物质财富，比如，当别人和你说话的时候，倾听就是给予；当别人和你打招呼的时候，点头和微笑就是给予；当别人心情不好的时候，一句问候宽慰就是给予；当发现了别人优点的时候，一句赞美就是给予。在交往的过程中，双方应互相关心、互相爱护，合作互利，既要考虑双方的共同利益，又要深化感情，才能实现双赢。第三，要实现合作与互利，达成共识很重要，因此你必须学会巧妙沟通，以使大家达成共识。而一旦无法达成共识，就需要运用自己的说服力，去谋取大家达成共识。只有待人以真心诚意，才能让对方感觉到你的善意，才可能得到对方对你的好感和尊重，最终赢得人心，实现双赢。21世纪的优秀教师应当是全面发展的人，富有开拓精神的人，善于与他人合作的人。

二、人际关系的形成与发展

（一）良好人际关系的形成过程

一般地，良好人际关系的形成和发展经历了一个从表层接触到亲密融合的阶段。从人际交往由浅入深的发展历程来考察，一般可以把良好人际关系的形

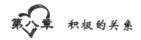

成和发展划分为三个阶段。当然，这三个阶段并不是截然分开的，有时候是相互交叉和重叠的。

1. 注意阶段

此阶段即由零接触过渡到单向注意或双向注意的定向阶段。在这个阶段，由开始时的彼此无关，即零接触状态，逐渐实现选择性注意。只有当对方的某些特质能引起自己情感上的共鸣，才会引起自己的注意，从而把对方纳入自己的知觉对象或交往对象的范围。当交往双方互相注意时，人际关系状态会变得更为良好，说明双方进行了互相选择，处于一致性互动状态中。在注意阶段，交往的双方都希望给对方留下良好的第一印象，试图让人际关系的发展有一个良好的定向。当然，有时这个阶段是非常短暂的，且引起注意的原因也可能是偶然的，但它是形成人际关系的一个必经阶段。同时，由于个体差异，其时间跨度也有所不同。

2. 接触阶段

此阶段即由注意逐渐转入情感探索、情感沟通的轻度心理卷入阶段，此时开始建立初步的心理联系。在这个阶段，交往双方开始了角色性接触，如打招呼、聊天、工作上的联系、学习上的帮助和生活上的照顾。这种一般性的人际接触，是为了探索彼此的共同情感领域，经过一定的情感探索、情感沟通，双方自我暴露的深度和广度有所增加，但仍未进入对方的私密性领域，双方都遵守交往规则，不敢越雷池一步，双方在一起能友好相处，离开对方也无关紧要，彼此没有强烈的吸引力。因而，这个阶段也是普通的人际关系阶段。

3. 融合阶段

此阶段即由接触而导致情感联系不断加强，心理卷入程度不断扩大，进入稳定交往阶段。随着交往双方接触频率的增加，彼此间了解不断加深，情感联系越来越密切，心理距离越来越小，在心理上逐渐有了依恋与融合。这标志着人际关系性质已经发生了实质性的变化。此时，交往双方的安全感和归属感已经确立，有中度或深度的情感卷入，自我暴露的广度和深度大大增加，心理相容性也进一步增加，对事物的看法、评价逐渐趋于一致并引起情感上的高度共鸣，彼此已成为知己好友，一旦分离或产生冲突，会出现某种焦虑、思念和烦躁的情绪，仿佛"一日不见，如隔三秋"。当然，人际关系的融合阶段仍然有一个逐渐深化的过程：在其低水平上，主要表现为交往双方的适应与合作，即求同存异；在其高水平上，才是知交和融合，即心心相印、唇齿相依，知己关系和恋人关系即属此例。

（二）人际关系恶化的过程

从日常生活中我们发现，有一见如故成知己者，也有瞬间反目成仇人者。一般来说，人际关系的恶化是人际冲突、人际内耗和人际侵犯的结果，根据这种冲突和内耗的性质和程度，可以把人际关系的恶化过程划分为冷漠、疏远和终止三个阶段。

1. 冷漠阶段

交往的一方把与另一方交往视为一种负担，在心理上形成一种压力，并伴随交往活动而产生一种痛苦的情绪体验。人际关系的恶化始于冷漠，不但对交往者持漠不关心的消极态度，严重者甚至表现为一种否定性的评价和行为。如对交往对象注意力的转移，不断故意扩大与对方的心理距离，不愿意与对方进行接触、沟通，更谈不上情感联系了；在公共社交场合，千方百计避免与对方见面，迫不得已时的交往也是出于纯粹的客套和应付，或者是心不在焉，一副与己无关、高高挂起的旁观者姿态。实际上，在其内心深处，已不愿意交往了。

2. 疏远阶段

交往者在痛苦情绪体验的基础上，产生了一种对交往双方人际关系的厌恶、反感情绪。人际关系的恶化从冷漠开始，以疏远的形式具体表现出来，并渗透到人际交往的各个方面。在这个阶段，双方又回到了原来的交往状况，形成了一种远离的状态或零接触状态。所不同的是，这时并不是双方互不认识，而是一方故意不理睬另一方。在双方均出现的交际场合，彼此避免接触，即使不得不寒暄，也是以嘲弄、讽刺、挖苦对方为能事。

3. 终止阶段

交往双方冷漠、疏远的必然产物和符合逻辑的推论便是结束这种人际关系，双方基本上处于失去联系的状态。在这个阶段，交往者不仅把相互间的接触视为一种强加给他的额外负担，感到烦恼、不安、焦虑、痛苦，而且把这种对交往的厌恶情绪用来指导自己的行动——终止人际关系。

人际关系的恶化，一般是从冷漠开始，经过疏远阶段的恶性发展，进而出现终止这种人际关系的动机和行为。人际关系的终止，可能是自然形成的，但更多的情形是人为造成的。必须指出，某种人际关系的结束，并非都是有害的或不道德，对此要具体情况具体分析。例如，对于给人带来痛苦、实质上已经死亡的某种关系（如名存实亡的婚姻关系），这种人际关系的结束对人是有益的，也是合乎道德的。

第二节　积极的人际关系与教师心理生活调适

一、有效的影响武器与积极的人际关系

社会学家以及行为心理学家认为，固定行为模式在动物和人类身上都存在。一个很简单的例子是，人们在购买物品的时候，总是遵循"昂贵＝优质"的公式。心理咨询业有句俗话：付费叫治疗，不付费叫闲聊；收费越高，效果越好。免费的服务和帮助，可能不会珍惜。第一，"昂贵＝优质"的思维定式。现实营销中，销售者无论是通过给货品贴上一个高出原价很多的价格标签，还是将货物维持在原有价位的同时贴上"减价"或是"折扣"的说明，所利用的都是顾客的"昂贵＝优质"的思维定式，相比而言，后者还钻了人们总是喜欢占便宜的空子，因为格外具有杀伤力。第二，对比原理。如果两件东西很不一样，我们会趋向于认为它们之间的差别比实际的更大。如果我们在放下一件轻的东西之后再去提起一件重物，就会觉得第二件东西比单独去拿时要重得多。对比原理是心理物理学里一条著名的原理，也适用于其他认知领域。第三，六种基本的说服类型，它们分别是：互惠、承诺与一致、社会认同、喜好、权威以及短缺[4][5]。

（一）互惠

互惠原理认为，我们应该尽量以相同的方式回报他人为我们所做的一切。"来而不往非礼也""你敬我一尺，我敬你一丈"。互惠原理是许多学科研究的人类独特的适应机制。一个起初的小恩小惠，可以产生回报的责任感，它同意随后给出巨大得多的回馈。起初的恩惠本质上会产生负债感，消除负债感在本质上就是回报恩惠。一些女人为什么会嫁给不喜欢的求爱者？人们为什么普遍对那种只求索取不知偿还的人感到不信任，并尽量远离避免与之接触。往深里讲，互惠原理是人类社会形成的一大助力，是群体协作的默认基础。"吃人家的嘴短，拿人家的手短"。

互惠不仅仅局限于我们有义务回报我们得到的恩惠，另外，一旦某人对我们采取了某种行为，我们也应该报以类似的行为。所以，一旦他人对我们作出了让步，我们也有义务作出让步。这种情形命名为"拒绝－退让"策略。所

谓"先大后小"的"拒绝－退让"策略实际上是互惠原理和认知对比原理的一个综合运用（在拒绝一个较大的要求后，对较小要求接受的可能性增大）。在"拒绝－退让"策略的影响之下，人们不仅会同意一个请求，更加努力履行自己的诺言，而且还会自愿在将来做出更多的承诺。

○漫天要价后的降价：双赢——论"让步效应"

1. 含义

在社会心理学中，人们把一个人提出了一个大要求后再提出一个同类性质的小要求，这一小要求就有可能被人轻易地接受的现象，称为"让步效应"。使让步效应产生的技术，称为"让步术"。这一效应又称为"留面子技术"。

"留面子效应"是指人们拒绝了一个较大的要求后，对较小要求接受的可能性增加的现象。为了更好地使人接受要求，提高人的接受可能性的最好办法，就是先提出一个较大的要求，这种方法又被称为"留面子技术"。

2. 原理

由于人际的相互作用，当个体拒绝了他人的一个要求后，会愿意作出一点让步，给他人留一个面子，使他人获得满足。人际交往是个体自我价值意识最重要的来源。他人的不愉快，正是个体不愉快的主要原因之一。

因此在人际交往中，个体会自然地倾向于选择对交往双方都会带来最大满足的行为，出于补偿，拒绝他人一个（较大）要求后，接受其另一个（较小）要求的可能性会大大增加。一个人总想给他人留下好的印象，使他人感到自己是一个好人。

教师要很好地运用"让步术"，使积极的"让步效应"发生作用：教师要学会不露痕迹地使用"让步术"，先难后易，让学生感到你是站在学生的角度考虑；教师要学会合理的让步法，在给学生布置作业、提出要求时，合理的让步是可行有效的。

（二）承诺和一致

一旦我们作出了一个决定，或选择了一种立场，就会有发自内心以及来自外部的压力来迫使我们与此保持一致。在这种压力下，我们总是希望以实际行动来证明我们以前的决定是正确的。我们要让自己相信，自己作出了明智的抉择，而且毫无疑问地，自我感觉良好。"买得值！""人们总是为自己的选择找理由，达到自我安慰"。始终如一的个性受到推崇，而自相矛盾则不受欢迎，正因为保持始终如一往往对我们有利，我们也很容易养成不假思索保持一致的习惯。

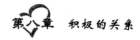

社会心理学家认为，一致原理之所以发挥作用必须有承诺在前面开道。

○神奇的"进门槛技术"——论"进门槛效应"

1. 含义

在社会心理学中，人们把一个人接受了他人一个微不足道的要求后就有可能接受一个同类性质的更大要求的现象，称为"进门槛效应"。

"进（登）门槛效应"，原意指推销员只要能把脚踏进客户的大门，那最后就有可能成功地让客户购买他的商品，实现推销的目的。

社会心理学家通过研究，沿用"进门槛"的说法，用"进门槛效应"泛指一切在提出一个较大要求之前，先提出一个较小要求，从而诱使他人对较大要求接受性增大的现象。（比如：少喝一点，再喝一点，反正也这样了……）

2. 原理

个体在接受一个请求后，增强了在某个特定问题上的投入，增强了责任意识，从而增强了对更大要求接受的可能性。（救人救到底，送佛送到西）

同时，个体需要在交往对象面前维持一个一致的社会形象，一旦接受了一个要求，拒绝他人另一个要求的困难增加。（从而导致交往的另一方得寸进尺）

为什么会发生"进门槛效应"呢？主要原因有如下方面：一是微小要求的可接受性作用；二是心理卷入的失警性作用；三是认知心理的协调性作用；四是大小要求的关联性作用；五是自尊心理的保护性作用。

怎样正确运用呢？应注意如下几方面的对策：教师要知道"进门槛"是一门技术，教师要学会循序渐进地使用"进门槛技术"，如对后进生的教育；有心理问题的学生的辅导；教师还要自觉预防消极的"进门槛效应"；教师在设置"进门槛"的层级时，不宜太多、太密。

（三）社会认同

人们观察他人，并经常模仿他人的行为，尤其是在一些他们不确定的事情上（总是在大众可理解的规范上作出言语或者行为才能得到认同），这种心理现象被称为"社会认同"。

人们进行是非判断的标准之一就是看别人是怎么想的，尤其是当人们要决定什么是正确的行为的时候。如果人们看到别人在某种场合做某件事情，人们就会断定这样做是有道理的。

社会认同使人们会感觉安心，并且经常以他人的行为为基础进行决策。他们假设他人拥有更多的知识或者比他们自己知道得更多。

一般说来，当人们对自己缺乏信心时，当形势变得不明朗时，当不确定占了上风时，人们最有可能以别人的行为作为自己行动的参照。

然而从观察他人来消除人们自己的不确定性时，人们很可能忽略一个细小但很重要的事实，就是他人可能也正在观察中寻找社会证据。

特别是形势模糊不清的时候，每个人都希望看一看别人正在做什么，从而致使一个极为重要的现象的出现——"多元无知"。研究发现，在处于紧急事件当中（实验设计为一个大学生癫痫发作），当只有一个旁观者在场时，受难者得到帮助的概率达到了85%；而当有5个旁观者在场的时候，他得到帮助的概率只有31%。这足以驳斥所谓冷漠无情的说法，同时也提示人们，"多元无知"最容易发生在旁观者无法确定事件是否紧急以及旁观者互相并不认识的时候，赶上这种情况，受害者似乎只有自认倒霉。

建议：当你遇到突发灾难时，直接从人群中挑出一个人来，注视着他，指着他，直接对他说："你，穿黄色上衣的先生，我需要帮助，请叫一辆救护车来"，前提是你必须还能说话。

总之，在紧急状态中需要帮助时，最有效的策略是减少周围人对你的处境和他们对责任的不确定性，尽量把你所需要的帮助表达精确。不要让旁观者自己去下结论，因为社会认同原理和多元无知效应很可能使他们对你的处境作出错误的判断，在人群中尤其如此。

社会认同发挥作用的一个重要条件是上文中提及的：不确定性，还有一个则是：相似性。

也就是说，与我们类似的人的行为对我们最有影响力。因此，我们更有可能效仿与我们相同，而不是与我们不同的人的行动。

○一哄而起为了什么？——论"阿希效应"

1. 含义

在群体心理学中，人们把一个人的认识或行动受群体的影响而不由自主地趋向于跟多数人意见相一致的现象，称为"阿希效应"，或"从众效应"。

2. 原理

为什么会产生"阿希效应"呢？一是对人群的信任；二是对人群压力的屈服；三是对群体信息的轻信；四是情境和模糊气氛的影响；五是责任扩散的影响；六是集体无意识的模仿。

引起"阿希效应"的原因还很多：如在情境方面，有事情的性质、团体的荣誉、群体人员的成分、群体的凝聚性和一致性，群体的情绪气氛、群体间的网络结构关系等。在人格方面，有智力的高低、情绪的稳定性、自我概念、人际关系的概念、社会态度和价值观等。

教师要正确对待"阿希效应"：教师要有意识地带动优秀学生并产生"阿希效应"；要建设好班集体，制定好班群体规范，形成良好的班风、学风；教师还要及时制止不良的思想苗头和行为倾向，把它们消灭在萌芽状态；教师要加强学生学习的意义明确化工作。

○为什么大家都无动于衷？——论"旁观者效应"

人们把在场的人越多而助人者越少旁观者越多的现象，称为"旁观者效应"。

为什么会发生如上现象呢？一是责任扩散；二是社会责任感缺乏；三是"助人为烦"思想在作怪；四是责任过于类化。

教师根据这一作用原理，在班级管理中就应该注意如下几个方面：教师要对学生进行"分工不分家"的思想教育；教师要培养学生的社会责任心；教师要培养学生"助人为乐"的行为习惯，要克服"助人为烦"的思想；教师要及时制止责任扩散现象的发生，不当旁观者。

（四）喜好

人们总是比较愿意答应自己认识和喜爱的人提出的请求。策略很简单，就是建立起一种友谊，让对方和自己成为朋友。让陌生人对自己产生喜好感的来源有以下几个：第一，外表的吸引力。我们经常会下意识地把一些正面的品质加到外表漂亮的人身上，比如聪明、善良、诚实、机智等。"美丽也许是生产力"。第二，相似性。我们通常会对与自己相似的人更有好感，不管这种相似是在观点、个性、背景，还是生活方式上。第三，称赞。我们对于奉承话基本上是来者不拒、照单全收的，即使人们的奉承并不完全符合事实，我们也很容易相信他们，并因此对他们产生好感。第四，接触和合作。一般来说，我们总是比较喜欢我们自己熟悉的东西。一般而言，在强竞争性的环境中人们更趋向于对立；而合作却能增进成员之间的和谐感和喜好感。这也是为什么推销员总是试图告诉我们，他们和我们在为同一个目标而努力，我们要为共同的利益一起想办法，要一起对付他的苛刻的老板以期拿到一个合适的低价格。第五，关联。坏消息的晦气会传染给报告坏消息的人，仅因为他与坏消息联系一起。为什么汽车广告里总是有几个漂亮模特？研究发现，男人们觉得有妖娆女模特的广告中的新车比那些没有模特的同样的新车跑得更快、更讨人喜欢、看上去更昂贵、设计也更好，当然他们事后拒绝承认那些年轻女子影响了他们的判断。

"当所有其他的因素都一样时，你会为与你同性别、同文化、来自同一个地方的一方加油……而你想要证明的是，你比其他人要优越。你为之加油的那个人就是你的代表；当他得胜的时候，你也赢了。"

○管中窥豹，豹成何样？——论"月晕效应"

在认识一个人时，由于对这个人的某些品质或特点有清晰的知觉，印象深刻、突出，从而掩盖了对这个人的其他品质或特点的印象。这种强烈的品质或特点，就像月亮所形成的光晕一样，向四周弥漫、扩散，从而掩盖了其他品质或特点，人们形象地称之为"月晕效应"。

这一效应由苏联学者色烈达夫首先提出，后得到美国心理学家戴恩、兰德等人的实验证实。戴恩的实验是：让被试看一些照片，照片上的人有的显得很有魅力，有的无魅力，有的一般。然后，让被试在与魅力无关的特点方面进行评定。兰德等人的实验是：让一些男人看几篇有关电视对社会的作用和影响的论文，所有论文假设是由一个女性写的，她的照片贴在每篇论文上。贴在论文上的照片有漂亮的，也有不漂亮的。与此同时，让另一些男人也读这些论文，但没有那些贴上去的照片。结果无论文章在客观上如何，有魅力的女性被认为写了很好的论文。

○别戴有色眼镜了！——论"爱憎增减效应"

1. 含义

人有了爱恶的偏见，就往往会曲解附加的资讯，以支持自己的看法。人们将这种现象称为"爱憎增减效应"。这种效应在学校导学育人中是常见的。

2. 原理

为什么会发生如此的"爱憎增减效应"呢？一是教师有爱憎对象的定式；二是教师对学生有偏见。避免"爱憎增减效应"的导学育人对策主要有如下几个方面：教师对对自己有成见的学生要宽以待之；教师对与自己关系比较亲近的学生更要严格要求；教师对喜欢接近自己的学生，不要偏听偏信；教师对疏远自己的学生要主动接近，多加关心。

（五）权威

密歇根大学的心理学教授 Mligram 的实验结果表明，具有独立思考能力的成年人也会为了服从权威的命令而做出一些完全丧失理智的事情。在权威的强大压力面前，个人的抵抗力是十分渺小的。我们从小就被教育说"要听话"，而在后来的成长过程中，我们确实发现服从权威在很多时候给了我们一条行动的捷径。然而，一旦这种服从到了盲目的地步，就有可能带来灾难性的后果。

有好几种象征权威地位的外部特征可以在缺乏真正权威的情况下相当有效地调动起我们对权威的崇拜和敬畏，比如说头衔、衣着、外部标志。

在决定是否听从权威的意见之前，我们需要问自己两个问题：一个是"这个权威是不是一个真正的专家"，这个权威的资格以及这些资格与我们手头的问题是否有关系。再一个是"这个权威会不会对我们说真话"。通常我们会比较容易受一个看上去不偏不倚的权威的影响，而如果我们怀疑一个权威可以因说服我们而从中得利，我们对他的信任感就会大打折扣。

一些致力于推销的人深知这一点，他们甚至会故意讲一些在某种程度上违背自己利益的话，从而微妙而有效地证明他的"诚实"，这样通过一些小小的缺点来确立自己诚实可靠的形象，当他们强调一些更重要的东西时就会显得更有说服力了。

○有趣的"闻气味"实验——论"权威效应"

1. 含义

在社会心理学中，人们把社会各层次头面人物能产生巨大的影响力的现象，称为"权威效应"。这种头面人物有着与众不同的影响力，只要是他们说的观点或赞同的看法，都会被他属下的多数人毫无过滤地全盘接受。这种头面人物主要拥有某种权威，从而使熟知他们的人产生权威效应。这种权威人物通常指政治领袖、商界巨头、社会名人、专家学者等。

2. 原理

为什么会产生如此强烈的权威效应呢？一是权威的"超凡魅力"。权威来自实践，权威效应与权威者的个人魅力有关。要想产生权威效应，就应把自己塑造成一个权威者，并具有超凡的个人魅力。二是权威的神秘化作用。三是权威者专深而系统的学问、专长的影响。四是与人们的从众心理、服从心理、效仿心理等有关。教育权威一般由教师的智能、个性以及教育权三者所构成，管理权威由学校班主任教师的智能、个性以及管理权三者所构成。

教师如何科学使用权威效应？教师要有专长，让学生及家长感到你是一个"学有专长、术有专攻"者，是一个"专业领域内专、专业领域外博"的能人；教师要有个人魅力；教师要正确使用管理权和教育权；值得再提的是教师要清醒地意识到，权威是动态的，不是一成不变的，它会随着一个人的魅力、智能以及权力的变化而发生变化。

（六）短缺

大家都知道"物以稀为贵"的道理，一种本来我们没多大兴趣的东西，仅仅因为它正在迅速变得越来越难得，马上就吸引了我们。这也就是为什么有人会在拍卖现场将一对珍贵的古董花瓶中的其中一只当场砸碎，同样这也解释了为什么有瑕疵的东西——比如说错版的邮票或者钱币——会比正常的没有瑕疵的东西更昂贵。与希望获得一样东西的渴望相比，害怕失去同样价值的东西的恐惧似乎更能成为人们行动的动力。一项研究表明，在要担风险和不确定的情况下，可能失去什么的威胁对人们的决策所起的作用尤其明显。

短缺原理本身蕴含着一种推动人们不由自主地采取某种行动的势不可当的力量，其力量来源有两个：首先，它利用了我们想走捷径的愿望。我们知道，难得的东西通常都比容易得到的东西要好。其次，从某种角度而言，当一种机会变得比较难得时，我们也就失去了自己的一部分自由——而失去已经获得的自由是让我们深恶痛绝的事情。

心理学家布鲁姆指出，人们都有一种维护既得利益的强烈愿望，在此基础上，他提出用于解释人们对削弱的个人支配权产生反应的"心理抗拒理论"。心理抗拒理论认为，每当人们的自由选择受到限制或威胁时，维护这种自由的愿望就会使我们对这种自由（以及与之相关的商品和服务）产生更加强烈的要求。

因此，"保住骨干教师地位的愿望比参评骨干教师的愿望强烈得多"。

○摇号的为什么总是"香"的？——论"稀缺效应"

1. 含义

在消费心理学中，人们把"物以稀为贵"而引起购买行为提高的现象，称为"稀缺效应"。

2. 原理

为什么会产生"稀缺效应"呢？一是与相对稀缺度有关：因为缺少而使某东西稀缺度相对较高。二是与绝对稀缺度有关：由于控制、限量而导致某东西稀缺度绝对数较高。教师一定要重视"稀缺效应"产生条件的创设，使其积极作用得以发挥。

○教师应该如何运用"稀缺效应"？

（1）教师要提高学生对稀缺目标的兴趣，使他们对目标产生稀缺感，从而产生积极行为——对稀缺目标产生兴趣。一是目标的诱惑力也就是效价高低问题，稀缺目标如果很有诱惑力、吸引力，那么就会有对获取这一目标的兴趣，就会有积极性；二是目标获得的可能性，也就是期望值问题，如果达到这一目标的可能性很低，那么就可能放弃这一目标；三是目标诱惑力与获取可能性的关系，两者都高，积极性就高，兴趣就浓厚，反之，就低。

（2）教师设置的稀缺目标宜在新、奇、特、禁、密上做文章。如新，相对于旧而言总是稀少的，因此，新的信息、新的标准、新的东西等总能引起学生的好奇心，使他们跃跃欲试。奇，相对平凡而言总是罕见的，奇闻、奇事、奇险等总能激起学生的莫大兴趣，产生行为倾向。

○该禁则禁，否则要闯祸——论"潘多拉效应"

在管理心理学中，人们把越是禁止的行为（或东西）越容易被诱发的逆反心理现象，称为"潘多拉效应"。

为什么会产生这种效应呢？一是禁止的好奇心作用；二是禁止的资源与信息的有限作用；三是与一个人的自尊心有关；四是社会心理的传染作用。

学校导学育人中不宜有硬性禁止的东西，以防"潘多拉效应"产生。教师要对"潘多拉效应"有一个正确的估计；教师如果一定要禁止某些行为的产生，那么就必须讲明禁止的充足理由。

○回火：抵抗——论"罗密欧与朱丽叶效应"

在社会心理学与管理心理学中，人们把增加压力不仅不增加遵从和服从，反而产生相反效应的现象，称为"抵抗效应"，俗称"罗密欧与朱丽叶效应"。

为什么会产生抵抗效应？布雷姆等人提出的"心理抗拒论"（即高压力往往会产生低遵从）可以解释这一现象。一是自主需要的失却；二是逆反心理在起作用；三是禁果效应的作用。

教师应该如何避免"罗密欧与朱丽叶效应"？教师要尊重学生的自主选择权，尽量满足他们的自主需要；教师要学会按学生心理发展特点来育人；教师对待学生的早恋、再恋和多恋现象要采取疏导的方法。

二、如何改善人际关系

善于交往的人，懂得"你要别人怎么待你，你就得怎样待人"；懂得"己所不欲，勿施于人"；懂得"得到朋友的最好办法是使自己成为别人的朋友"。他懂得对什么事都过于计较并不值得；别人是别人而不是自己，因而不能强求；与朋友相处应求大同，存小异；与他人交往重在发现交往的价值。他懂得不得人心的最好办法是到处说别人的闲话和坏话；态度蛮横最容易发生争吵；爱发脾气的人通常自己受损最多。他懂得要多交友、交好友，但要少树敌、不树敌，要努力缓解矛盾、冲突，"冤仇宜解不宜结"[6][7]。

（一）使别人喜欢你

人都希望得到别人的喜欢，甚至青睐，希望得到别人的容纳、承认和重视。这是因为人有爱人以及被爱的归属感的需要。那么怎样才能做到使别人喜欢你呢？

1. 要做一个好的听者

教师都有着强烈的自我表现意识，在交友中往往爱侃侃而谈，陈述己见，以引起别人的注意。岂不知，做一个好的听者，对对方要说的话和所要表示的意图认真地倾听、琢磨，往往会引起别人的喜欢。多听听别人的谈话，对自己有百利而无一害。如果在友伴中只希望朋友听你慷慨陈词，朋友就会从你身边被吓跑。

因此，请你记住，跟你谈话的人对他自己的需求和自己的问题要比对你的需求和问题感兴趣千百倍。如果你要别人喜欢你，不妨先做一个好的听者，鼓励别人谈他自己。在倾听时，请把下面几条牢记在脑中：注意对方说话；用态度表示关心，赞成就点头，有趣就微笑；靠向说话者，听有趣的话就靠过去，听无聊的话就退避开；要发问，询问表示你在用心听；不要打断别人的话；要忠实于对方话题；诉说己见时，要依据对方所表现的。如此这般，适当的时候，其位置自然而然会相互交换，别人也就不会再堵你的嘴巴了。

2. 谈论别人感兴趣的事，努力学会为别人效力

谁都有自己最感兴趣的事，而且也希望别人同他一样地感兴趣。如果你想与他交友，事先花一点时间去了解他的兴趣爱好和最为珍视的东西，在与之交谈时，不时地自然而然地谈起这些，使他高兴起来，你就不难与他接近了。交往中的"给与取"是相互的。如果你要别人喜欢你，并且从友伴中获得帮助，首先得学会为别人效力，做那些不惜花时间、精神和诚心诚意为别人设想的事情。

3. 注意你的仪表和风度

一个人的长相是天生的，很难改变，若要给人以美好的印象，使别人喜欢你，必须讲究仪表和风度。修饰，是我们常见的美化仪表的方法。用多种美容手段修饰得体，可使仪表变美。曾有一句俗话："一个人的微笑比她的美丽的衣衫更重要。"的确，微笑在人际关系中具有重要的意义。一个女人，出席一场宴会，为了给人留下良好的印象，便极力打扮自己，身穿貂皮大衣，头戴钻石、珠宝……可是她偏偏没有注意自己的面部表情。当然，注意你的仪表风度，并不意味着一味追求奇异、浓妆艳抹、矫揉造作和挤眉弄眼，那样反而会

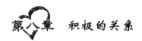

使你变得轻浮虚伪。该庄重的则庄重，该随便的就随便点。

（二）赢得他人的友谊

1. 真诚地承认自己所犯的错误

只有缺乏智慧的人才会为自己的错误找借口，强词夺理；但是他这样做，只能使自己处于更加不利的地位。而一个勇敢、豁达、能承认自己错误的人，往往能赢得别人的谅解和敬重。因此，当你正确时，不妨试着用温和的方式使对方同意你的看法；而一旦你错了，就要迅速而诚恳地承认自己的错误，要是知道有人要责备你，我建议你先把对方要责备你的话说出来，他就拿你没办法了，十之八九还会以宽容、谅解的态度对待你。

卡耐基认为，当要改变他人的态度或行为的时候，必须牢记六条大纲：第一，要实在诚恳，说到做到，不答应你无法兑现的事，不能总为自己的利益着想，要为别人的利益着想。第二，一定要确切地知道你希望别人做些什么，即愿望和要求要具体明确。第三，了解别人，为对方着想。问自己，对方真正想要的是什么？第四，事先估量一下，别人若照你的要求或建议去做，利益何在？第五，把这些利益与对方的需要联系起来，看是否一致。第六，提出你的目标而决心进行抗争。不肯给予对方以自由的守旧意识在我们这个习惯于"家本位"与"官本位"的社会里是许多人很少能意识到的一个可怕的误区。

2. 尽量避免争吵

争吵中人们往往只顾论说，而疏于听取对方的发言，且各自往往不达目的不肯罢休，那就必然迷失方向，非要把对方揭露个体无完肤，"批倒骂臭"不可。发生争吵—相互指责—人身攻击—贬损侮辱，这个公式就是争吵的发展逻辑。综上所述，争吵不是交流，不仅没有什么好处，而且危害很严重。我们何必要干这样的蠢事呢？一旦发生可能要争吵的情况，能否聪明一点，赢得胜利呢？能！唯一的也是最好的办法就是不要争吵，永远不要争吵，你也许以为自己有道理，有口才，可以在争吵中取胜。那我要告诉你，没有这种可能！因为争吵起来之后，没有一方会赢，只会双方皆输。避免争吵不是遇到矛盾分歧便扭头就走，或是沉默不语，而是要有交际意识，掌握交流的艺术，包括善于表达分歧的技能。第一，人与人之间本来既可求同，也可存异，没有多大必要非要分清是非、统一看法不可。第二，尊重事实，学会以正确的方式表达分歧、处理矛盾，就会避免无谓的争吵。如果有人说你有什么事做得不对——那么，你要明白，他可能是对的！不要以"神经过敏""小题大做""岂有此理"等看法来回敬对方。他是对的，并不是说他一切都对，而主要是说他的感觉是对的。你说他的感觉是错误的，这就不是尊重事实，这就是否定和贬损对方的感觉或看法，也容易因此而偏离主题，转移视线，落入争吵的陷阱。你要避免这个陷阱，就要把对方的感觉和反应作为不可否认的事实接受下来。对方的感觉和认识谁也无法否认和代替。所以，尊重事实，尊重对方的感觉，就能够避免争吵。第三，倾听对方诉说，而且要认真地听。力求了解对方，是进行有效交流的必要条件，没有了解实情，你怎么能作出恰当的反应，正确表达分歧呢？第四，你的回答要表示理解，表达愿望，而不是提出异议，不是说明谁对谁错。争吵不是交流，永远不要争吵。

3. 把自己的想法巧妙地表现出来

友伴相处多了，或许你会发现朋友的一些缺点。但是，无论你采取什么方式指出别人的错误：一个蔑视的眼神，一种不满的腔调，一个不耐烦的手势，都可能带来难堪的后果。你以为他会同意你指出的吗？绝对不会！因为你否定了他的智慧和判断力，打击了他的荣耀和自尊心，同时还伤害了他的感情。他非但不会改变自己，还会进行反击。这时，你即使搬出所有的柏拉图或康德的逻辑也无济于事。不正面反对别人的意见，而是用"我想""假如""或许是""你看"等字眼委婉地表示出来，也许能收到神奇的效果。有时候，双方合作会产生分歧。如果你硬要把自己的意见塞到人家的喉咙里去，未免显得愚蠢。如果你仅仅提出建议，而让别人自己去得出结论，让他觉得这个想法是他自己的，这样不更聪明吗？

当然，有时候需要从别人的角度多想想，并且对别人的想法和希望表示同情和理解。

（三）沟通需要"同理心"

1. 不要做挑毛病、泼冷水的人

卡耐基关于做人处世的基本思想与技巧就是待人热忱，其意思不仅是坦诚、开朗、热情、礼貌，而且意味着力求了解他人，能够交流感情，就是要在一切人际交流中能够设身处地为对方着想。卡耐基最著名、最使他享誉世界的著作是他查阅了所有的关于人际关系的所能找到的各种资料，并进行了广泛深入的访问调查而写作的《人性的弱点》。人性有什么弱点呢？这就是每个人都希望和喜欢别人肯定、赞扬自己，而害怕和抵触别人对自己挑毛病、泼冷水。如果你要与人交流、沟通心灵、友好相处，那就不可对别人挑毛病、泼冷水，给对方以不良的刺激。成年人之间这样做，只会造成彼此折磨、相互贬低，甚至关系破裂；大人对孩子这样做，就会严重损害骨肉亲情，使孩子养成消极心

态和坏脾气，造成不良后果。许多孩子就因为从小受到挑毛病、泼冷水的不良刺激，长大成人后，在对待别人的态度上继承了父母的毛病，走父母的老路。

2. 当你被人误解和受到别人攻击的时候

当你被人误解和攻击的时候，你该怎么办？

首先要做到沉着冷静，熄灭战火，遏止冲突，唯有如此才能变"热处理"为"冷处理"，也就不难找到切实可行的应对办法。不过请注意，不急不火，不是忍气吞声；遏止冲突，不是害怕和回避冲突；变"热处理"为"冷处理"，不是放弃维护原则、解决问题的权利和责任。这里的关键在于学会选择和控制自己的情感，时刻牢记责怪对方、以牙还牙是有害无益的愚蠢行为。你只要能在任何不良刺激的情况下保持良好的自我状态，体现出高度自信、豁达大方的风度，你自然会有恰当得体的办法去应付和处理，比如可采取下列一些方法：第一，冷静从容，以礼相待；第二，忍耐等待，伺机说服；第三，沉着冷静，迂回解释。总之，一定要首先熄灭战火，遏止冲突，沉着冷静，才能选择适当的时机和方法。对某些出于阴暗心理的挑衅和责怪，既不能不予理睬，也不能发怒争吵，而且也不宜解释表白，那就要给予及时、机敏、绵里藏针的回敬。

3. 要多为别人的需要着想

交友过程，是双方互相满足需要的过程。我们有什么需要时，往往设法求助于朋友，同样，别人也会如此。但有时朋友的需要并不都明显地表示出来，需要我们去发现。只要你心里装着"要为别人着想"这个念头，就会更多地发现别人的需要从而设法在说话办事时不仅惦记着自己，同时更多地想着对方。友伴之间，一些朋友常有烦恼事情发生，这时，你应尽量让他多倾诉，使他有"一吐为快"的机会，然后给他以真诚的安慰和实际的帮助，尽管这要付出时间、精力，不过为了友谊还是值得的。

肯尼斯·古地在他的著作《如何使人变得高贵》中说："暂停一分钟，冷静地想一想，为什么你对有些事情兴趣盎然，而对另外一些事情却冷漠不关心。你将会知道，世界上任何人都有他最感兴趣的事情，也有他漠不关心的事情。最感兴趣和漠不关心都是有原因的。如果你能从别人的角度多想想，你就不难找到妥善处理问题的办法，因为你和别人的思想沟通了，有了彼此理解的基础。"

4. 解决矛盾而又不伤感情

人的思想总在不断的矛盾运动中发展着。交往中，在各种矛盾产生的时候,如何正视矛盾而又不使其激化,解决矛盾而又不伤感情?第一,要从赞扬入手。朋友之间,以诚相见,有时发现对方有不足之处,不妨先找找他的优点,从赞扬入手,而间接地提醒别人的错误,或许能减少正面冲突和伤感情的事发生,促使对方高兴地改掉他的毛病。第二,批评他人时先谈自己的错误。要想不伤害感情,不引起憎恨,又能改正别人的错误,批评他人前,有时先谈自己的错误,往往事半功倍。第三,给人留点面子。一个真正的伟人,善于让对方保住面子,决不会浪费时间去陶醉个人的胜利。年轻人在交往中,切不可"得理不让人",要学会"有理让三分",给别人留点面子[8]。

(四) 建立良好的人际关系

教师要建立良好的人际关系,应注意处理好以下几方面的关系[9]:

1. 教师与学生的关系

教师应当建立民主、平等、和谐、融洽的新型师生关系。素质教育的提出给师生关系赋予了新的含义。在师生关系中,师生双方在人格上是完全平等的,如果教师过多地依赖角色权威,而不注重个人人格魅力的提高,就很难真正赢得学生发自内心的敬佩。一旦教师人格在学生心目中的形象大打折扣,就很容易引发学生对教师的抵触情绪,降低教育教学效果。在教育教学中,教师应当民主、公正地对待每一个学生,对学生一视同仁。当学生出现过错时,教师应以宽容的态度循循善诱,心平气和地帮助他们认识缺点或错误,提高他们辨别是非的能力。教师还应以赏识的心态对待学生,承认学生间的个体差异,因材施教,重视发挥学生的主体性,重视学生人格的健全。

2. 教师与教师的关系

当今时代,知识以前所未有的速度和规模发展,人与人之间的合作也在不断增强。由于教师在多数情况下从事的是个体劳动,一些教师往往只对自己所教的学科负责,忽视其他学科、忽视与其他教师的交流和合作。这种情况对正常的学校教育是十分不利的。因此,教师应打破自我封闭意识,主动融入教师集体,利用互补优势,在相互交往中实现思想交流、信息互换、知识整合,以提高教师集体的专业水平和竞争实力。同时,教师之间还可以进行情感交流,构建教师间的社会支持系统,克服在教学过程中遇到的困难,缓解内心的孤独、恐惧、焦虑等不良情绪,互相鼓励,相互支持。教师在与其他教师交流过程中应注意:主动开发、培养广泛的兴趣爱好,创造更多的机会与更多的同事接触交流。在交往过程中，要善于对其他教师进行全面、客观的评价，设身处地、换位思考，既尊重与自己感情较好、观点相近的同事，也尊重与自己联系较少、观点不同的同事。同时，要善于观察，善于发现其他教师的优点，在交往中不断完善自身的人格。

3. 教师与家长的关系

研究发现，家庭教养方式对学生的成长影响重大，因此，教师要学会与家长建立相互尊重、有效沟通、积极配合的关系。教师应当尊重家长的人格，通过电话、家长会、家访等各种形式，积极主动地与家长建立联系，全面、客观地介绍学生在校的情况，虚心听取家长的意见和建议，与家长共同商讨、协调教育方法，谋求共同一致的教育立场。

4. 教师与领导的关系

教师应该成为领导的得力助手和友好的合作者。对领导要尊重、信赖，自觉维护领导的权威，服从领导安排；能在适当的场合，采取适当的方式，提出合理化建议和意见，善意地、实事求是地评价领导的某些缺点或错误；在实际工作中发挥最大的积极性、主动性和创造性。

5. 教师与社会的交往

现代学校教育不再是封闭式的教育，每个教师都应该走出校门，广泛地接触社会，掌握社会环境对学生产生的各种影响，从而利用和调动一切积极的教育因素，防止和消除那些消极因素，形成全社会良好的教育网络。教师还应善于利用各种社会关系，组织和指导学生参加广泛的社会实践，有效地锻炼学生的能力。

第三节　积极的社会环境

积极的社会环境非常重要，它不仅是建构积极人格的支持力量，而且也是个体不断产生积极体验的最直接来源。积极的社会环境包括很多方面，对教师来说，工作单位、社区、家庭、学校等是其中的几个最主要方面[10]。

一、积极的社区环境

社区是现代人们生活的重要场所，它对我们居住在一个固定区域的群体范围内的居民起着一种媒介桥梁作用。社区是居民信任的一个基础机构，具备着承担人们工作之外的居住、休闲和娱乐的重要功能。加强社区积极环境的建设，不仅包括物质环境和人文环境的建设，而且要通过培养居民的积极人格让人们从中体验到愉快积极的情绪。

（一）积极的物理和人文环境

房屋质量与生活满意度之间有中度相关。房屋质量的评价指标包括地理位置、人均房间数、房间大小、能否取暖等。同时，要从总体上把握社区空间形态的整体规划，使社区成为一个错落有致、进退有序的环境。强烈的积极情绪和自然环境密切相关，人们在有植被、水和全景景观的地方积极情绪更多（Ulrich et al.，1991）；人们喜欢这类地方可能有其进化学上的原因（Buss，2000），这样的环境既安全又富饶。因此，要加强绿化和美化建设。干净整洁的环境、面积广阔的绿地和设计新颖的花草树木景观，能够让居民产生视觉上的美感，从而产生愉悦的情绪。

在改善社区物理环境的同时，应加强社区内文化氛围的营造和精神文明的建设。社区文化以其巨大的凝聚力，为社区居民提供轻松的交往空间，促进居民之间的沟通和交流，能有效改变现代人际关系日趋冷漠的状况，提升居民的幸福指数。社区可以通过引入文艺演出和艺术展览等，丰富居民的业余生活；也可以为居民提供机会展示个人特长，有利于其在工作之外施展个人才能，充分体会到个人的价值所在。

（二）培养居民的积极人格

在社区中进行主观幸福感教育与宣传。现代社会很多人都缺乏幸福感，其中很大一部分人并不缺乏感受幸福的物质和精神条件，而是缺乏感受幸福的能力。因此需要在社区中运用各种宣传教育形式，使居民们提高感受生活中的真、善、美的能力，进而提高居民的主观幸福感。对社区中存在心理困扰和心理问题的居民进行及时的"积极干预"。积极心理学坚信心理咨询师需要并可以帮助来访者构建快乐、充实和有意义的生活。传统的心理干预只是针对消极因素展开治疗，即使这种治疗十分成功地消除了消极因素及其影响，居民的幸福感并不能自动产生；而"积极干预"可以使来访者发现快乐和幸福，能更好地抵抗抑郁和焦虑等消极情绪。

二、积极的学校氛围

要切实而有效地帮助教师提高心理健康水平，还必须从学校层面入手，建

立一个民主、平等、互相尊重的学校心理环境[11]。

（一）学校心理环境

教师人格完善是塑造学生完美人格的基础。坚持以人为本、构建和谐校园的办学思想，使得全校教职工的人格水平在潜移默化中得到提高，是非常有必要的。学校在促进教师人格提升与完善方面可采取以下措施。第一，营造以人为本、自由宽松的教育环境。学校在对教师进行管理时，要充分发挥教师的主体作用，彻底摒弃管理中无视个人主体意识的行为，改变由行政人员唱主角的外部管理模式，实现以教师为主导的民主管理，真正把教师视为办学的主体，尊重教师的劳动、个性和创造，让教师在较为宽松的环境中塑造自己，营造民主、和谐、积极向上的组织氛围。第二，明确教师健康人格标准的内容，并督促教师落实到日常行动中。学校应让每一位教师都充分理解塑造教师健康人格的重要性，并将教师健康人格标准细化，要求教师在任何场合都能自觉遵守健康人格的标准，鼓励和表扬在教师人格提升方面取得的成绩，树立这方面的教师榜样。第三，对教师进行心理健康教育。对教师进行心理学基础知识和心理健康教育是提高其心理适应水平，促使其人格发展的重要途径。教师只有掌握了心理学的基础知识，积极进行心理调节，才会促进自身和学生的个性健康发展。

（二）学校管理氛围

1. 学校要形成良好的组织文化

学校的组织文化是指学校中每个成员所共有的深层次的基本态度和信念，这种态度和信念以一种无意识的方式起作用，并以一种根本上"想当然"的方式决定了学校这一组织对自己和环境的看法。学校的组织文化包括一整套的价值、规范、目标，它给学校成员带来认同感，实际上，这便是富有特色的学校精神[12]。在学校的集体讨论或决策行动中，这种组织文化或学校精神会成为一个主要的参照点。学校形成良好的组织文化和学校精神相当于给教师提供了一个富有凝聚力的社会支持系统，使教师从中感受到归属感、价值感和安全感，同时，这种几乎被所有成员所认同的价值、目标、规范也会减少教师的角色冲突感，这些都有利于教师的身心健康。但是，组织文化也有不利的一面，它可能会在集体讨论中导致群体极化或群体思维现象。群体极化指一群观念和态度相似的个体在讨论时，其共享的观念和态度得到强化的现象。这种现象会导致组织中的成员形成偏见，视角变得狭隘，而组织中未融入组织文化的成员则会有一种被排斥的感觉。群体思维指一群凝聚力较强的人在进行集体决策时，一种意见占据了主导地位，使其他合理的意见受到排斥的现象。这种群体思维现象很容易导致错误的决策。因此在形成和发展组织文化的时候要注意组织文化的开放性和灵活性。同时，为了减少角色模糊和角色冲突，学校必须通过协商的方式来建立核心的价值和目标，参加协商的人包括学校领导、学校管理者、教师、学生、学生家长以及地方行政人员。这种公开的协商可以减少学校内部以及学校与外界的分歧，明确学校和教师的责任以及对他们的期望。

2. 在学校内部形成发展性评价，倡导行动研究

前面提到要在学校内形成良好的组织文化，那么良好的组织文化是怎样的呢？目前，学术界和基础教育领域大量的合作研究证明，"研究取向"的学校文化有利于教师素质的提高。"研究取向"的学校文化有什么特征呢？"研究取向"意味着学校要形成一套程序，使教师能对自己的教学过程进行发展性评价，而不是只关心最终结果的评价。这种针对过程的不间断的评价，还必须结合对教学过程的系统的反思，以求得对教学实践更深入的理解，并在加深理解的基础上最终提高整个教学实践水平。"研究取向"的另一个重要特点是倡导各种形式的行动研究。教师的行动研究是用科学的方法研究自己所面临的具体教学问题，其目的在于此时此地的应用，而不是理论的建立和发展，也就是通过科学的研究加深对教学实践的理解，进而使教学实践得到改善。行动研究具有很高的灵活性，它可以由单个教师来实施，也可以在一组教师群体或者全体教师队伍中开展。发展性评价、反思以及行动研究是新任教师成长为专家型教师的有效途径。

3. 加强参与式管理

如前所述，教师是一种高要求和低控制的职业，自主权很受限制。而参与式管理为教师提供更多参与决策的机会，尤其是关系到教师个人工作生活的决策。这种参与增强了教师对工作的控制感、使命感与认同感，减少了工作中的冲突、失控压力以及焦虑等问题，提高了教师的工作积极性和主动性。同时，参与式管理也是减轻学校管理层工作负担以及决策压力的好方法。首先，通过参与，教师对决策过程有了更为清晰的认识，这样可避免决策过程中管理层与教师的矛盾和冲突。其次，教师广泛参与，从教学实践出发提出各种有价值的意见，可提高决策质量。最后，参与式管理使每个教师都承担起自己的责任，减轻了管理层的压力。总之，参与式管理能为整个学校系统创造一种民主化的

氛围，减轻工作环境与个人需求的不匹配和不平衡，有利于个人目标和学校目标的实现。

4. 在教师中间建立一种教学取向的结构化的团队关系

单个教师所拥有的资源是有限的，教师与教师之间需要交流与合作。当然，学校一般会有全体教师或部分教师参加的例会活动，但通常这些会议或讨论效率低下、形式陈旧、缺乏活力。学校应该帮助教师建立的是一种有的放矢的互动的团队关系。在这样的团队关系中，教师可以讨论如何制订教学计划，如何与学生家长和公众交流，如何组织全校范围的职中培训，等等。一般来说，这些团队对于教师而言是有指导功能的，能帮助教师有效地抓住日常工作中的实际的问题并予以解决。

总而言之，学校的种种措施都是为了鼓励教师分享经验，发展社会支持，以及对问题解决持透明的、开放的态度。此外，学校还要发展出一套可用来应对重要问题的程序和结构。

参考文献

[1] 项家庆. 教师积极心理健康养成 [M]. 北京：国家行政学院出版社，2015.

[2] 郑全全. 人际关系心理学（第二版）[M]. 北京：人民教育出版社，2011.

[3] 李永利. 人际关系黄金法则 [M]. 北京：中国纺织出版社，2003.

[4] [美] 罗伯特·西奥迪尼. 影响力 [M]. 闾佳，译. 沈阳：万卷出版公司，2010.

[5] 任顺元. 心理效应学说：新课程下"导学育人"新对策 [M]. 杭州：浙江大学出版社，2004.

[6] 张旭东，车文博. 挫折应对与大学生心理健康 [M]. 北京：科学出版社，2005.

[7] 戈尔曼. 情感智商 [M]. 耿文秀，等，译. 上海：上海科学技术出版社，1997.

[8] 保坂荣之介. 如何增强记忆力、注意力 [M]. 苗琦，刘兴才，译. 银川：宁夏人民出版社，1983.

[9] 许燕，王芳. 教师健康人格促进 [M]. 北京：中国轻工业出版社，2008：245-268.

[10] 郑雪. 积极心理学 [M]. 北京：北京师范大学出版社，2014.

[11] 俞国良，宋振韶. 现代教师心理健康教育 [M]. 北京：教育科学出版社，2008：235 – 236.

[12] 林崇德，俞国良. 论心理学视野中的学校精神 [J]. 北京师范大学学报（社会科学版）1996（1）：3 – 13.